이우걸 시조 깊이 읽기

이우걸 시조 깊이 읽기

초판 1쇄 발행 2025년 10월 20일

엮은이 | 유성호

펴낸곳 | (주)태학사
등록 | 제406-2020-000008호
주소 | 경기도 파주시 광인사길 217
전화 | 031-955-7580
전송 | 031-955-0910
전자우편 | thspub@daum.net
홈페이지 | www.thaehaksa.com

편집 | 조윤형 여미숙 김태훈
마케팅 | 김민선
경영지원 | 김영지

ⓒ 유성호 외, 2025. Printed in Korea.

값 30,000원

ISBN 979-11-6810-374-0 (93810)

책임편집 조윤형
북디자인 임경선

이우걸 시조 깊이 읽기

유성호 엮음

태학사

책머리에

1.

이우걸李愚杰 선생은 척박하기만 했던 저 1970년대 초반의 시조시단에 섬광 같은 빛줄기를 던지면서 지금까지 외롭고 높고 쓸쓸한 시조시인의 길을 걸어왔다. 간단없는 자기 심화와 정련의 과정을 보여주면서 반세기 넘는 짧지 않은 시간을 관통해 왔다. 이제 선생의 시조는 중진의 반열을 지나 우리 현대시조의 권역에서 하나의 뚜렷한 고전적 지위를 구가하게 되었다. '이우걸'은 시조시단 구성원 가운데 한 사람이 아니라 현대시조를 운위할 때 필연적으로 경험하고 해명해야 하는 시사적 자산이 된 것이다. 이번 기획 『이우걸 시조 깊이 읽기』는 이러한 선생의 두터운 시조 미학을 총체적으로 분석하고 평가한 글들을 모은 비평적 집성集成이다.

이우걸 선생은 1946년 12월 15일 경남 창녕군 부곡면 부곡리에서 태어나, 1973년 『현대시학』에 「이슬」 등의 작품으로 3회 추천을 완료하였다. 그 후로 경남을 떠나지 않고 경남 시조시단을 키우면서 시조시인의 외길을 걸었다. 선생을 통해 현대시조의 미학적 위의威儀에 진입한 이들은 셀 수 없이 많을 것이다. 그렇게 이우걸 선생은 시조문학사에 자신만의 독자적 목소리를 각인한 예술적 거장巨匠으로 우뚝하게 남았다. 선생은 우리 시조시단을 현대적 차원으로 한 단계 높이 올려놓았으며, 정형 미학의 기율을 지키면서도 시조의 현대성 확보에 진력해 온 현대시조의 사제라고 할 수 있을 것이다. 우리는 정형 시단에 현대적 혁신의 바람을 불어넣었던 창의적 예인으로서의 선생을 다시 한번 떠올리면서, 앞으로도 선생이 또 다른 차원의 시조 창작과 비평을 열렬히 꿈꾸어 갈 것임을 예감하게 된다. 더불어 선생은 시조가 우리에게는 소중한 민족문학 양식이고, 세계인에게는 아름다운 한국어로 이루어진 보편적 운문 양식임을 선명하게 알려 갈 것이다.

2.

이우걸 초기 시편은 존재 탐구의 세계가 우세했다. 초기 시조집 『지금은 누군가 와서』(1977), 『빈 배에 앉아』(1981) 등이 일관되게 구현하고 있는 세계가 바로 그 같은 해석들을 여실하게 충족하고 있다. 선생은 시조 전통의 양식적 문법에 충실하면서도 이른바 개방성과 정형성의 균형을 누구보다도 예민하게 벼려 왔다. 그러한 선생의 균형감과 예술적 역량이 꽃을 피운 것은 1980~90년대의 시편을 지나면서부터인데, 이때 선생의 시조는 심원한 사유의 결을 풀어놓으면서 우리 시조의 주제 지형을 풍요롭게 넓히게 된다. 세 번째 시조집 『저녁 이미지』(1988), 네 번째 시조집 『사전을 뒤적이며』(1996) 등에 실린 선생의 시편은 우리 사회가 지닌 양면성 곧 욕망과 상처, 빛과 그늘 등을 골고루 투시하면서 현대적 삶의 문제를 다양하게 보여 주었다. 이후 선생은 시조가 결국 인간적 가치를 추구하는 것이고 그때 최고의 가치는 인간에 대한 혹은 자연이나 역사를 향한 사랑의 미학에 있음을 확신하게 된다. 그래서 선생은 인간의 슬픔의 사회적 차원에 대한 관심으로 자신의 지평을 넓혀 갔고, 우리의 전통적 정서를 현대적 상상력으로 생동감 있게 재현해 내는 데까지 다다르게 된다. 거기에 개인과 역사, 사회와 실존 사이의 관계 양상에까지 관심의 폭을 넓혀 간 것이다. 하지만 선생 시조의 특성은 거대한 서사보다는 인간의 내면에 반영된 사물의 세계에 집중하는 것이었다. 그렇게 이우걸 선생의 초기 시편은 인간 존재에 대한 해명으로부터 발원하여 서정과 인식, 감각과 사유, 지성과 가락이 조화된 세계를 우리에게 풍요롭게 남겨 준 것이다.

21세기 들어 진정한 이우걸 시조의 후기 미학이 집중적으로 출현한다. 『맹인』(2003), 『나를 운반해온 시간의 발자국이여』(2009), 『주민등록증』(2013), 『모자』(2018), 『이명』(2023)이 그 목록이다. 여기서 선생은 내면과 상황, 사물과 주체의 균형이 균열됨으로써 빚어진 비인간화 문제를 다루면서도, 자아와 사회를 매개하고 통합하는 관계성에 더욱 주목하게 된다. 또한 고희를 맞아 펴낸 단시조집 『아직도 거기 있다』(2015)에서는 예술적 장인匠人으로서의 양식적 정수精髓를 보여 주기도 했다. 이 단시조집에서 선생은 목숨 있는 자로서의 한없는 고독과 사물에 대한 매혹을 동시에 보여 주었다. 이우걸 선생이 보여 준 이러한 성숙한 미학적 상상력과 페이소스, 시조를 현대적 차원으로 끌어올린 감각은 우리 시조시단의 돌올한 개성적 성취로 오랫동안 기억될 것이다. 그래서인지 가끔 우리는, 선생의 작품을 두고, 시와 시조를 구분하는 것이 무의미할 때를 많이 경험하곤 한다.

그런가 하면 선생은 사실상 우리 나라의 선구적인 으뜸 시조비평가이다. 선생은 첫 평론집 『현대시조의 쟁점』(1984)을 필두로 하여 『우수의 지평』(1989), 『젊은 시조문학 개성 읽기』(2001), 『풍경의 해석』(2021) 등 꾸준히 시조 담론과 비평에도 관심을 놓지 않았다. 이 평론집을 통해 용기를 얻은 후배 시인들은 또 얼마나 많았을 것인가. 2003년 창간한 반년간 문예지 『서정과 현실』이 지금까지 20여 년 그 지령을 꾸준히 이어 오고 있고, 한국시조시인협회 이사장을 맡아 괄목할 만한 시조시단의 융흥을 이끈 것도, 선생의 흔치 않은 리더십의 결과라 할 것이다.

3.

이 기획은 반세기 동안 이루어진 이우걸 시인의 시조 미학에 대한 총체적 고찰을 목표로 이루어졌다. 『이우걸의 시조미학』(2006), 『이우걸 시조 연구』(2013), 『이우걸 시조 세계』(2018)에 이어 펴내는 네 번째 이우걸 연구서이기도 하다. 개인적으로는 올해 팔순을 맞으시는 선생에 대한 문학적 외경을 담고 있다. 선생은 20여 년 전 내게 시조 비평을 권면했던 스승이자 대선배이니, 나는 선생의 시조 인생 후반기를 근거리에서 함께해 온 셈이다. 여기 선생을 기념하는 연구서 첫머리에 서문을 적는 이 마음은 기쁘고 감사할 뿐이다. 이 같은 비평적 해석을 위해, 짧지 않은 시간 동안 많은 분들의 노력과 관심이 보태졌다. 문단에서 선생과 직간접적인 관련을 맺어 온 필자들이 참여해 주셔서 이러한 결과가 나오게 되었다. 모쪼록 『이우걸 시조 깊이 읽기』가 선생의 시조 미학에 대한 총체적 분석과 평가를 위한 충실한 조감도鳥瞰圖가 되기를 충심으로 바란다. 이 책은 그러한 세계를 한눈에 바라보게끔 해 주는 크고도 세세한 나침반이 넉넉하게 되어 줄 것이다.

이제 이우걸 선생은 인생의 노경을 맞아 또 하나의 시적 출발을 다짐하고 계실 것이다. 짐작컨대 선생은 시조에 대한 무한한 사랑과 자기 개진의 열정으로 현대시조의 불모지를 향하여 오늘도 전화를 걸고 계실 것이다. 그래서 나 역시 생각해 본다. 선생의 독자들('당신' 한 사람)은 선생이 던져 준 언어의 파문을 오래도록 기억할 것이고, 우리 가슴을 출렁이게 해 주었고 늘 꽃밭이 있는 뜰이 되게 해 주었던 선생의 시조는 우리 정형시의 최전선에서 지금도 깊이를 알 수 없는 사랑으로 나아갈 것이라고 말이다.

다시 한번 오래고도 오랜 경의와 새롭고도 새로운 축하를 드린다.

2025년 여름
유성호 적음

차례

004 책머리에 | 유성호

013 존재의 심연과 영혼의 집 − 이우걸 시의 의미 | 김경복
030 이우걸의 시조 세계는 어떻게 형성되었는가?
  −『이우걸 시조 세계』를 읽고 | 이승하
042 이우걸의 시조 세계 −『이우걸 시조 세계』(태학사)를 중심으로 | 신상조
054 존재 저편으로, 대답하기 위해 질문하는 시인 − 시집 서평_이우걸 시집『모자』(시인동네, 2018) | 김남규
062 섬세한 언어의 결 − 이우걸 시집『모자』(시인동네) | 백애송
078 네 사람의 시조, 모색과 진화 | 장성진
104 손뼉을 치다 보면 허공에도 길이 생긴다 − 이우걸 근작시 작품론 | 곽효환
115 이우걸 시조에 나타난 자연自然 연구 | 곽효환
144 다른 꽃 다른 향기, 서정과 현실의 리듬 의식 | 홍성란
164 소리의 음양원리, 소멸에서 생성을 낳다 − 이우걸『이명』해설 | 정과리
182 물 위에서 노래하다 − 이우걸『이명』(천년의 시작, 2023) | 정미숙
195 자연의 본색을 인생에 견주는 시인들 − 이우걸 시조집『이명』| 유종인
200 이우걸, 감각의 현상학 | 정미숙

226 이우걸의 「휴대폰」 | 박진임
231 편장자구법篇章字句法으로 보는 이우걸의 시작법 — 시집 『이명』에 나타나는 체질적 지향성 | 이형우
261 '너머'와 '그늘'을 바라보는 균형 잡힌 시선과 '이명'의 시학 — 이우걸 시집 『이명』을 중심으로 | 손진은
283 四人 四色의 문학적 성과와 시조의 미래 | 이정환
299 '길'의 미학 — 이우걸의 작품을 중심으로 | 손진은
314 현대시조의 전범 | 이숭원

345 이우걸 연보
354 이우걸 시조 연구 서지
360 필자 소개

존재의 심연과 영혼의 집
이우걸 시의 의미

김경복

생의 감각과 존재의 심연

기이하다. 하나의 시적 이미지가 나의 감각을 교란하며 이상한 생각을 자꾸 들게 한다. 시이니 가능하다고 고개를 주억거리지만 이런 느낌을 시인은 도대체 어떻게 가졌지 하는 의문에 몇 날이 몽롱하다. 저러한 이미지를 생산해 내기까지 시인은 어떤 상념의 바다와 감각의 대지를 거쳐 왔는지 알지 못해 애가 탄다. 시가 하나의 심마心魔로 남아 전신을 싸고돈다. 나의 마음을 휘어잡는 시적 이미지는 이렇다.

　　이름 그대로 잠드는 곳이라지만
　　최근엔 마음 놓고 누워 본 적이 없다

　　시간은 부석거리고

밤은 낯선 역과 같았다

　　　　　　　　　　　　　　　　　—「침대」전문

　　이우걸 시인의 이번 시집을 읽어가다가 감상의 파탄을 맛본 시는 위 작품이다. 시는 고희를 넘은 시인의 현존적 처지를 생각했을 때 죽음에 대한 불안을 잠을 자는 침대에 의탁해 썼구나 하는 내용으로 짐작할 만큼 그리 어렵지 않은 작품이다. 그런 해석의 차원에서 "시간은 부석거리고"의 감각이 특이하고, "밤은 낯선 역"이라는 표현은 좋은 발상이네, 정도에서 감상을 마치고 넘어갈 수 있다. 그런데 시간이 흐르고 날이 저물어 침대에서 나는 시간의 가위눌림을 경험했다. 이우걸 시인에게 '부석거리는 시간'이 나에게는 끈적끈적한 물이 되어 내리눌렀다. 그 잠시의 고통스런 경험, 그것은 시인의 이미지에서 촉발한 나의 반응이었다. 나도 죽음에 대해 저 안에서부터 떨고 있었구나 하는 순간적인 깨달음. 하나의 이미지가 나의 존재성에도 영향을 미쳐 나의 삶의 한 과정을 되돌아보게 하는 놀라움. 시의 이미지가 존재의 떨림을 이끌 수도 있겠다는 황홀감.

　　그 후로 이 시는 계속 음미의 회로 속에 놓여 있었다. 다른 시를 보다가도 "시간은 부석거리고"의 이미지 앞에 서성이며 그것이 갖는 의미를 생각하였다. 시의 해설이 감상이 되는 것도 마다하지 않고 이를 해명하고 싶은 욕망에 사로잡혔다. 그것을 어떻게 말해야 좋을까? 시인이 무형적인 시간을 "부석거리고"라는 구체적 사물로 공감각해낼 때 이러한 사단은 예비되어 있었다고 말할 수 있다. 특히 마른 것들이 잘게 부서지는 소리로 시간을 형상화했을 때 이는 죽음에 대한 공포의 실감을 예민하게 잘 드러냄으로써 보는 사람으로 하여금 직관적으로 공감하게, 그래서 전율케 하는 것이라 할 수 있는 것이다. 그런 차원에서 현존재의 실감을 저런 시조의 형식에 감각적이면서 압축적인 이미지로 담아낼 수 있는 시인의 공력에 대해 새삼 놀라지 않을 수 없다.

이 점은 다시 이렇게 말해야 할 것 같다. 언제 어디에 서 있든 삶의 과정 속이 아닌 적은 없지만, 어느 순간 우리는 삶의 한가운데를 지나고 있구나 하는 기이한 느낌을 가질 때가 있다는 것. 그래서 이 세계가 평소 자신이 알고 있던 것과는 다르게 나의 감각에 감지됨으로써 낯설고, 너무나 신비로워 자신의 실존을 놀란 눈으로 둘러보게 하는 순간이 있다는 것. 시인 이우걸이 시간을 "부석거리"는 것으로 감지한 것이 그런 경우일 것이다. 삶과 존재의 추상을 자신의 감각적 실체로 바꾸어 인식함으로써 제 나름의 실존적 의미를 획득해 내는 순간, 바로 체득의 순간이 생의 한가운데라는 의미 있는 지점이 아닐까 하는 것이다. 그만이 이 시점에서 얻을 수 있는 생의 본질적 감각을 거기에 집약시켜 놓을 수 있지 않겠느냐는 것이다.

이러한 순간은 누구에게나 열려 있지만 이를 삶의 한 과정으로 승화시켜 의의 있는 삶을 만들어가는 것은 누구에게나 똑같이 주어져 있는 것은 아니다. 순간에 드는 기이한 느낌을 삶의 중요한 패턴으로 승화시킬 수 있는 능력은 자신의 삶에 대해 늘 깊게 고뇌하는 사람에게만 나타나는 것이 아닐까 한다. 준비되어 있는 자만이 늘 예민하게 그것에 대해 반응하고, 그 반응을 통해 무엇인가를 포착할 수 있기 때문이다. 따라서 현존을 "부석거리"는 시간의 이미지로 표상한 이우걸 시인에게 지금의 삶의 현실은 매우 예사롭지 않은 시간대로서 죽음과 관련된 시점일 것이다. 그런 차원에서 이와 같은 감각과 감정을 표현하는 시들은 매우 쓸쓸함과 스산함에 가득 차 있다. 노년의 삶의 양상을 보여 주는 다음 시편들은 이우걸 시인의 최근 심정을 잘 보여 주는 것들일 것이다.

오늘은 먼 데서 올 옛사람을 기다린다

빈 벽에 기대선 그림자가 쓸쓸한 오후

자신을 되돌아보니

용감한 적도 없었다

—「터미널 엘레지」 부분

아무리 변명해 봐도 쓸쓸한 저녁이다
갈 곳을 못 정한 채 온종일 서 있다가
늦게사 가야 할 주소를 확인하고 있는 것처럼

신호등은 간단없이 눈망울을 굴리지만
나는 그저 멍한 자세로 앞을 보고 있을 뿐이다
지나온 많은 길들이 밤비에 젖고 있다

—「시조 전집을 다시 읽으며」 부분

두 편의 시는 모두 나이 듦에 따른 삶의 적막과 쓸쓸함에 대해 읊조리고 있다. "빈 벽에 기대선 그림자가 쓸쓸한 오후"나 "아무리 변명해 봐도 쓸쓸한 저녁이다"는 다 노년의 현실을 암시하는 '오후'나 '저녁'을 언급하면서 쓸쓸함을 표현하고 있다. 그러면서 두 작품 공히 "자신을 되돌아보니"와 "지나온 많은 길들"이라는 표현을 통해 자신의 삶에 대한 회한과 성찰과 자책의 감정을 내비치고 있다. '부석거리는 시간'의 심리적 가치와 등가의 관계에 놓인 표현들이라 해도 이상하지 않다. 그렇지만 늙음에 대한 상념은 나이 든 사람들의 어쩔 수 없는 현상이라 할지라도, 이우걸 시인은 이 시들에서 자신의 삶에 대한 회고를 통해 "용감한 적도 없었다"란 말로 반성과 자책을 결행하고, 더 나아가 "늦게사 가야 할 주소를 확인하"고자 하는 미래지향적 삶의 태도를 지녀 일정 부분 의지적 측면을 확보하고 있다. 이는 일부 노년문학이 갖는 탄식과 적막의 감상에 함몰되지 않는 부분이 이우걸 시에 있다는 말이 된다.

나이가 들어서야 죽음에 대해 더욱 실체적으로 느낄 수 있을 것이다. 그렇다고 모든 노인들이 죽음에 대해 예민한 것은 아니다. 하지만 시인 이우걸은 실존적 존재로서 죽음에 처단된 인간 존재의 감각을 '시간의 부석거림'으로 발견해 내고 이를 시조의 형식 속에 탄력적으로 형상화함으로써 노년적 존재의 본질과 지향을 너무도 잘 드러내고 있는 것이다. 시인 이우걸의 지금 시들이야말로 생의 한가운데를 너무나 구체적이고 감각적으로 지나고 있다고 말할 수 있지 않을까. 생의 감각을 통해 존재의 심연을 가장 본질적이고도 감각적으로 넘어가고 있는 형상으로 말이다. 그런 점에서 그의 시를 감각적으로 받아들이게 된다면 우리 또한 '시간의 부석거림'을 제 나름의 감각으로 받아들여 오래 고통스러워할지 모른다.

존재의 본질 탐구와 자아 인식

사람들은 어쩌면 죽음을 실존의 감각으로 느끼게 되는, 나이 든 시기에 더욱 존재의 본질에 대해 성찰을 하게 되는지도 모른다. 나이 지긋한 사람들은 자신의 삶과 존재에 대한 일정한 의미를 찾지 않고서는 생이 곧 덧없게 스러질 수도 있다고 느낄 수도 있으니, 그들에게 사색과 숙고는 죽음을 앞둔 존재로서 필연적으로 취할 수밖에 없는 태도일 것이다. 시인 이우걸의 이번 시집도 존재의 본질에 대한 성찰과 탐색으로 가득 차 있다. 이미 '시간의 부석거림'이라는 감각적 이미지로 그 한 예를 보여 주고 있긴 하지만 삶을 꽤 살아본 이 시점에서 자신의 정체성과 실존적 삶의 지향에 대해 자문하고 탐구해 가는 모습은 진지하다 못해 애잔한 형상을 띤다.

> 부모님의 봉분은 늘 하나의 질문이지만
> 아직도 그 질문에 답하지 못하고 있다
> 내게는 삶에 대해서
> 늘 준비가 부족하다
>
> ―「발견」부분

나는 누구인가

나는 네게 무엇인가

밤새 뒤척여도

떠오르는 답은 없지만

창가에 햇살 비치면 또 너를 그리워하리

―「마지막 기도」 부분

    이 두 편의 시를 관통하는 것은 존재의 본질에 대한 질문이다. 질문은 어떤 답을 전제로 한 것이기에 끊임없는 사색을 유발하고, 제 나름의 결론을 도출하게끔 만든다. 모두 '나', 혹은 '나의 삶'은 무엇인가 하는 질문이고, 그것을 통해 시적 화자는 "늘 준비가 부족"한 것을 느끼거나 "떠오르는 답은 없"는 것을 확인한다. 한마디로 방황과 번민 속에 놓인 '나'란 존재의 실존성을 탄식하거나 뇌까리고 있는 셈이다. 진리를 확정할 수 없는 인간의 불완전성으로 인해 발생하는 고통, 슬픔, 안타까움 등이 이 시들의 내적 정서이자 메시지다. 그것은 존재의 어찌할 수 없음에 의해 발생하는 처연함이다.

    그러나 이 시들이 가지는 가치는 끊임없는 자아의 실존에 대한 성찰로 현존적 삶의 나태나 방치 등의 병적이고도 부정적인 삶의 태도에서 벗어나 있다는 사실이다. "인생이란 노를 젓는 뱃사공의 하루 같은 것 / 당신이 베니스에 있는 동안 / 나는 나를 마신다"(「카페 피렌체에서」)의 표현에서 볼 수 있는 것처럼 반성과 탐구는 나의 본질에 대한 갈증의 강렬한 갈망으로 드러나 "나는 나를 마신다"의 놀라운 시적 경구를 탄생하게 만든다. "마신다"란 행위가 합일의 의미를 지니고 있음을 고려해 본다면 이 구절은 내가 진정한 '나'를 찾는 것을 항상 의식함으로써 진정한 자아로 살겠다는 의지의 발현으로 풀이해 볼 수 있다.

때문에 이러한 존재의 본질에 대한 탐구는 현실 속의 진정한 자아의 정체성이 무엇인지를 확인하는 의식으로 나타나고, 보다 현실적이고 진정성 있는 자아로 설 수 있기를 희망하는 것으로 진전된다.

어떤 플랜이 맴돌곤 하지만

지금은 나를 가르칠 무욕無慾이 필요한 시간

바위나 돌을 만나러

산으로 가고 있다

—「산으로 가고 있다」부분

의자와 지폐를 쫓던

시간들이 흘러갔다

먼 데 구름과도 눈 맞출 수 있게 되었다

낙엽을 깔고 앉아서

바둑돌을

가린다

—「오후」 전문

이우걸 시인에게 당면한 늙음이란 시간의 문제에 대한 성찰의 내용이다. 특히 늙은 존재로서 현재적 나는 어떤 정체성을 가지고 살아야 할 것인가에 대한 진지한 사색을 담고 있다. 「산으로 가고 있다」에서 나는 "무욕無慾이 필요한 시간" 속에 놓여 있음을 자각하고 있다. 그래서 무욕의 실천으로서 "바위나 돌을 만나러 / 산으로 가고 있"는 삶의 형상을 취한다. 세속적 욕망으로부터 초연함은 「오후」에서 "의자와 지폐를 쫓던 / 시간들이 흘러갔다"나 "먼 데 구름과도 눈 맞출 수 있게 되었다"에 잘 나타나고 있다. 이 시 역시 무욕의 실천으로 "낙엽을 깔고 앉아서 / 바둑돌을 / 가"리는 한정과 여유를 표현하는 것으로 실현된다.

이 시들에서 문제적인 것은 세속적 욕망의 초월 내지 초연함이 아니다. 어쩌면 욕망으로부터의 초월은 공허하기 쉽다. 그런 점에서 새로운 욕망의 출현이 중요하다. 즉 '산'으로 가는 친자연적 태도나 '바둑'으로 대표되는 여기餘技가 궁지에 몰려 어쩔 수 없는 삶의 형식으로 맞는 것이 아니라, 여러 삶의 과정을 거친 뒤 진정으로 만나야 할 삶의 형식으로 새롭게 깨닫고 있다는 점이다. 흔히 말하는 강호가도江湖歌道나 강호한정江湖閑情의 삶은 뒷방 늙은이의 삶이 아니라 참된 도道라 할 수 있는 무위자연의 삶에 부합된다는 인식이다.

그 점에서 "떨어지는 폭포수도 나름의 금도가 있다 / 온갖 악다구니로 숱한 밤을 지새우지만 / 바다에 닿을 때쯤엔 / 귀로 들을 소리가 없다"(「물에 대하여」)에 보이는 '폭포수의 금도'는 시인 이우걸이 노년의 삶에서만 얻을 수 있는 삶의 지혜다. 바다에 닿을 때쯤엔 소리를 내지 않는 물의 '금도'는 젊음이라는 생의 파란만장함, 곧 "온갖 악다구니"를 겪어 본 사람들만이 가질 수 있는 삶의 자질이기 때문이다. 즉 이런 자질을 존재의 본질로 갖춘 사람이야말로 죽음으로 처단된 인간 존재의 본질에 대해 보다 더 깊은 성찰을 할 수 있을 것은 당연하다.

이우걸 시인은 바로 이 점에서, 그리고 이 점으로 생의 한가운데를 지나고 있다. 노년 삶의 특성을 통해 인간 존재의 본질을 성찰하고 있는 것이다. 이런 해석은 이번 시집의 표제작인 「모자」에도 그대로 적용된다.

    2
    오늘 아침 세수를 하다
    속이 빈 머리를 보고
    내 허전을 달래기 위해 백화점에 나와서
    비로소 모자를 본다
    모자를
    읽어 본다

—「모자」 부분

이 시에서 노년 삶의 모습은 "속이 빈 머리"로 형상화된다. 그 노년의 형상은 심리적인 면에 어떤 '허전'함을 끼친다. 있었던 머리털이 점차 없어져 간다는 점에서 그것은 상실이자 결핍의 정서를 유발할 것은 틀림없다. 그런데 문제는 시적 화자가 여기서 단순히 감회에 그치지 않는다는 점에서 발생한다. 즉 "허전을 달래기 위해 백화점에 나와서 / 비로소 모자를 본다"라는 의미심장한 진술에 문제성이 깃들어 있다. 시적 화자에게 "모자"는 결핍을 환기하는 것이 아니라 결핍을 통해 새롭게 채워지는 생의 실존을 바라보게 하는 것이다. 시적 화자에게 노년은 숱 많은 머리털로 존재하는 것이 아니라 "속이 빈 머리"와 "모자"로 통합된 상태로 존재하는 것이란 인식이다. 그런 점에서 이 부분은 노자적老子的 인식, 비워지는 것이 채워지는 것이단 생각을 품게끔 한다. 모자는 여기서 채움, 균형, 조화 등을 상징함으로써 새로운 삶과 존재성을 대변하는 표지가 된다.

이는 특히 "비로소"가 가지는 의미, 즉 '시작'이라는 의미를 감안할 때 더욱 그렇게 생각할 수 있다. 그리고 "모자를 / 읽어 본다"에 나타난 '읽어 봄'의 의미, 즉 터득과 앎이란 암시적 의미를 통해 볼 때, "속이 빈 머리"로 인해 발생하는 모자 쓴 삶은 늙음으로 인해 비워지는 것이 실상 새로운 것으로 채워지는 삶의 양상이라는 비유인 것이다. 때문에 늙음이란 퇴조와 상실이 아니라 새로운 형태로의 변형과 이전인 셈이다. 이 사색을 조금 더 그대로 밀고 나가면 이우걸 시인에게 죽음이란 것도 새로운 물질로 채운 삶의 형태로의 이행일 따름이다.

영혼의 집과 성스러운 자연

죽음은 존재의 소멸이다. 소멸이란 흩어짐이요 사라짐이다. 곧 무정형이다. 죽음을 앞둔 존재는 존재의 영원성을 갈구하게 될 것이 분명하다. 그럴 때 무정형에 정형을 부여하고, 물러 사라지기 쉬운 것에 단단함과 지고성을 부여하게 된다. 이우걸 시인 역시 이러한 상상력을 발동하는데 그에게는 이것이 특별히 '집'이라는 건축물로 나타난다는 것이 특색이다. 죽음으로 인한 존재의 소멸이 아니라 영혼의 거처로서 새로운 집을 건설함으로써 존재의 구원을 얻고자 하는 것이 시인 이우걸의 시적 지향인 것이다. 이것은 존재의 전환에 해당하는 것으로 늙음 다음에 오는 시적 도정이라 할 수 있다.

　　한 권의 건축을

　　밤마다 꿈꾸고 있다

　　내가 가진 세계의 수많은 이모티콘으로

　　내면의 허기를 메울

　　그런 집을 꿈꾸고 있다

　　　　　　　　　　　　　　　　―「집」부분

시집이란 한 시인의 울음이 사는 집이다
슬프게 울거나 기쁘게 울거나
우리는 그 울음소릴 노래처럼 읽곤 하지만

가슴에 품어 보면 한없이 정겹고
떼어 놓고 바라보면 어쩐지 짠해지는
불면의 밤이 두고 간
아, 뜨거운 문장들

—「시집」 전문

묘하게도 시인에게 집은 "한 권의 건축"에서 알 수 있듯이 책이자 건축물이다. 즉 시집이자 영혼의 거처로서 집인 것이다. 집이라는 단어가 갖는 언어유희적 속성이 있다고 하여도 시인의 어법으로 볼 때, 언어적 질서로 뼈대를 구축하고 있는 책이 집으로 인식되고 있다고 말해야 할 것이다. 먼저 「집」에서 시적 화자는 "내면의 허기를 메울 / 그런 집을 꿈꾸고 있다"고 진술하고 있다. 그런 점에서 집은 존재의 결핍, 즉 늙음으로 표상된 상실이나 죽음을 이겨내는, 혹은 채워내는 새로운 장소로 볼 수 있다. 특히 인용에서 생략된 "새로 필 꽃들을 위한 / 말의 집"이거나 "때로는 종교가 되고 때로는 철학이 되는 / 밤마다 간구해오던 / 내 기도가 / 영글 집"이 언어의 집이자 기도의 집임을 알 수 있다. 말은 "새로 필 꽃들을 위한" 생명력과 아름다움을 가진 언어, 즉 시로 형성된 집이며, 기도는 "밤마다 간구해 오던 / 내 기도가 / 영글" 영혼을 구원하는 종교적 집임을 알 수 있다. 그렇게 볼 때 이우걸의 시에서 집은 죽음으로 다가오는 존재의 소멸에 대해 구원의 형식으로 나타나는 예술과 종교의 속성이다.

그런데 시인은 이를 좀 더 명확히 「시집」에서 밝히고 있다. "시집이란 한 시인의 울음이 사는 집이다"란 매우 놀라운 잠언적 경구를 읊으면서 시집이 갖는 가치를 해명하고 있다. 시집은 집이되 한 시인의 울음이 사는 집이란 인식은 참된 건축물은 울음을 질료로 하여 지어질 필요가 있다는 생각을 드러낸다. 그렇다면 여기서 울음이란 무엇인가? 그것은 "불면의 밤이 두고 간 / 아, 뜨거운 문장들"에 함축된 고통과 번민이며, 존재의 본질이나 심연을 느끼게 하는 생의 감각들일 것이다. 그것은 '시간의 부석거림'에서 보았던 시인의 신비한 공감각에서 발생하는 정서와 감각일 것이다.

그렇지만 시인은 울음의 의미에 대해 다른 시에 다음과 같이 밝히기도 한다. "어둠을 퍼내기 위해 태어나는 악기도 있다 / 그 악기의 일생이란 늘 울음의 나날이지만 / 우리는 그 울음 때문에 / 밝아지는 / 세상을 본다"(「장사익」). 이 시에서 울음은 악기의 소리로서 세상을 밝아지게 하는 매개체다. 혼탁한 세상을 울음과 눈물로 맑고 밝게 정화한다는 것이다. 시인의 울음이, 시인의 울음으로 구축된 시집이, 시인의 울음이 배어들어 있는 뜨거운 문장이, 그 문장으로서의 시가 바로 그런 기능을 하고 있다는 것이다. 이것은 이우걸 시인이 예술로서 시적 기능에 대해 깊은 애정과 함께 무한한 가능성을 기대하고 있다는 말과 다름없다. 그것은 거의 영적 실체로서 시를 인식하고 있다는 말이 된다.

때문에 "한 채의 고요였다 / 적막한 사원이었다"(「묵언 시집—김춘수」)라고 시를 하나의 건축물로 보면서 동시에 성스러운 '사원'의 이미지를 부여하는 것은 너무나 자연스럽고 당연한 일이다. 그렇게 본다면 시집이야말로 기도로 구축된 영혼의 집이자 무정형으로 흩어지기 쉬운 이 지상에 정형과 압축으로 생명의 힘을 응결하는 존재의 집이다. 더 나아가 시, 그중에서 압축과 탄력을 그 형식적 본질로 하는 시조야말로 시인 자신의 무상한 삶을 붙잡아 직조해 내고 아름다움이라는 영성을 불어넣어 새기는 영혼의 집이라 할 수 있는 것이다.

그런 점에서 다음에 보게 되는 자연 성화聖化의 시편들은 그가 가닿을 수 있는 영적 통합체로서 시의 집이자 영혼의 거처를 잘 보여 주는 작품들이다.

오늘 밤 사제는

저 하늘의 달님이다

간구의 손 모으고

조용히 눈을 감으면

한 말씀 둥글게 담고 조심조심 떠오르신다
―「보름달」전문

대청성당 뜨락에 흰 눈이 내리고 있다

미사포를 쓰고 있는 주일의 여인들처럼

　　고요를 받들고 있는

　　나무들이 숙연하다

―「겨울 미사」 전문

　위의 시들은 자연과 인간, 그리고 신들의 참여에 의해 이루어지는 성현聖顯의 세계를 드러낸다. 모든 존재들이 영적 충일성에 의해 소외를 겪지 않고도 살 수 있는 원환적圓環的 세계를 반영한다. 모든 존재들이 이러한 시적 인식에 놓여 있다고 본다면 죽음의 공포에서 어느 정도 벗어났다고 말할 수 있지 않을까? 참으로 아름답고 따뜻한 시적 풍경이자 결정체라고 말할 수 있다는 점에서 말이다. 시인 스스로도 신운神韻이 도는 시적 경지를 개척함으로써 "달님"과 소통하며 내리는 "흰 눈"에 의해 "고요를 받들"어 미사를 드릴 수 있는 나무와 같은 존재로 설 수 있게 된 것은 영적 눈뜸이라 할 수 있다. 그 점에서 이 시들은 결핍과 상실의 감정으로 대변되는 죽음의 공포를 넘어 완성과 충일로 구축되는 영혼의 집을 상징하는 것이라 할 수 있는 것이다.
　시인 이우걸은 죽음의 문제로 고뇌하는 노년의 자아에서 자기 구원을 얻기 위해 의지적 지향으로 추구했던 시적 건축물 끝에서 자연의 성현을 발견하게 된다. 그 과정에서 부조된 신성은 존재의 무상함을 달래주는 단 하나의 젖줄이었던 셈이다. '시'와 '집'의 결합은 결국 세계의 성현으로 귀결되어 우주적이고도 일원론적인 세계 인식으로 나아가 존재의 구원을 달성한다. 자신의 내부에 깃들어 있는 시적 자질, 즉 시조의 형식을 빌려 신운을 획득함으로써 진정하고 완전한 자아로 나아가는 인류의 원망願望을 이번 시집을 통해 보여 주고 있다. 그 점에서 이 시집은 인간의 영원한 꿈의 기록이자 보고다.

이우걸의 시조 세계는 어떻게 형성되었는가?
『이우걸 시조 세계』를 읽고

이승하

지난 4월 20일에 태학사에서 436쪽짜리 양장본 책이 한 권 나왔다. 창원대학교 국어국문학과 박정선 교수가 편한 『이우걸 시조 세계』가 바로 그 책이다. 2006년에 유성호 교수가 편해 나온 『이우걸의 시조 미학』(작가)과 2013년에 엄경희 교수가 편해 나온 『이우걸 시조 연구』(태학사)에 이어 세 번째로 출간된, 이우걸의 시조 세계를 살펴본 책이다. 우리 시단에 한 시인에 대한 연구서가 3권이나 나온 예가 흔치 않다. 이우걸 시인이 한국 시조시단에서 차지하는 영토가 그만큼 넓어서일 것이다. 이룩한 업적의 탑 또한 높기 때문일 터인데, 이번에 나온 책에는 이우걸론 혹은 이우걸 시조 작품론이 무려 21편이나 된다.

  이 연구서들에 대한 서평을 청탁받았으므로, 애당초 생각은 이 글들을 분류하여 각각의 특징들을 세세히 짚어보고, 연구자들의 평가 작업이 어떻게 이루어지고 있는지 살펴보려 했다. 그러나 그러한 작업이 과연 무슨 의미가 있을지 여러 날 고민하였다. 차례에 명시한 제목들을 보면 글의 주제를 대충은 알 수 있다. 예컨대 다음과 같은 것들이다.

    근대성에 대한 이지적 통찰 | 엄경희
    계승과 혁신의 변증법 | 박정선
    이우걸 시조에 나타난 현실 인식과 존재론적 성찰 | 우은진
    이우걸 시조의 상징성 의미 연구 | 김민서
    이우걸 시조의 알레고리적 의미 세계 연구 | 이순희

이들 평론 혹은 논문이 이우걸 시조시인의 어떤 점을 파악, 논의했다고 서평자가 재론한다면 '부연 설명'에 불과할 터이다. 그렇게 되면 이 글의 독자와 시인에게 무슨 도움이 되겠는가? 이런 회의에 빠져 며칠을 보내다가 일반적인 '서평'과는 다른 서평을 써보기로 마음먹었다. 기존 연구자들이 이우걸의 시조 세계를 충분히 답파하고 있는 만큼, 필자는 그들의 노고에 힘입어 지름길을 질러가는 시늉이나 해보려고 한다. 불충한 일인 줄은 알지만 그간의 연구 성과를 존중하고, 연구자들의 관심이 미처 닿지 않은 지점이 있기에 그곳을 소개하는 의미도 있다. 이 책은 다행스럽게도 제3부가 시인 자신이 쓴 2편의 글과 1편의 대담으로 이루어져 있다. 시인 자신이 그간의 삶과 써온 시에 대해 고백한 글은 그의 시세계를 이해하는 데 있어 '捷徑'의 역할을 할 것이다. 동인인 윤금초·박시교·유재영과 더불어 대담한 것 중에도 본인의 시론 혹은 시관이 담겨 있으므로 이를 참고하여 이우걸의 시조 세계에 다가가 보려고 한다. 문예지 편집주간이 요청한 '서

평'의 성격을 준수하지 않고 일탈의 형식을 취하게 된 것에 대해 양해와 용서를 구한다.

　이우걸은 경남 창녕군 부곡면 부곡리에서 태어났다. 8남매 중 일곱째로 태어났는데 징용 갔다가 살아 돌아온 부친이 농사일에 서툴었으니 가난의 정도는 짐작이 가고도 남는다. 다행히도 그에게는 아우의 문재를 인정해 주고 전폭적으로 지원해 준 작은형이 있었다. 밀양세종고등학교의 선배이기도 했던 작은형은 밀양문화제를 소개해 주셨다. 이우걸은 이미 고교 시절에 그 문화제에서 서정주·박목월·박남수·조지훈·이영도 등 큰 시인들을 먼발치에서나마 뵐 수 있었다. 그의 문학에 불쏘시개 역할을 해준 이가 있었으니, "군대생활 3년 내내 작은형님은 박봉에도 『현대문학』을 매달 사서 부쳐 주셨다."고 한다. 그러나 이우걸의 대학 시절의 꿈은 시인이 아니었다. 경북대학교 사범대학 사회교육과(역사 전공)를 다녔으므로 중학교나 고등학교의 역사 선생님이 될 운명이었지만 가난한 집안을 일으켜 세우겠다고 고시공부에 몰두했으니 문학은 꿈속에서나 보는 환상의 세계였다. 운명의 여신은 그를 판검사가 아니 시조시인의 길로 이끈다.「나의 삶, 나의 문학」에서 몇 줄 가져온다.

　『고시계』를 사오며 시조 계간지 『현대시조』를 사둔 적이 있어서 머리를 식힐 겸 그 책을 꺼내어 읽고 시조 2편을 썼다.「코고무신」,「엽서」였다. 학보사 투고함에 넣고 다시 일상으로 돌아왔다. 어느 날 같은 과 후배들이 신문을 들고 와서 내 작품이 실려 있다고 야단이었다. 글 쓰는 것을 본 적이 없으니 신기해 보였을 것이다. 실린 것도 내게 큰 자극이 되었지만 하계방학 때 실린 "상반기 문예찬을 평한다"를 읽고 나는 정말 놀랐다. 그 글을 집필하신 김춘수 선생께서는 칭찬을 잘 하시지 않는 성품이셨다. 그런데 "이런 시인이 있다는 것은 복현문단의 자랑이 아닐 수 없다"고 평해놓은 것이다. (363~364쪽)

이 일은 아마도 한 사람의 운명을 바꾼 일대 사건이 아니었을까. 대학생 이우걸은 동인지 『선실』을 창간한다. 대구의 정원다실에서 시화전을 열고 김춘수, 권기호 교수의 칭찬을 듣는다. 이런 상황에 무슨 고시공부를 하겠는가. 집어치워야지. 뮤즈가 이 피 끓는 청춘에게 당도했는데. 김춘수 경북대 교수에게 칭찬을 들은 「엽서」는 마음에 안 들어 훗날 시조집에 넣지 않는데, 다음과 같다.

1
고여 오는 정의 샘에
묻어나는 향내일까
이랑 지어 가꾼 밭에
날아드는 나비일까
그 소리 그니 목소리
내 창가에 앉는다

2
빛 낡은 천 위에다

앉혀 놓은 새라도
가꿀수록 깊어지는
메아리 먼 메아리
진종일 머무는 일월
오지랖에 싸 모은다

미흡하지만 대학생이 쓴 작품치고는 아주 고전적인 품위를 갖추고 있다. 그립다는 기호는 어디에도 없으나 그리움의 정서를 잘 표현하고 있다. 특유의 고졸한 서정성을 알아본 김춘수의 격려에 힘입어 시조를 쓰게 된 이우걸은 대학 시절에 동인지 『현대율』도 내고 지역의 큰 시조 모임인 '낙강'에도 가입한다. 『현대율』 동인 멤버는 박시교와 유재영이었다. 윤금초·박시교·유재영과는 4인 시조집 『네 사람의 얼굴』(문학과지성사, 1983)을 냄으로써 더욱더 돈독하게 우정을 다지게 된다.

『월간문학』에 투고하여 당선되었지만 이영도 시인은 이우걸에게 『현대시학』에 추천해 주겠노라 말한다. 아마도 같은 지면으로 등단한 선배들에게 치여 문학적 기량을 마음껏 발휘하지 못할 것을 우려했기 때문이 아닐까. '나의 확실한 제자'로 삼은 뒤에 이영도 시인은 '승화와 절약'이라는 가르침을 준다. 시상이 푹 익을 때까지 고쳐야 하며, 말을 아껴야 한다는 것은 평생의 가르침이 된다. 시조니까 말을 아끼는 것이 당연하지만 시어의 선택과 배열에 고민을 많이 해야 한다는 뜻이었을 것이다.

졸업하고 나서 3년 있다 첫 시조집 『지금은 누군가 와서』(학문사,

1977)를 낸다. 이후 지금까지 낸 시조집이 총 8권이다. 이쯤이면 다작도 과작도 아닌 평균치 정도는 되는 듯하다. 별난 부지런도 게으름도 없이 시 쓰는 이의 본분을 잊지 않고 성실하게 걸어왔다는 증거다. 이우걸의 시조를 조망할 때, 몇 가지 염두에 두어야 할 것이 있다. 하나는 대학에서 역사를 전공해서 그런지 '순수서정'에 머물지 않고 '현실참여'도 적극적으로 해 왔다는 것이다.

불면의 시대를 각으로 떠서 우는
부패한 시대를 모로 막아 우는
짜디짠 너의 이름을 소금이라 부르자.

마침내 굴욕뿐인 이승의 현관 앞에서
네가 걸어와야 했던 유혈의 가시밭길
이고 진 번뇌의 하늘 그 또한 얼마였으리.

이제는 지나간 역사의 창이라지만
어느 누가 염치없이 네 이름을 훔치려 하나
소금은 말하지 않아도 제 분량의 영혼이 있다.

—「소금」 전문

부패 방지에 필요한 것이 소금이다. 이 나라에는 부정부패에 맞섰기 때문에 형극의 길을 걸어간 사람들이 있었다. 그들은 응분의 보상을 받기는커녕 "유혈의 가시밭길"을 걸어야 했고, "번뇌의 하늘"을 이고 져야만 했다. 세상을 그래도 썩지 않게 하는 소금의 의의를 말하면서 이우걸은 한국의 근·현대사만 다루지 않는다. 고려조 때, 조선조 때, 대한제국 때, 일제 강점기 때, 해방공간, 한국전쟁 전후, 군사독재 시절……. 그 모든 "지나간 역사의 창"을 조망하고자 했을 때, 소금의 역할을 한 사람들이 누구였던가 생각해 볼 필요가 있다. 시대의 의인을 높이 기리고 부패한 권력자를 비판하는 시대정신을 자신의 주제의식으로 삼는 일을 이우걸은 게을리하지 않았다.

폭력의 정치들이 거리를 누빌 때도
그는 말이 없었다 창밖의 풍경에 관해
시간이 그런 인내를 그에게 가르쳤다.

다만 의자 위에
잠이 든 손님을 보며
그는 생각했다 잊고 있던 그의 생을
때로는 상처에 의해
가꾸어지는 영혼을.

거울 속으로 사라지는 푸른 날의 기억들
김 씨의 손끝은 이제 조금씩 떨리지만
그 어떤 가면 앞에서도
의연히 가위를 든다.

─「청산이발소 김 씨」 전문

〈효자동 이발사〉라는 영화가 있었다. 청와대에 계시는 높은 분의 머리를 손보는 이발사이니만큼 세상 잡사와 지식이 머릿속에 꽤 들어 있었는데 그것이 화근이 되어 고생을 무지막지하는 것이 주된 줄거리다. 평범한 시민이 사회 변동의 회오리바람 속에 휩쓸려 엎치락뒤치락하는 것이 영화라면 이 시는 시간의 인내를 말해 준다. 직접 떨치고 일어서지는 않았지만 "때로는 상처에 의해 / 가꾸어지는 영혼"을 가지고 인내한다. 날 시리게 벼른 칼로 폭력의 정치를 벤다. "그 어떤 가면 앞에서도 / 의연히 가위를" 드는 의인은 정치가가 아니라 시민이다. 시민은 4·19 때와 5·18 때 '혁명'을 했다. 촛불을 들었다. 현대시조는 대체로 자연 풍경 묘사와 내면 심리 묘사에 치중하는데, 이우걸은 이와 같이 역사의 맥을 짚어 비판할 때는 단호하게 비판한다.

또 하나의 이우걸의 시학은 과도한 실험을 하지 않는다는 것이다. 현대시조의 중요한 특징이 형식 파괴적인 실험이다. 엇시조와 사설시조도 많이 나오고 있지만 언뜻 봐서는 시조 같지 않은 시조가 엄청나게 많이 탄생하고 있다. 이런 시류에 대해서 이우걸은 이렇게 따끔하게 말한다.

> 3장 6구 12음보, 종장 첫 구 3자, 그 다음의 대음보, 이 정도는 룰이라고 봅니다. 이 룰로부터 자유로워지면 정형의 틀이 깨어집니다. 이 어지러운 시대에 정형시를 쓴다는 것 자체가 하나의 실험이고 도전입니다. 그 형식의 준수가 가져다주는 운율감과 긴장감을 포기한다면 굳이 이 시대에 시조를 쓸 이유가 있을까 싶습니다.

정형시를 쓴다는 것이 전통의 추수追隨가 아니라 그 자체가 하나의 실험이고 도전이라는 말에는 중요한 메시지가 담겨 있다. 시조 쓰기가 정형이라는 틀 속에 갇히는 것이 아니라 "한 장 4음보"의 운율을 지켜 초·중·종장으로 시세계를 확대시킨다는 뜻일 터, 이 룰은 시조가 왜 열린 형식인지를 말해 준다. 일본의 하이쿠가 시조보다 더 짧지만 전 세계적으로 선풍을 불러일으킨 이유가 있다. 형식은 5·7·5조이지만 그 의미망은 그물이기 때문이다. 그물에는 바닷물이 넘나들기에 바다와 차단된 것이 아니라 바다의 일부다. 생각할 여지를 충분히 제공하면 할수록 시조는 열려 있는 장르가 되는 것이다.

> 평소엔 말수가 적고 손이 차갑지만, 실은 내면 깊숙이 갇혀 있는 마그마들이
>
> 불현듯 그의 평온을 뚫고 나올 때가 있다
>
> ─「눈물」 전문

이 시의 대상인 '그'는 눈물이 흔한 사람이 아니다. 손이 차갑다는 것은 냉정하다는 뜻일 터, 하지만 이런 사람이 울 때가 있다. 그 울음은 평온을 뚫고 나오는 몸의 마그마들이다. 내면 깊숙이 갇혀 있던.
  하이쿠는 설명이 아니다. 그냥 한순간의 컷이다. 마츠오 바쇼가 "고요함이여, 바위에 스며드는 매미 소리"라고 했을 때 그 고요함이 시가 되는 것이 아니라 "바위에 스며드는 매미 소리"가 시가 되는 것이다. 묘사의 힘이 여기에 있을진대 이우걸이 추구하는 것이 바로 이것

이다. 이영도 선생의 가르침을 가슴에 새긴 결과, 말로 풀어내는 시조가 아니라 말을 버리는 시조를 써 왔던 것이다. 그러니까 실험이나 파격을 통해 시조의 현대화를 꾀한 것이 아니라 틀(틀이 룰이다)을 지키면서 의미의 현대화를 추구하였다. 그는 삼풍백화점의 참상을 다루기도 하고 인력시장의 불안을 형상화하기도 한다.

구인 벽보판을 빗방울이 때리고 있다

광포한 빗방울들이 자모字母를 때리는 동안

무노동 무임금주의의

깃발이 지나간다.

—「비」 전문

비를 소재로 한 수많은 시와 시조가 있었지만 "구인 벽보판을 빗방울이 때리고 있다"로 시작하는 이런 시조는 '낯설다'. 이상의 시는 지금도 낯설지만 바로 이런 낯섦이 이우걸이 추구해 온 시조의 공법이었다. 자연을 노래하는 듯하지만 결코 '음풍농월吟風弄月'이 아닌 시조, '시절가조時節歌調'인 시조를 쓰는 것이 그가 나름대로 추구해 온 시관이었다. '시절'이란 바로 시대가 아닌가. 그 시대를 시인이 아파하지 않으면 누가 아파하는가. 시에 대한 시조가 있다.

무릇 시란 정신의 핏빛 요철이므로
장님도 더듬으면 읽을 수 있어야 하리
집 나간 영혼을 부르는
성소의 권능으로.

얽힌 말의 실타래 같은
이미지의 굴레 같은
그 터널을 절뚝이며
내 독자는 걸어왔구나
그러나 양파 속이여
아 드러날
허방이여.

—「시」 전문

 이우걸 시인은 문학단체의 장을 여러 차례 했고 고등학교 교장으로 교직을 마쳤다. 향리에 본인의 문학관도 있다. 신춘문예와 중요 시조 문학상의 심사도 수십 번 했다. 시조시인으로서 누릴 것을 많이 누린 시인임에도 "양파 속이여 / 아 드러날 / 허방이여." 하고 탄식하고 있다. 왜일까? 시조에 대한 갈망과 갈증이 늘 뇌리에 도사리고 있어서 일 것이다. 그는 "정신의 핏빛 요철"인 시를 써야 한다고 다짐하고 있다. "장님도 더듬으면 읽을 수 있"는 시, 그만큼 감동적인 시를 써야 한다고. "집 나간 영혼을 부르는 / 성소의 권능으로", 즉 숭고하고 찬란한 시를 써야 한다고. 이 욕망이 있는 한 유유자적할 수 없다. 지금까지 낸 8권의 시집에 안주할 수 없다.

> 시집이란 한 시인의 울음이 사는 집이다
> 슬프게 울거나 기쁘게 울거나
> 우리는 그 울음소릴 노래처럼 읽곤 하지만
>
> 가슴에 품어 보면 한없이 정겹고
> 떼어 놓고 바라보면 어쩐지 짠해지는
> 불면의 밤이 두고 간
> 아, 뜨거운 문장들
>
> ―「시집」 전문

 이렇게 간절한 마음으로 묶었던 시집들이었으리라. 불면의 밤에 써 내려간 뜨거운 문장들을 위해 펜을 들고 있는 시인 이우걸, 팔려 가지 않은 인력시장의 노동자처럼 불안에 떨면서 이 세상과 대면했으면 한다. 그럴 때 시인의 눈에 보이는 어떤 "서럽고 지친 얼굴들이 / 말없이 돌아"(「인교에서」)서는 인력시장, 그곳에서 돌아서는 사람이 바로 이우걸의 시에서 우리가 듣는 한 시대의 숨소리가 아닐까. 그는 이 땅의 시인이기에 '이제는 좀 편히 사십시오'라는 말을 삼가겠다. 그의 시조 세계를 읽어낸 21인 문학평론가의 작업을 세세히 논하지 않은 이유를 열린시학사의 편집주간은 이해해 주리라 생각한다. 이우걸 시인도 역시.

이우걸의 시조 세계
『이우걸 시조 세계』(태학사)를 중심으로

신상조

1. 언어

한국 현대 문학에서 현대시조의 기원은 일제강점기로 거슬러 올라간다. 1920년대 최남선, 이광수, 정인보 등이 새로운 시조를 창작하였고, 1926년에 최남선은 최초의 현대시조집인 『백팔번뇌』를 발간하기도 하였다. 이후 현대시조는 이은상, 이병기, 이호우 등에 의해 발전되다가 광복 이후에는 정훈, 이태극 등에 의해 활발히 전개되었다. 허나 우리 민족 고유의 정형시를 잇는 현대시조의 작업은 한동안 민족의식에 기댄 시대에 뒤떨어진 창작 활동이라는 불명예를 누려왔음도 사실이다. 시조를 고루하거나 주변부적 양식으로 치부하는 무관심과 편견 속에서, 시조의 "문학사적 위상을 제고하고 현대적 존재 가치를 증명"한 시인들 가운데 이우걸은 단연 독보적이다.

현대시조의 미학적 가치와 존재 의의를 부여한 사람으로 이우걸 시인이 유일한 건 아니다. 그러나 이우걸 시인만큼 현대시조를 '되어야만 하는 어떤 것', '될 수 있는 어떤 것'으로 만들기 위해 헌신적으로 자신의 삶을 제공한 이는 드물다. 아무런 강요나 요청과 상관없이 그는 현대시조의 발전을 위해 꾸준히 노력하고 전진해 왔다. 이번에 발간된 『이우걸 시조 세계』는 그의 작품 세계를 논하는 비교적 최근의 평론과 논문을 중심으로 이루어졌다는 점에서, 그러한 시인의 예술적 형상화의 과정 및 그 여정이 다다른 모종의 지점을 보여 준다. 그러므로 우리가 현대시조의 새로운 시작을 찾아야만 하는 곳이 있다면 바로 이 '지점'이고, 현대시조의 가능성은 이 지점을 통과하면서 더욱 더 풍성해질 터이다.

『이우걸 시조 세계』를 짚어 내는 키워드의 으뜸은 '현대성'이다. "그의 시 세계를 한 마디로 평가하자면, 시조가 전통 시가의 차원을 넘어 현대성을 획득하는 일에 모범을 보여 준 사례라 말할 수 있을 것이다."라거나, "이우걸 시인은 처음 등단할 때부터 현재까지 40년 동안 시조 정형성의 바탕 위에 개성적 수사와 현대적 사유를 결합한 격조 높은 작품을 일관되게 창작해 왔다."는 평은 다른 평자들의 글에도 공통적으로 자리매김하고 있다. 크게는 시조 형식과 현대적 인식의 결합으로 드러나는 이우걸 시의 현대성에 대한 논의는, 세부적으로 '언어'와 '시대성'으로 구분할 수 있다. 이중에서 먼저 '언어'에 주목한 글들 중에서 그 예를 살펴보자.

아무 데나 기웃거리는 사탕 같은 말들이
밤하늘 은하수처럼 내 몸속을 흐르고 있다

오늘밤 친구에게 할
나의 말도 그런 것일 뿐.

비 맞고 바람 맞고 눈, 서리도 견디는
저 절벽의 청솔 같은 그런 말은 없을까
관념의 벽을 넘다가 으깨진 말은 없을까.

—「사전을 뒤적이며-유재영에게」 부분

"관념의 벽을 넘다가 으깨진 말"은 정형시인 시조를 쓰는 사람이 가장 고심해야 할 사항을 제시한 것이다. 오랜 전통을 지닌 형식적 규범이 자신도 모르게 관념적 표현을 유도하는 경우가 있기 때문이다. '관념의 벽'은 '절벽'과 음상이 통하고 '으깨진'은 '견디는'과 대립적 의미로 분리된다. 그러면서 그것은 그렇게 으깨어지는 과정을 거쳐야 비로소 모든 것을 견딜 수 있는 시어가 창조된다는 사실을 일깨워 준다. 참으로 놀라운 함축성을 지닌 표현이다. 여기서도 시조의 정형적 율격을 그대로 유지하면서 치열한 시적 탐구의 정신을 통해 현대성을 드러내는 이우걸 시조의 특성을 확연히 파악할 수 있다.[1]

무릇 시란 정신의 핏빛 요철이므로
장님도 더듬으면 읽을 수 있어야 하리

---

1 이숭원,「현대적 표현 미학의 빛나는 성취」, 박정선 편,『이우걸 시조 세계』, 태학사, 2018, 43~44쪽.

집 나간 영혼을 부르는
성소의 권능으로.

얽힌 말의 실타래 같은
이미지의 굴레 같은
그 터널을 절뚝이며
내 독자는 걸어왔구나
그러나 양파 속이여
아 드러날
허방이여.

—「시」 전문

　시인은 불립문자不立文字의 시학을 천명하고 있다. 흔히 시의 주된 구성 요소로 강조되는 이미지와 시적 언어가 여기에서는 불신임을 받고 있다. 말은 "얽힌 실타래"이며 이미지는 "굴레"이며 다시 말과 이미지는 함께 어울려 "터널"의 역할을 담당하는 것으로 그려진다. 명쾌하지 않은 공간, 암중모색의 공간, 그러나 어쩔 수 없이 통과해야 하는 공간으로 "터널"은 읽힌다.[2]

　두 평자의 글은 얼핏 작품을 구성하는 내용, 형식, 표현만으로 작품

2　박진임, 「텍스트와 텍스트 사이, 있음과 없음 사이, 비와 달맞이꽃 사이에서」, 박정선 편, 앞의 책, 53쪽.

을 이해하고 감상하는 관점을 전제로 하지만, 실상은 작가적 관점에 삼투한다. 내재적 관점과 작가의 전기적 사실을 종합한 후에 이를 추론하는 것은 작가론의 차원에 속하기 때문이다.

 자신의 시를 두고 "허방"이라 일컬음은 솔직하면서도 지극히 고통스러운 고백이다. 시인의 극단적인 자기부정은 아이러니하게도 시에 대한 그의 열정과 사랑을 전해온다. 부정과 지양의 시작詩作 과정을 통해 드러나는 것은 시를 대하는 시인의 정신적 깊이와, 엄정하고도 치열한 태도다. 그리고 이러한 시적 자아는 우리로 하여금 하나의 표상을 환기하게 한다. 채찍을 맞을수록 더욱 꼿꼿해지는 '팽이'(「팽이」)의 이미지는 창작의 고통으로 스스로를 정화하는 시적 자아의 모습을 선명하게 투영한다. '팽이'는 시적 자아의 의지가 투영되어 시각적 이미지로 구체화한 개별적 상징물이라 할 수 있을 것이다.

2. 시대성

 앞서의 글이 '탈관념의 시어'와 '불립문자不立文字'의 언어를 통해 이우걸 시의 현대성을 강조한다면, 다음의 예는 작품에 반영된 현실과 시대성을 이야기함으로서 그의 시에 내재한 현대성을 증명한다.

> 선생은 한 사회의 어둑함과 혼돈을 비판적으로 응시하면서도, 삶의 역설적 비의秘義에 대한 따뜻한 믿음을 저버리지 않기 때문입니다. 그래서 선생의 시편은 완미한 정형 양식의 완결성에 새로운 현대성을 접

목하고 거기에 세상을 따뜻하게 바라보는 페이소스를 얹는 노력에서 완성된 세계라 할 것입니다. 이때 우리는 이우걸 선생의 시조가 어떤 특정한 이념으로 수렴되지 않는 구체적 사회성을 다루고 있음을 또한 기억해야 합니다. 선생이 자연 완상이나 내면 토로를 기조로 하는 구투舊套에서 벗어나, 하수구나 변기, 주민등록증 같은 소소한 일상적 현장이나 사물을 문명 비판적으로 노래해 온 것도 그러한 의도와 지향을 선명하게 충족하고 있다고 할 수 있습니다.

나아가 이우걸 선생은 우리 사회에 집단적으로 잠복해 있는 정신적 병리에 대해서도 깊은 시적 전언을 부여해 온 시인입니다. 이를 두고 비극적 세계 인식이라고 부를 수도 있겠지만, 그 저류底流에는 비극적 절망을 넘어 균형과 희망 쪽으로 생의 형식을 재구再構하려는 시적 욕망이 흐르고 있습니다. (중략) 이처럼 선생은 우리의 시대적 병리를 표현함으로써 한 시대의 모더니티를 끌어들이는 열린 태도로 새로운 도전을 계속하고 있습니다. 이 모두가 현대시조의 양식적 확충을 이루려는 시인의 일관된 의지에서 나온 것이라고 할 수 있겠습니다.[3]

이우걸 시인의 전 작품들을 읽어 보면 사회적 소외를 겪고 있는 사람들의 이야기가 자주 등장하는데, 특히 2003년도에 출간한 시집 『맹인』에는 「가계부」, 「서서 우는 비」, 「열쇠」, 「석간」, 「통화」, 「실업」, 「발에게」 등 경제적 위기와 실직에 관한 작품들이 다수 실려 있다. 이는 시인도 말했듯, 1990년대 후반 구제금융(IMF) 위기 속에서 실행된 대량실업

---

[3] 유성호, 「이우걸의 시조 세계」, 박정선 편, 앞의 책, 135~136쪽.

과 퇴직에 따른 노동자들의 불우한 현실과 절망에 시인이 예민하게 대응했기 때문이라 생각한다.

참으로 유한한 생의 터널에서
열쇠를 떨어뜨렸다 중년 가장인 그는
겨울이 난간에 서서 잔설을 뿌릴 시각에.

집을 나올 때도
열쇠를 잊곤 했다
돌아와 문 앞에 서서 그는 가끔 생각했다
어쩌면 영영 열쇠를
잃을지도 모른다는.

열쇠를 떨어뜨렸다 중년 가장인 그는
단정한 칼라의 빈틈없는 일과를 위해
지금은 그가 찾아가
열어야 할 방이 없다.

―「열쇠」 전문(2003)

위의 작품은 실직을 당한 가장의 삶을 '열쇠를 잃어버렸다'는 상황으로 비유하고 있다. 작품 안에서 열쇠는 닫힌 곳을 여는 장치를 넘어, 주인공의 생이 다음 단계로 나가기 위해 필요한 존재로 그려진다. 그러나 중년의 그는 겨울-노년으로 접어드는데, 안정적인 생을 보장해 줄 열

쇠를 떨어뜨렸다. 그것을 다시 찾고 싶어 이력서를 들고 생업을 찾아다
니지만, '길은 짧아졌고 제출할 서류는 없다.'(「실업」, 2003) 허공 속에서
정처 없이, 뿌리 없이 내리는 비를 맞으며 실직의 운명을 넘어설 수 없
는 자신을 의식할 뿐이다(「산인역」, 2003). (…) 시인은 이러한 현실을 살아
가는 '서럽고 지친 얼굴'에 주목하면서 '돈은 그저 돈이지만 때로는 목
숨이다'라고 힘주어 말한다. 왜냐하면 그 얼굴들이 현실에서 '말없이
돌아서 버리는'(「인교에서」, 2015) 비극적인 일들이 우리 주위에서 일상적
으로 일어나기 때문이다.⁴

두 평자의 지적에 따르면 이우걸의 시는 비극적 현실 인식을 토대
로 하고 있다. 예컨대 다른 지면에서 많이 소개된 「청산이발소 김 씨」
나 「비누」 등은 구제금융 위기 이전의 유신 군부 시절에 벌어졌던 정
치 폭력과 열악한 노동 현실을 배경으로 이들의 고통을 노래한다. 시
속의 주체들은 그 시대를 살아간 "장삼이사張三李四"들이자, 고통스
러운 현실 속에서도 의연하게 자신의 생을 살아간 주인공들이기도
하다.
하지만 이우걸의 시는 진실한 울음과 따뜻한 정감으로써 위무와 희
망의 도정을 향해 나아간다. 인생은 정답을 요구하지는 않지만 언제
나 진지한 응답을 원한다고 『슬픔의 비애』를 쓴 와카마쓰 에이스케는
말한다. 바꿔 말하자면 시는 정답을 내리지는 않으나 언제나 진지하
게 응답하고자 노력한다. 이우걸의 시는 부조리한 현실 속에 내던져

---

4 김진희, 「희망을 꿈꾸는 위무(慰撫)의 시학」, 박정선 편, 앞의 책, 173~174쪽.

진 개인적 삶의 비애를 넘어서 근본적인 삶의 바탕을 궁구한다. 자칫 현실 부정이나 구체적인 현실에 대한 무관심으로 함몰되기 쉬운 서정을 넘어 구체적이고도 감각적인 시선으로 세계를 응시하기. 이것이야말로 세상의 질문에 답하는 이우걸 시의 진지한 응답이리라.

3. 틀과 실험

현대시조가 당대의 현실에 눈 감은 채 음풍농월의 서정에 몰두한다거나 전래의 형식적 질서에 병적인 집착을 보인다는 인식은, 마치 현대 자유시가 낭만성에 근거한 서정적 자아의 정념情炎이라는 인식만큼이나 시대착오적이다. 이우걸 시인은 등단 초기부터 시조단 내외에 퍼져 있는 고루한 시조관과 싸우면서 당대 시조의 문제점을 비판하고 현대시조의 바람직한 방향을 모색하는 데 주력해 왔다. 그의 노력은 시조 창작은 물론이려니와 비평 작업을 통해서도 꾸준히 수행되어져 왔다. "현대시조에 대한 사적 검토와 당대 시조에 대한 섬세하고도 비판적인 읽기를 게을리 하지 않은" 그의 비평가로서의 면모는 그의 시조관과 일맥상통하는 대목이다. 다음의 연구는 장르적 본질을 계승하는 동시에 고전주의적 시학에서 탈피해 시조의 새 영토를 개척하기 위해 노력을 아끼지 않은 시인의 행보, 즉 창작자이자 이론가로서의 이우걸을 조명함으로써 그의 시조관을 세밀히 짚어낸 글이다.

① 나는 시조는 짧아야 한다고 생각합니다. 그런 견해라면 시 한 편이 자꾸 길어지는 요즘 젊은 자유시인들의 생각과는 대척점에 서게 됩니다. 난삽한 이미지의 숲에서 비교적 자유롭다는 점에서 또한 대척점에 서게 됩니다. 부조화, 비루함, 추악함까지 포괄해서 반미학의 미학화를 추구한다는 면에서 본다면 시조는 이 기류와 비교적 떨어져 있습니다. 그러나 시조는 바로 그 시조적 특성을 유지할 때 한국시의 큰 흐름에서 자유시가 놓치고 있는 점을 보완하는 역할을 할 것이고 그런 보완이 한국시를 더욱 다양하고 풍요롭게 할 것이라고 생각합니다. 내가 바라는 시조는 정제미, 격조, 조화미, 가락 등을 잘 살려 현대인의 정서를 아름답게 그려내는 것입니다.

② 3장 6구 12음보, 종장 첫 구 3자, 그 다음의 대음보. 이 정도는 룰이라고 봅니다. 이 룰로부터 자유로워지면 정형의 틀이 깨어집니다. 이 어지러운 시대에 정형시를 쓴다는 것 자체가 하나의 실험이고 도전입니다. 그 형식의 준수가 가져다주는 운율감과 긴장감을 포기한다면 굳이 이 시대에 시조를 쓸 이유가 있을까 싶습니다.

인용문은 대담과 좌담에서 이우걸이 행한 발언의 일부인데, 이 발언들은 2000년대 이후 그러니까 그의 시조시학이 완숙하고 자유자재한 경지에 이른 시기에 그가 시조 형식에 대해 어떻게 생각하고 있는가를 잘 보여 준다. (중략) 이런 사실에서 그가 절제와 응축을 시조의 근본 원리로 중시하고, 그런 원리가 평시조 형식에서 가장 잘 구현된다고 여기고 있음을 알게 해 준다.[5]

위의 글은 그러나 이우걸 시인이 정해진 규칙의 틀 안에서의 실험 역시 중요하게 여김을 짚어준다. 전통의 계승이라는 큰 흐름 속에서 다양한 실험을 통한 혁신을 추구하는 것이 항상 시대와 호흡했던 시조의 장르적 본성을 지키는 것이라는 시인의 형식관이 드러나는 부분이다. 또한 이 글은 시조가 서정시이지만 전통서정시와는 다른 차원에서 수립된다는 이우걸 시인의 견해를 다음과 같이 아울러 주목하고 있다.

이우걸의 서정시로서의 시조론은 주로 자연서정을 노래하는 데 치중하는 전통서정시와는 다른 차원에서 수립되었다. 즉 그의 시조론은 생활의 구체적 세목이 펼쳐지는 현실세계에 기반을 두고 있는 이른바 현실적 서정시를 전제로 하고 있다. 물론 그 역시도 많은 서정시인들이 그러하듯이 서정의 기원을 성장기의 자연에 두고 있기는 하지만, 그의 서정시로서의 시조는 철저히 삶의 구체적 현장을 배경으로 하여 쓰였다. 그러므로 그의 서정시론이 현실서정을 요체로 하는 것은 당연한 것인지로 모른다. "시대에 대응하는 정직한 외침은 시인이 실천해야 할 가장 중요한 미덕"이라거나 "현실진단자로서 자신의 시 정신을 더 고양시키고 확장하기 위해서 살아 있는 입과 눈과 귀를 지니고 있어야 한다"라는 명제는 시인으로서의 자기 다짐이기도 하지만 시조론을 정립해 가는 이론가로서의 정언명령이기도 한 것이다.[6]

---

5 박정선, 「계승과 혁신의 변증법」, 박정선 편, 앞의 책, 190~191쪽.

부연하자면 "시조란 초장에서 시상을 일으키고, 중장에서 그것을 전개시키고, 종장에서 시상의 전환을 이룬 후 완결 짓는 형식을 지니고 있다. 결국 현대시조가 아무리 장의 배치나 구의 배치에 변화를 준다고 하더라도 이러한 시조의 기본적인 형식에서 벗어날 수는 없을 것이다. 이러한 형식은 그 안에 완결된 하나의 의미 구조를 전제하고 있으며, 정서적 통일성을 함축하고 있다. 그러므로 시조는 한 편의 시조에 담기는 사상의 완결성과 조형성을 전제할 수밖에 없는 것이다. 이러한 형식에 파편성과 부조화, 미완성과 추의 아름다움을 담는 것은 매우 어려운 과제에 속할 것이다."[7]라는 황치복의 지적은 여전히 유효하다. 때문에 틀이라는 긍정과 실험이라는 부정이 동시에 분리될 수 없는 대립 내에서의 시적 양면성과 모순성의 미학을 추구한 이우걸의 시조론은 오늘날 현대시조가 짊어진 고민을 대변한다.

실험은 틀을 전제함으로써 틀을 재인식하고 재창조하는 수용과 극복의 과정이다. 이 수용과 극복의 과정이 구도자의 길처럼 『이우걸 시조 세계』 안에 고스란히 그려져 있다. 길은 언제나 '다른 길'로 이어진다. 이것이 이 책이 지니는 최종의 은유와 상징이리라.

---

[6] 박정선, 「계승과 혁신의 변증법」, 박정선 편, 앞의 책, 194~195쪽.
[7] 황치복, 「현대시조의 은유와 상징, 그 가능성과 한계」, 박정선 편, 앞의 책, 227쪽.

존재 저편으로, 대답하기 위해 질문하는 시인
시집 서평_이우걸 시집 『모자』(시인동네, 2018)

김남규

1.

글쓰는 자들은 무엇을 위하여 혹은 무엇 때문에 글쓰기를 (당)하는가. 아마 세 가지 중 하나에 속할 것이다. 첫째는 글쓰기가 자신을 구원해줄 것이라는 믿음에서, 둘째는 매일의 빈곤함과 일상성에서 자신을 상실하지 않기 위해서, 셋째는 작가를 살해하는 예술작품 안에서 자신을 상실하지 않기 위해서일 것이다. 둘째는 첫째의 경우와 약간 다르다. 첫째는 글쓰기를 구원의 수단으로 삼은 경우이지만, 둘째는 글쓰기와 함께 살아가려는 자, 소위 '작가'라 불리는 이들이 살아가(야 하)는 방식이다. 그러나 셋째의 경우는 앞의 두 경우와 층위가 다르다. 셋째는 예술작품 앞에 자신이 무화된다는 점을 알면서도 끊임없이 작품과 대결하는 자다. 작품을 쓰면서 작가는 자기 동일성을 확인하고 안도하지만, 곧 소외를 경험하고 절망한다. 작품은 작가를 살해하면서 스스로 존재하기 때문이다. 그렇다면 그동안 작가는 무엇을 위했으며, 무엇이 작가에게 남는가. 시의 경우, 이 질문은 시론이기도 하면서 시인의 존재론이기도 하다.

이 자리에서 이 글은 이우걸 시인의 시집 『모자』(2018, 시인동네) 앞에 '작품을 남기기 위해서 작품을 쓰는 시인은 아무도 없다'는 명제를 들이댈 것이다. 다소 폭력적이겠지만, 40여 년의 시력詩歷을 가진 시인의 시집과 맞서려면 이 정도의 각오와 배짱은 요청되고도 남는다. 물론, 이제부터 이 글은 시인이 아니라 시집의 작품들과 맞설 예정이지만, 작품으로부터 소외당한 시인의 처지 또한 깊이 공감하고 있음을 먼저 말해둔다.

본격적으로 이우걸 시집을 읽기 전에, '시조'라는 장르를 짚고 가자. 시조는 시와 다르게 전제된 리듬 안에서 어휘와 진술이 서로 충돌하거나 길항하면서 리듬을 '완성'해 간다. 시조에는 '시조의 이데아'(소위 말하는 초-중-종장, 3장 6구 45자 내외 따위의 율격)가 존재하는데, 물론 여기서 '완성'은 시조의 리듬에 국한되어 있는 어휘이지, 시의 미학과 성취도와는 별개의 문제다. 그렇다면, 모든 시조-시인들의 작품은 모두 똑같은 리듬을 갖고 있지 않은가, 하는 질문이 촉발된다. 이 문제를 해결하지 못하면, 시조-시인들은 앞으로 계속 시조를 써야 할 당위와 윤리를 찾지 못한 채, 영원히 차이 없는 반복만 해야 한다.

그러므로, 이 자리에서 이 글은 또 하나의 명제를 이우걸 시인에게 들이댈 것이다. '모든 시조는 각자의 리듬을 갖고 있다'는 명제. 대부분의 시조 작품이 시조의 이데아로부터 분유된 것인데, 왜 이우걸 시인은 40여 년이 넘도록 시조를 써 왔을까. 이 글은 이우걸 시집을 보다 잘 읽기 위해 쓰고 있는 것이지만, 동시에 시조 존재론에 대한 질문이기도 하다.

2.

본의 아니게, 우리는 시조 작품을 대할 때, '전통'과 '민족'이라는 개념을 떠올리게 되면서 전통 장르 혹은 민족 장르로서의 시조 '로' 읽게 된다. 이에 따라 시조는 민족 정서를 대변해야 한다는 점과 전통적인 소재와 감정으로부터 자유롭지 못하다. 시조의 존재보다 당위를 내세워야 했던 식민지 시대로부터 현재까지 그 사정은 나아진 게 없었던 것이다. 전통(+민족) 장르라는 이유로 시조를 비판하는 것 자체가 금기시되었으니, 시조시인들은 시조라는 형식이 모든 것을 보장해준다고 '순진하게' 믿었다. 물론, 현대시를 쓰는 시인들에게는 적용되지 않는 부분일 터, '시조가 되기 이전에 시가 되어야 한다'는 이들의 말 앞에서도 시조시인들은 당당했다. 시조는 시조로 이미 충분한 것이라고. 과연 그러한가. 이우걸 시인도 그러한가.

  아침 식탁에 사과가 놓인다

  내 사과는 언제나 찻잔 같은 것이다

  그녀가 심장을 보이며

어색하게
웃고 있다

―「사과」 전문

    워낙 잘 알려지고, 고평高評 받기 합당한 이우걸 시인의 작품 「비」(1981), 「팽이」(1988), 「나사」(1996) 등과 함께 연속선상에서 인용시를 본다면, 이른바 '모던하다(현대적이다)'는 평가를 할 수 있겠으나, 사정은 그리 간단하지 않다. 모던한 사물을 소재로 하거나, 모던한 감각을 드러낸다고 해서 모던한 것이 아니기 때문이다. 모던한 사물, 기존에 없었던 사물을 소재로 하면 기존에 없던 감각이 드러나는 것은 당연한 일 아닌가. 여기서 이 글이 주목하는 지점은 바로 이곳이다. 그것은 바로, 사물과 감정의 관계다. 흔히들 특정한 사물에 특정한 감정이 깃들어 있을 것이라는 착각을 한다. 예컨대, '낙엽', '우듬지', '어머니' 등의 사물(소재)은 이미 쓸쓸함이나 아련함과 같은 감정이 깃들어 있다고 생각하고 그곳에서 멀어질 노력을 게을리 한다. 그것을 우리는 '클리셰(cliché)'라고 부르는데, 이우걸 시인은 초기작부터 이 점을 간파하면서 최대한 멀어지고자 노력해온 것으로 보인다. 시인은 특정한 사물에 기대지 않는다. 특정한 감정은 일반 사물에 투영될 수 있으며, 일반 사물에게서 특정한 감정이 발현될 수 있음을, 이미 알아왔던 것이다.

    인용시를 살펴보면, 마치 세잔의 사과처럼 이우걸 시인의 사과는 남들과 전혀 다르다. 찻잔에 놓인 사과는 시인에게 매일 사과를 건네주는 '그녀'에 의해 습관처럼 주어지는 것인데, 시인은 사과가 아닌

'그녀'를 보고 있다. 시인은 조각으로 놓인, 곧 색이 변하고 마를 사과가 아니라, 그런 사과의 속성을 갖고 있으면서도 어색하게 나를 보고 웃어주는 '그녀'를 쓰고 있다. 그러니까 사과라는 '정물'에서 '그녀'를 발견하기까지의 내공. 40여 년 동안 수없이 봐왔을 사과와 써왔을 사과. 앞으로 볼 사과와 쓸 사과. 시인에게 사과는 늘 새롭다. 그러니 시인 앞에 모든 사물은 새롭고, 모든 시는 새로 쓰일 것 "새로 필 꽃들을 위한 / 말의 집"(「집」)이며, 작품은 시인 뒤로 사라지지만, 시인은 계속 앞으로 갈 것이다.

3.

드디어 저녁 밥솥이 긴 한숨을 내쉬고 있다

이 집의 고비들을 저 솥은 알고 있다

가등街燈도 골목에 서서

늦은 주인을 기다린다

—「불황」 전문

인용시에서 우리는 '드디어'에 의미적 강세가 찍혀 있음을 알 수 있다. 숱한 "이 집의 고비들"을 건너온, 아니 숱하게 건너야할 '불황'

에도 불구하고 저녁은 온다. "긴 한숨을 내쉬"어야 하는 노동과 좌절의 시간을 지나 저녁이 온다. "가등街燈도 골목에 서서" "늦은 주인"을 기다리고 있지만, 어찌되었든 간에 주인은 늦더라도 온다. 저녁밥을 먹고 잠도 자야하지 않겠는가. 그러나 시인에게 불황은 경제적 문제가 아니라 존재의 문제다. 매일 돌아오는 저녁마다 매일 돌아가야 할 집이 있으나, 시인은 '늦은 주인'이다. 여기서 '집'이 시인의 존재(existence)를 보증하는 존재자(existant)라면, 존재자는 존재의 무거움을 짐처럼 띠맡고 있는 동시에 정처 없이 떠도는(좀처럼 돌아오지 않는) 존재로부터 증명될 수 있으니, 존재인 '늦은 주인'이 돌아와야만 '집'은 성립된다.

여기서 이우걸 시인의 존재 문제는 하이데거식의 존재자를 존재케 하는 존재(현존)가 아니라, 존재자가 기존의 존재로부터 벗어나 저편으로 초월하여 동일자의 형식에서 벗어나려 애쓰는 레비나스식의 존재(존재론적 모험)다. 이에 따라 나라는 존재자는 스스로의 존재를 책임져야 하는데, 이때 필연적으로 겪게 되는 고독과 고통으로 '늦은 주인'이 되더라도, 시인은 집으로 돌아와야 한다. '드디어' 돌아올 때가 되었으니, 시인은 자신의 존재를 불러들어야 한다. 사정이 그러하니, "내게는 삶에 대해서 / 늘 준비가 부족하다"(「발견」)는 시인의 독백에 수긍이 간다. 시인은 "내가 가진 세계의 수많은 이모티콘으로 / 내면의 허기를 메울 / 그런 집"(「집」)으로 늦게라도 가야 한다. '드디어'의 시간이 올 때까지 말이다.

따라서 시인에게 "시간은 부석거리고 / 밤은 낯선 역과 같"(「침대」)을 수밖에 없다. "먼 데서 올 옛사람"(「터미널 엘레지」)은 지금 여기의 존재자를 떠난 존재이며, "찬바람에 쏠려 가던 그 저녁까지 / 한 번도 자신의 생을 / 돌아보지 못했"(「단풍잎」)던 단풍잎처럼, 쏠려가고 돌아보지 못하는 존재의 유랑을, 시인은 감내해야 한다. 시쓰기를 통해서 말이다. 그러므로 이우걸 시인의 시집에 수록된 시의 리듬은, 시조의 율격 따위로 읽어낼 수 있는 성질의 것이 아니다. 여기서 리듬은 텍스트적 실체가 아니며, 경험하는 리듬이다. 다시 말해, 시조의 리듬은 새로운 세계와 새로운 언어 그리고 형식에 의해 구축되는 것이므로, 시인에 의해 파괴되는 낡은 감각적 분배에서 시조의 리듬은 시작된다. 기존의 담론을 해체하고, 기존의 감각에 의문을 제기하는 문장들의 흐름(리듬)은 이 세계에 단 하나뿐이다. 그 리듬이 시조이든, 소설이든 장르가 중요한 것이 아니다. 다만, 이우걸 시인의 리듬은 시조로 발현되었을 뿐이다. 따라서 우리가 이우걸 시인의 작품을 읽을 때는, 이 작품이 시조임을 전제로 읽어야할 것이 아니라, 의미를 찾고 해석하는 가운데 시조의 리듬을 우리가 '경험'해야 한다.

"단 한 줄의 시를 쓰기 위해 삶을 다하여야 하며, 단 한 줄의 시를 쓰기 위해 예술을 다해야 한다."는 모리스 블랑쇼의 말처럼, "그 어떤 작품과도 닮지 않으면서 예술을 닮아야 한다"는 조셉 주베르의 말처럼 시조라는 장르를 다해서 문장 하나를 완성해 가는 이우걸 시인의 리듬, 존재론적 모험을 감행하고 있는 이우걸 시인의 리듬은 이우걸 고유의 것이자 시조 고유의 것이다. 앞으로 이우걸 시인이 고군분투해야할 것은 클리셰가 아니라 시조라는 장르 자체일 것이다. 이우걸 시인이 하나의 시조다.

4.

> 모자의 내면을 다 읽는 사람은 없다
> 모자는 모자니까 그저 쓰고 있을 뿐이다
> 그러나 그저 단순히 모자인 모자는 없다
>
> ―「모자」 부분

"수많은 필요에 의해 / 모자는 태어난다"(「모자」)는 당연한 사실 앞에 시인은 절망한다. 시인은 '모자의 내면'을 읽지 못했기 때문이다. 굳이 모자의 내면을 읽을 필요도 없는데, 왜 시인은 모자의 내면을 읽지 못해 좌절할까. 이우걸 시인에게 있어 세계는 늘 새로운 것이니, 새로운 것을 받아 적기도 바쁘다. 그것도 시조의 리듬으로 말이다. "질문을 가졌지만 / 대답 또한 내 몫"(「묵언 시집-김춘수」)이므로, 자기 존재자의 존재를 늘 탈출하고 초월해야 하는 이우걸 시인에게 대답은 존재자의 품으로 돌아오는 존재의 여정, 어디로 향할지 알 수 없는 유목(nomad)과 같다. 이렇게, 대답하기 위해 질문하는 사람, 우리는 그런 미학적 인간을 시인이라 부른다.

앞서 제기한 두 가지 명제 앞에 이우걸 시인의 시집이 놓여 있다. 이제 당신 차례다.

섬세한 언어의 결
이우걸 시집 『모자』(시인동네)

백애송

　이우걸 시인은 1973년 『현대시학』에 3회 추천을 완료하면서 시조 창작의 길에 들어서기 시작하였다. 1977년 첫 시집 『지금은 누군가 와서』(학문사)를 시작으로 하여 다수의 시집과 비평집, 산문집을 상재한 바 있다. 중앙시조대상, 가람시조문학상, 이호우시조문학상, 김상옥시조문학상 외 다수의 상을 수상하며 시인으로서 자리를 확고히 하였다.
　특히 이우걸 시인은 시조의 전통성 계승과 더불어 현대성이라는 미학을 획득하는 데 모범을 보여 주었다. 시조라는 장르를 현대문학의 범주에 더욱 확고하게 자리매김하는 데 발판이 되었다고 해도 과언이 아닐 것이다. 전통적인 시조의 형식을 자연스럽게 변주하여 현실 세계의 모습을 감각적으로 보여 주며 확고한 시세계를 구축하고자 하였다.
　이번 시집 『모자』에는 67편의 시조가 수록되어 있다. 67편의 시조들은 모두 시인의 경험과 존재에 대한 깊은 탐구에서 연유된다. 고희가 지난 나이에 46년째 시조의 올곧은 길을 걸어온 시인의 품성과 연륜이 시의 편편에 고스란히 담겨 있는 것이다. 오랜 시간 시조와 함께한 그 결실들이 한 권의 시집으로 우리 곁에 와 있다. 이 글에서는 몇몇의 시편들을 통해 이우걸 시인의 시조가 가지고 있는 면모에 대해 살펴보고자 한다.

자연

인간과 자연은 서로 상호보완적인 관계이다. 우리는 매일 자연을 마주하며 살아간다. 길을 걷다가 혹은 차를 타고 지나가다가도 자연을 대면하게 된다. 이러한 자연의 섭리는 인간이 살아가는 여러 가지 지혜와 맞닿아 있다. 때가 되면 피어나고, 때가 되면 숙연해지는 자연. 자연의 섭리에 따른 삶을 산다면 세상의 모든 혼란과 불협화음은 음소거 될지도 모르겠다. 다음의 시 두 작품에서 이러한 자연을 마주할 수 있다.

> 장독간 양은그릇이 봄비를 받고 있다
> 사뿐사뿐 오는 비를 양은그릇이 받고 있다
> 쟁쟁쟁 소리를 내며 신나게 받고 있다
>
> — 「봄비」 전문

> 대청마루 끝에 앉아 빗소리 듣는다

누나들 시집가고 엄마만 남은 집에

다저녁 그리움 껴입고

빗소리 듣는다

― 「가을비」 전문

「봄비」에는 시인의 섬세함이 그대로 전달되어 있다. 섬세함은 시인이 가져야 할 덕목 중 하나이다. 세상의 모든 사물을 그냥 스쳐지나가지 않고 세심하게 눈길을 주는 것이야말로 시인의 지녀야 할 덕목일 것이다. 이우걸 시인 역시 세상의 모든 사물과 아주 작은 소리에도 귀를 기울인다. 시인은 한 폭의 풍경을 통해 봄이라는 계절을 보여 주고 있다.

항아리가 가득한 장독간이 있다. 이 장독간 위로 어느 봄날, 봄비가 내리고 있다. 장독간에는 항아리만 있는 것이 아니라 양은그릇도 놓여있다. 양은그릇은 "사뿐사뿐 오는 비를" "쟁쟁쟁 소리를 내며" 아주 "신나게 받고" 있다. 양은그릇에 똑똑 떨어지는 빗방울 소리가 귓전을 울리는 듯하다. '사뿐사뿐', '쟁쟁쟁'이라는 의태어와 의성어가 이를 더욱 생생하게 뒷받침한다. 봄비가 내리는 풍경과 양은그릇에 떨어지는 빗소리가 서로 조화를 이루고 있다.

「가을비」는 가을날 저녁이 다 되어갈 무렵 비가 내리는 풍경이 연상되는 시이다. 시인인 화자는 "대청마루 끝에 앉아" 비가 내리는 소리를 듣고 있다. 대청마루가 있는 이 집은 현재 누나들은 모두 시집을 가고, "엄마만 남은" 집이다. 시인은 어릴 적 이 집에서 누나들과 함께 날마다 꿈을 키우며 살았을 것이다. 유년의 시간이 머물러 있는 집, 시인은 이 집에서 희망을 향해 발돋움하였으리라. 이 시 역시 시인의 섬세함이 그대로 묻어있다. '가을'과 '대청마루', '빗소리', '다저녁'이 어우러져 쓸쓸함과 그리움이 느껴지지만, 이를 통해 시인은 유년의 기억이 담긴 한 편의 풍경을 선사하고 있는 것이다.

「봄비」와 「가을비」는 한 폭의 풍경을 제시하는 시이다. 두 작품을 통해 자연을 대하는 시인의 섬세한 시선을 마주할 수 있다. 시인은 단정한 형식과 절제된 언어를 통해 순간의 풍경을 놓치지 않고 압축하여 보여 주고 있다.

향수鄕愁

자신이 어릴 적 태어나 자란 곳을 고향이라고 한다. 아무도 살지 않더라도 '고향'이라는 단어는 그 자체만으로도 마음이 따뜻해진다. 시에서 고향은 기본적으로 돌아가고 싶은 유년이 있는 그리움의 대상으로 드러난다. 하지만 고향의 모습은 성인이 된 이후에 그대로 존재하지 않는다. 시대가 변해감에 따라, 시간이 지나감에 따라 변형된 모습을 나타내기 마련이다. 이우걸 시인 역시 이러한 고향에 대한 그리움을 시조를 통해 토로하고 있다.

그늘이란 대개 어둠으로 치부되지만

내 고향 느티나무는 그늘이 재산이라네
수백 년 가문의 화목도
그 그늘이 일궈 주셨네

큰 걱정 생기면 먼저 가서 빌었고
외치고픈 비밀 있으면 그 아래서 중얼거려
종손이 모르는 일도 느티나무는 알고 계셨지

아버지 가신 지 사십 년이 흘렀고
어머니 가신 지는 삼십 년이 되어 가지만
고향엔 아직도 뵙고 싶은
느티나무 한 분 계시네

— 「품」 전문

　이 시에서 '품'은 넉넉하게 보듬어 주는 느티나무의 품이다. 품이 넉넉하다는 것은 마음이 넉넉하다는 것이다. 넉넉한 마음은 누구에게나 허락되는 것은 아니다. 고향의 느티나무이기 때문에 가능한 것이다. 느티나무는 일종의 마을의 수호신이자 당산나무의 역할을 한 셈이다. 당산나무는 마을 입구에 들어서면 가장 먼저 보이기 마련이다. 사람들은 이 나무에 마을의 평안을 지켜주는 신령이 깃들어 있다고 생각하였다.
　그늘이라고 하면 부정적인 의미를 생각하지만, 느티나무는 "그늘이 재산"이다. 그늘이 넓다는 것은 그만큼 느티나무의 품이 넓다는 것을 의미한다. "수백 년 가문의 화목도" 느티나무의 넓은 그늘이 만들어준 것이다. 마을 사람들은 근심이나 걱정이 생기면 제일 먼저 느티나무에게 가서 두 손 모아 빌었고, 누군가의 "외치고픈 비밀"이 생긴다면 이 역시 느티나무 아래에 가서 풀어놓았다. 때문에 "종손이 모르는 일도 느티나무는" 모두 알 수밖에 없는 것이다.

이와 같이 느티나무를 신성하게 생각하였기 때문에 '…다'라는 평서형으로 종결을 짓지 않았다. 첫째 수에서는 '…주셨네', 둘째 수에서는 '…계셨지', 셋째 수에 역시 '…계셨네'라고 종결어미를 높이고 있는 것이다. 그만큼 느티나무에는 마을의 안녕과 평안, 그리고 사람들의 염원이 깃들어 있다는 의미이다. 어머니 아버지가 돌아가시고도 많은 시간이 흘렀지만, "아직도 뵙고 싶은" 분이 계시는 고향. 고향의 모습이 눈앞에 선연하게 그려진다. 다음의 시에서도 고향에 대한 이야기를 하고 있다.

그 길을 돌아서 간 그는 끝내 오지 못했다 토담엔 이끼가 끼고 해마다 풀이 돋고,

그 위를 비, 바람들이 수없이 지나갔다

지금은 이사 가고 집들마저 허물어져, 치매 앓는 노파가 맞아야 할 밤이 있거나

타관의 사람들이 와서 새 삶을 일구고 있다

역사가 되었을까 피안으로 갔을까, 달 밝은 밤이면 자주 그를 보고파
하던

나이 든 피붙이들도 뒷산으로 가고 없다

— 「고향」 전문

과거에는 한 성姓을 가진 사람들이 한 마을에 모여 살았다. 때문에 마을 구성원 모두가 한 가족이며 같은 피붙이들이었다. 집성촌이 아니더라도 모두가 함께 모여 내 집, 남의 집이 아니라 서로 마음 편하게 왕래하며 왁자지껄 살았던 고향 마을. 하지만 지금의 이 고향 마을에는 유년의 추억으로 남아있던 과거의 모습들을 찾아볼 수 없다.

사람이 살지 않은 집에는 사람의 온기 대신 고즈넉하게 자연이 들어와 자리하고 있다. "토담엔 이끼가 끼고 해마다 풀이 돋고" 그 위로 수없이 바람들이 지나가고 있는 것이다. 그나마 몇몇 남아 있던 사람들도 "지금은 이사 가고 집들마저 허물어져" 있거나, "타관의 사람들이 와서 새 삶을 일구고 있"는 상황이다. 어쩌면 모르는 사람들일지라도 고향 마을에 와서 새 삶을 일구며 정착을 한다는 것이 다행한 일일지도 모른다. 아무도 돌보지 않아 홀로 남겨져 슬픈 폐허가 되지 않고 다시 새 삶을 향해, 희망을 향해 나아간다는 의미이기 때문이다.

시인은 묻는다. 그 많던 사람들은 "역사가 되었을까 피안으로 갔을까"라고. '피안彼岸'은 사전적 의미로 강 건너편 기슭을 뜻하기도 하지만, 불교에서는 진리를 깨달은 후에 도달할 수 있는 이상적 경지를 의미하기도 한다. "뒷산으로 가고 없"는 "나이 든 피붙이들"은 역사

의 한 페이지가 되었거나, 속세의 모든 번뇌를 초탈하여 이상의 세계로 갔을 것이다. 나고, 자라고, 다시 돌아감이 인간의 자연스러운 순리이겠지만 안타까운 마음은 어쩔 수 없는 듯하다. "달 밝은 밤이면 자주 그를 보고파 하던" 사람들이 없는 고향. 시인은 이러한 고향에 대한 그리움을 시조로 형상화하여 보여 주고 있다.

언어

언어 이전의 사유는 존재하지 않았다. 언어는 사유의 바탕이며, 언어로 인해 존재가 인식된다. 시는 이 언어를 통해 발현된다. 때문에 시의 언어와 과학의 언어는 다를 수밖에 없다. 과학의 언어는 논리적이고 객관적인 언어로써 직접적으로 전달되는 반면 시의 언어는 함축적인 언어로 주관적이고 간접적으로 전달된다. 즉 시의 언어는 리듬과 이미지, 어조를 활용하여 상징적 표현이 가능하기 때문에 다양한 의미를 함의할 수 있다.

이러한 언어 운용방식과 시작법에 대한 고민은 글을 쓰는 사람이라면 누구나 한번쯤 생각해 보았을 문제이다. 시조라는 전통성에 현대적 감각을 호출하여 의미를 전달하는 시인 역시 언어에 대한 고민은 피해갈 수 없는 문제였을 것이다. 이우걸 시인은 시조의 단정한 형식에 절제된 언어를 운용하여 현대 세계의 복잡한 문제들을 형상화하여 보여 줌으로써 시조의 위상을 격상시킨 바 있다.

한 권의 건축을

밤마다 꿈꾸고 있다

내가 가진 세계의 수많은 이모티콘으로

내면의 허기를 메울

그런 집을 꿈꾸고 있다

낡고 병든 언어에 대책 없이 애착하던

지난날의 감상을 아프게 자책하며

새로 필 꽃들을 위한

말의 집을 꿈꾸고 있다

꿈이란 지상에 없는 저 너머의 무지개지만

때로는 종교가 되고 때로는 철학이 되는

밤마다 간구해 오던

내 기도가

엉글 집

— 「집」 전문

 시인이 짓고 싶은 집은 어떤 집일까. 시 속의 화자이기도한 시인은 건물을 지었다 허물기를 매번 반복하는 사람이다. 이때의 건물은 대지 위에 지어진 크고 화려한 집이 아니라, '언어의 집'을 뜻한다. 시인은 언어를 통해 한 권의 책을 짓고 싶은 것이다. 즉 건축과 집은 책의 은유이다.
 시인은 한 권의 책을 짓기 위해 "밤마다 꿈꾸고 있다". 자신이 "가진 세계의 수많은 이모티콘"을 사용하여 "내면의 허기를 메울" 수 있는 집을 짓고자 하는 것이다. 시인의 내면은 결핍되어 있지만, 이 결핍은 언어를 통해 채울 수 있다. 시인이 꿈꾸는 집은 "새로 필 꽃들을 위한 / 말의 집"이기 때문이다. 시인이 가지고 있는 "세계의 수많은 이모티콘으로" 새로운 시를 창작하여 새로움과 생명력을 부여하고자 한다.
 꿈을 꾼다는 것은 삶에 대한 희망이 있다는 것을 의미한다. 실현시키고 싶은 이상이 존재한다는 것이다. 익히 프로이트는 인간의 잠재된 무의식이 실현되는 곳이 꿈이라고 말한 바 있다. 시인은 꿈에서뿐만 아니라 현실을 통해서도 자신의 꿈을 실현시키고자 한다. "때로는 종교가 되고 때로는 철학이 되는" 시인의 기도가 영글 집을 꿈꾸는 것이다.

일상

현대사회는 복잡성을 전제로 한다. 심리적으로도 사회·문화적으로도 복잡하기 때문에 늘 불안이 존재한다. 불안은 한 개인이 겪는 특별한 감정이 아니라, 우리 모두가 느끼게 된 보편적 감정이 되어 버렸다. 현대사회에서의 불안은 한 사람의 실존에 그치지 않고 우리의 일상생활과 밀접하게 연결되어 있는 것이다. 다음의 시는 불안을 주식으로 먹으며 바쁘게 살아가는 현대사회의 모습을 잘 보여 주고 있다.

  오늘도 불안은 우리들의 주식主食이다
  눈치껏 숨기고 편안한 척 앉아 보지만
  잘 차린 식탁 앞에서 수저들은 말이 없다

  싱긋 웃으며 아내가 농을 걸어도
  때 놓친 유머란 식상한 조미료일 뿐
  바빠요 눈으로 외치며 식구들은 종종거린다

  다 가고 남은 식탁이 섬처럼 외롭다
  냉장고에 밀어 넣은 먹다 남은 반찬들마저

후일담 한마디 못한 채 따로따로 갇혀 있다

─「아침 식탁」 전문

「아침 식탁」은 눈앞에 펼쳐진 식탁 앞의 풍경이다. 시인의 가족뿐만 아니라 여느 가족들의 아침 풍경도 이와 마찬가지일 것이다. 애써 "편안한 척 앉아 보지만 / 잘 차린 식탁 앞에서 수저들은 말이 없다". '수저'는 객관적 상관물로 가족 구성원을 의미한다. 즉 수저들이 말이 없다는 것은 함께 식사를 하는 가족 구성원들이 말이 없다는 것을 뜻한다. 말이 없는 분위기를 전환하여 보려고 "싱긋 웃으며 아내가 농을 걸어도" 크게 달라질 것은 없다. 서로가 "바빠요"라고 "눈으로 외치며" 종종거릴 뿐이다.

이 모습은 현대 가족에서 흔히 찾아볼 수 있는 보편적인 모습이다. 아버지가 수저를 들어야 온 아이들이 밥을 먹고, 보글보글 뚝배기에 여러 개의 숟가락이 오가는 풍경을 지금은 찾아볼 수 없다. 밥상에 앉아 교육을 했던 시절은, 그저 시절로만 남아 있을 뿐이다.

이러한 풍경은 우리가 주식으로 먹는 '불안' 때문이리라. 가정과 직장, 그리고 사회에서도 불안은 꼬리표처럼 늘 삶을 따라다닌다. 개인적인 불안 그리고 사회적인 불안. 해결되지 않은 불안들이 이어지는 삶은 우리를 더욱 더 불안으로 몰아간다. 쓸쓸하지만 극히 현실적인 오늘날 우리의 풍경인 것이다. 이우걸 시인은 이와 같이 현대사회가 처해 있는 여러 국면에도 눈길을 주며 이를 극복해 보고자 한다.

초월

이우걸 시인은 고희를 넘은 원로 시인이다. 시인의 작품에는 그동안의 삶의 연륜이 담겨 있다. 시인은 나이듦에 대하여 두려워하거나 경계하지 않는다. 오히려 이를 초월하여 앞으로 펼쳐질 새로움에 대해 이야기하고자 한다. 인간의 삶은 고정되어 있는 것이 아니라 끊임없이 자기를 극복하며 형성되어 가기 마련이다. 현재의 시간을 초월하여 미래의 새로운 자신의 모습을 그리고자 하는 것이다. 즉 현재의 자신을 담담하게 받아들여 다가올 시간들에 대한 초월적 삶의 의지를 보여 준다. 이는 다음의 시「모자」를 통해 확인할 수 있다.

1
모자의 내면을 다 읽는 사람은 없다
모자는 모자니까 그저 쓰고 있을 뿐이다
그러나 그저 단순히 모자인 모자는 없다

튼튼한 방패거나, 섬세한 장식이거나, 눈부신 휘장이거나 또 하나의 가면이거나…

수많은 필요에 의해
모자는 태어난다

2
오늘 아침 세수를 하다
속이 빈 머리를 보고
내 허전을 달래기 위해 백화점에 나와서
비로소 모자를 본자
모자를
읽어 본다

―「모자」 전문

    과거에 모자는 장식품으로 사용되었다. 특히 귀족계급에는 필수 장식품으로, 조선시대에는 모자로 신분을 구별하기도 하였다. 여성과 남성, 양반과 일반 백성이 착용하는 모자가 달랐다. 왕이 곤룡포에 갖추어 썼다는 면류관에서부터 사대부와 유생이 착용한 정자관, 사모, 초립, 패랭이에 이르기까지 남성들이 쓰는 모자의 종류만으로도 굉장히 다양하였다.
    현대인에게 모자는 장식품으로 사용되기도 하고 자신의 신체를 보호하기 위해 착용하기도 한다. "튼튼한 방패거나, 섬세한 장식이거나, 눈부신 휘장이거나 또 하나의 가면이거나…" 그 종류가 다양하다. 이와 같이 일상생활에서 모자는 자신을 보호해 주기도 하고, 장식품의 역할도 하며 신분을 나타내기도 한다. 반면 문학작품에서 모자는 표면적 의미만 가지는 것이 아니라 내포적인 의미도 함께 작용한다. 위의 시에서 모자는 시인의 삶을 의미한다. 이 삶은 시인의 지나온 경험에서 완성된 연륜이 가득 채워져 있다.

시인은 모자가 필요한 나이가 되었지만, 이 나이를 슬퍼하지 않고 담담하게 받아들인다. "허전을 달래기 위해 백화점에" 가서 모자를 보는 행위가 이를 뒷받침한다. 시인은 이를 "모자를 / 읽어 본다"라고 표현한다. 모자를 읽어 본다는 것은 삶의 내력 즉, 삶의 이력을 읽어 낸다는 것을 의미한다. 머리카락은 빠졌지만 그 자리에 대신한 삶의 지혜를 조곤하게 들려주고자 하는 것이다.

여기에서 "그저 단순히 모자인 모자는 없다"라는 구절에 주목해야 한다. 젊은 사람들은 장식의 필요에 의해 모자를 착용하기도 하지만, 나이가 많은 어른들에게는 모자의 용도가 다소 다르다. 머리카락이 듬성듬성 빠져 그 허전함을 달래기 위함도 있는 것이다. 이 시의 화자인 시인도 모자가 필요한 나이가 되었고, 이 모자를 보고 쓰는 것에 대해 자연스럽게 받아들인다. "그저 단순히 모자인 모자는" 없기 때문이다. 이는 그저 단순히 살아가는 삶은 없다는 의미를 함의하고 있다. 한 사람이 태어나 지나온 시간, 그 시간은 단순히 숫자로만 계산할 수 있는 것이 아니다. 땀방울과 인내, 슬픔, 기쁨, 행복 등 삶의 모든 감정이 그 안에 녹아있기 마련이다. 이것이 '그저', '단순히', '모자인', '모자는', '없다'라는 5어절에 주목해야 하는 이유이다.

형식이 변형된 시조의 율격이 내용을 더 단단하게 뒷받침해 주고 있다. 어느 것 하나 소홀히 지나치지 않고 형식적인 측면에서 역시 전통적인 시조의 형식에서 탈피하여 현대적 감각을 살리고 있는 것이다. 이로 인하여 읽는 이로 하여금 여백의 의미를 다시 한번 충분히 생각해 볼 수 있도록 만든다.

삶에 대한 성찰은 사물을 바라보는 예리한 시선과 깊은 생각을 전제로 한다. 시인은 삶을 통해 끊임없이 질문을 하고 답을 구하고자 한다. 하지만 우리의 삶은 연습이 없기 때문에 머릿속으로 계산된 공식에서 늘 비껴가기 마련이다. 리허설 없이 생방송으로 진행되는 삶. 때문에 누구든 삶에 대한 준비는 부족한 법이고, 시인 역시 "삶에 대해서 / 늘 준비가 부족하다"(「발견」)고 말하는 것이리라.

  나이 듦은 세상의 이치를 한 발자국 떨어져서 바라보게 한다. 그렇다고 방관의 자세를 취한다는 것은 아니다. 스스로를 극복하여 사물을 응대하는 시선이 깊고 정교해진다는 의미이다. 현존의 시간을 쓸쓸하게 바라보지 않고 존재의 본질에 대하여 더 섬세하게 관찰하고자 한다. 이우걸 시인은 이러한 관찰을 통해 지각한 것을 시조의 전통적 형식과 현대적 감각을 접목하여 형상화하여 보여 주고 있는 것이다.

네 사람의 시조, 모색과 진화

장성진

1. 네 사람의 얼굴과 노래

시조집 『네 사람의 얼굴』은 1983년 문학과지성 시인선 33집으로 간행되었다. 네 사람을 한 동아리로 묶은 것은 출판사의 기획으로서, 이 시집은 동인지와는 성격이 다르다. 그리고 30년 만인 2012년에 그들의 작품을 모은 『네 사람의 노래』가 같은 출판사에서 간행되었다. 문학계의 풍토가 상전벽해만큼이나 달라진 상황에서 이 두 권의 책이 가지는 의의는 매우 크다. 시조에 대한 작가들의 모색, 장르의 진화, 비평가의 평가 등을 종합적으로 볼 수 있기 때문이다.

이들 네 작가는 약간의 편차를 보이지만 1940년대생으로서 1970년대 초반에 등단하였으며, 자유시와 시조의 영역을 공유한다는 공통점을 지닌다. 등단 과정이나 이후의 활동 방식 면에서 앞 시기의 주류 경향 – 전통과 민족 – 으로부터 다소 거리를 가진 이들이기도 하다. 출판사의 기획 의도로 보아 이 시집은 시조를 별도의 갈래가 아니라 "시"의 독특한 양식으로 여기고 있다. 그리고 오규원이 쓴 해설은 밖에서 본 시조론이다. "하나의 질문"이라는 제목에 걸맞게 줄곧 시조에 대한 공격적 질문을 전개하였다. 시집 해설이 가지는 일반적 경향과 달리 이 글은 시조 장르의 존재 의의에 대하여 깊은 회의를 드러낸다. 제3차 시조부흥 논쟁을 유도하고 있다. 이러한 태도가 작가들에게는 성가실지 모르지만 문제의 핵심에 닿고 있다.

실은 비평 이전에 작가들도 문제를 의식하고 있었다. 그들은 짧은 자서自序에서 "음수율 또는 음보율을 고집하던 시대가 있었고, 지금도 대다수 사람들이 그 구속으로부터 선뜻 벗어나지 못하고 있는 것이 오늘의 시조문학 현실이다."라 하고 뒤이어 "시조가 이 땅에서 꽃피어야 한다는 당위성은, 우리가 우리말과 우리 정신을 영원히 간직할 수밖에 없다는 것과 다름 아니다."라고 하였다. 현대시조가 짊어질 불편한 숙명을 압축적으로 드러내었다.

『네 사람의 노래』는 같은 작가들이 40년 좌우의 창작 활동을 해오면서 쓴 시를 선별한 시집이다. 공교롭게도 이 시집의 해설에서 정과리는 이전 오규원이 제기했던 현대시조의 존재 의의를 논의의 출발점으로 삼고 있다. 은연중 시조를 자유시에 비해 비주류적 양식으로 여기는 점도 비슷하다.

같은 시집에 작품이 실렸다는 아주 단순한 계기에 기대어, 개성 강한 개인들이 장구한 세월을 살면서 추구해 온 시세계를 논의한다는 것은 불가능하다. 단편적이나마 이들이 가지는 시적 개성이 어떻게 유지되거나 변모되었는지 짚어볼 뿐이다. 그것도 이미 제기된 쟁점을 바탕으로 해서. 결국 시조의 원천 자질이 무엇이냐 하는 문제에 대한 고민은 지속될 수밖에 없을 것이다.

2. 정형시로서의 시조 양식 모색

2.1. 율격론의 한계

두 권의 시집에 대한 비평가의 논의는 시조의 정형성과 정형시가 가지는 장르적 정체성에 집중되었다. 특히 오규원의 경우 이것을 정면에서 공세적으로 다루었다는 점에서 검토해 볼 의의가 충분하다. 현대시조에 대한 그의 진단이 쟁점 설정의 중요한 단서를 보여 준다는 것이다. 이 쟁점 설정에는 자유시가 곧 현대시라는 의식과, 반대로 시조는 아주 독특한 영역을 보여 주어야 한다는 기대가 동시에 깔려 있다.

그의 시조론을 거칠게 요약하면 이렇다.

1) 현대시조는 '우리의 것'이라는 전통 의식과 정형이라는 가치관에 지나치게 경도되었다.
2) 3장 6구 24율박이라는 시조의 틀은 창사唱詞에 기댄 구조로서, 현대적 가치와는 무관하다.
3) 시조의 형식이 한국어 내지 한글의 아름다움을 담보하지는 않는다.
4) 시조의 정형성은 3행시라는 점에 의의를 두어야 한다.

이러한 설의設疑와 진단을 하면서 네 사람의 시조를 예로 들기도 하였다. 이는 시조의 위상(1), 율격(3), 구조(2), 장르(4) 등 여러 영역에 걸친 것이다.

정형의 요건 문제는 시조를 논의할 때 언제나 되풀이되는 사안이며, 창작을 하는 시인에게도 마찬가지이다. 현대시조의 경우 창작된 작품을 통해서 정형성을 논의하고, 논의는 다시 창작의 준거로 받아들여짐으로써 쟁점은 확대·지속되는 것이다. 여기에는 한국어가 가지는 언어적 자질과 시를 둘러싼 환경이 함께 작용한다.

정형성을 이루는 표층은 시의 형식, 그중에서도 율격이다. 현대시조의 정형성이 고시조의 양식적 특징을 받아들인 1차적 표지도 율격에서 확인된다. 그것을 받아들이는 방식과 태도에 있어서는 편폭이 있지만 그 편폭은 매우 제한적이다. 고시조와 현대시조 사이에 보이는 율격의 차이는 그리 클 수가 없다는 뜻이다. 한국어의 율격 요소 때문이다. 다만 현대시조는 시행 배열을 다양하게 하여 율격의 규칙성을 달리 보이게 하는 데서 편차가 증폭돼 보인다.

오규원은 율격 문제에 있어서, 창사로 열려 있는 틀인 시조를 두고 문인들이 '우리의 것'인 정형시라는 논리를 폄으로써, 시조가 가질 수 있는 문제점을 회피했다고 하였다. 그러면서 "어째서 현대시조가 김소월金素月이나 김영랑金永郞의 시만큼도 운율적 구조를 가지고 있지 않으며, 어째서 리듬이 단조로운 경향을 띠는가?"라고 설문하였다. 이를 더 구체화하여, "시조가 시를 향해 열렸더라면 영시의 운율적 구조인 각운·두운·모음운·자음운 등과 같이는 아니라고 하더라도 다른 어떤 운율적 구조와 패턴을 모색하고 형성했으리라."고 추측

하였다.
 시조에 대한 과도한 기대이기도 하고, 시조가 가로막은 가상의 정형시에 대한 아쉬움이기도 하다. 수준 높은 비평가가 아니더라도 정형시에 관심을 가진 사람이면 '운과 율의 모든 요소를 다 갖춘 정형시'에 대한 기대는 누구나 가져볼 만한 욕심이다. 창사에 기울었다는 그의 입론에 동의하여 그 예를 찾아 비교해 볼 수도 있다. 고시조와 현대시조를 창작하는 이들이 경험한 "시로 열린" 다른 문화권의 정형시로는 근체시와 하이쿠가 손꼽힌다.
 한시 중 대표적 정형시인 근체시-절구와 율시-에는 글자 수, 행의 수의 완전한 규격화는 물론, 일정한 위치의 글자가 가지는 고저율도 제약된다. 시각적으로 규격화했더라도 청각적으로 규범을 지키지 않으면 정형시로서는 고려의 여지조차 없다. 언어와 관습의 일치이다. 이에 비해 하이쿠는 환경(관습)이 언어의 자질을 지배한 경우이다. 자수와 음수가 일치하지 않는 언어의 특성상 자수는 어떻든 상관없이 음수만은 5·7·5를 절대 벗어나지 않는다. 이에 비하면 자수와 음수가 일치하는 한국어를 사용한 정형시에서 고정음수율은 당연히 욕심을 낼 만하다. 그런데도 고시조에서 그런 것이 시도되지 않은 것은 창사에 열린 탓이라고 할 수도 있지만, 읽는 시인 현대시조에서도 시도되지 않은 것까지 고시조의 율격에 기울어진 탓이라고 할 수는 없다.
 실제로 읽는 시를 의식한 '잘 갖추어진 정형시'가 시도되지 않은 것은 아니다. "언문풍월"이 그 좋은 예이다. 언문풍월이 상당히 오랜 기간에 걸쳐 창작되었지만, 주로 현상모집 또는 동호인 중심으로 이루어졌다는 사실을 보면, 읽는 시로서 인위적 율격을 추구하는 일이 자연스럽게 받아들여지지 못했다는 사실을 알 수 있다. 이를 통해서 보면 시조의 고정자수율 또한 불가능해서가 아니라 활용하지 않았을 뿐이다. 처음부터 선택의 영역으로 돌린 음수율을 논의의 출발점으로 삼을 수는 없다.

그렇다면 정형성의 형식적 표지는 어떻게 규정해야 할까? 그것은 층위의 문제이고, 층위를 생각한다면 시조의 1차적 층위는 장章이다. 그 다음이 장을 양분하는 구句이다. 음절이 전체를 지배하는 한시의 상향식 구성과, 시행이 음절수를 지배하는 하이쿠의 통일성과 달리, 한국시는 상위 단위의 강한 제약과 하위 단위의 변동성을 선택한 양식인 것이다. 이 경우 형식의 최상위 단위인 3장을 정형의 관건으로 삼는다는 것은 공허하다. 시조를 3행의 정형시로 규정하자는 주장은 공허함을 증폭시킨다.

이은상은 고시조의 율격을 분석하고 나서 4장이 될 가능성이 있는 작품에 대해서는 매우 경계하였다. 4장이 되면 시조가 아니라고 역설한 것이다. 그런가 하면 양장시조를 주장하고 창작하였으며, 나중에는 이것을 양장시조가 아니라 2장시조라 부르자고 주장하였다. 김상옥이 시조를 3행시라고 부르자고 한 것도 형식 요건에서 좀 더 자유로운 시조를 쓰고자 하는 의도가 반영된 주장이다.

형식의 최상위 단위인 장 이하의 음보나 음수가 고정적이지 않은데, 그것들이 고정될수록 현대성이 결여된다고 여기고, 고정되지 않을수록 정형성을 무너뜨린다고 여긴다. 현대시조의 형식을 그 자체로만 다룰 수 없는 상황이다.

2.2. 구조적 접근

시에서 형식은 정형定形을 성립시키는 필요조건이지 정형定型을 이루는 충분조건은 결코 될 수 없다. 구조를 문제 삼는 근거가 여기에 있다. 일반적으로 말하면 형식(form) → 양식(mode) → 구조(structure)의 심화 과정을 거치는데, 최종적으로는 구조의 개념 아래 형식을 논의해야 할 것이다. 『네 사람의 얼굴』에 수록된 작품의 구조적 지향을 일별하기 위해 오규원이 분석 대상으로 삼은 작품을 다시 보자.

> 전라도 막막한 골 땅끝 어느 외딴섬은
> 날궂이 바람 불고 우우우 바다가 울면
> 함부로 보이지 않는 신기루로 떠오른단다.
>
> 세월도 뒷짐 지고 저만큼 물러선 자리
> 밀물에 부대껴서, 썰물 북새에 떠밀려서
> 유배지流配地 무지렁 땅에 뿌리 뽑힌 질경이다.
>
> 대명천지 밝은 날은 땡볕 외려 섬뜩해라
> 하늘 밑창 맞물린 저 수평선 이고 서서, 초란이 망둥이새끼 3·4조로 헤갈대는, 진수렁 뻘밭 헤집는 따라지 민초民草들은 저마다 방패막이 울짱 같은 연막煙幕 친다.
> 한평생 자맥질하는 천덕꾸러기 달랑게로.
>
> 〈혼백 상자 등에다 지곡

가슴 앞에 두렁박 차곡
한 손에 비창을 쥐곡
한 손에 호미를 쥐곡
허위적허위적 들어간다〉

먼 데서, 가까이서 덩치 큰 해일海溢 다가서고
외나무 상앗대로 죄罪구럭 식솔들 거느리는
소금기 쓰라린 생애, 파도타기 목숨을……

숨죽인 후유 소리 노을 속에 숨겨나 놓고
빈 시렁 장대 위에 달도 하나 받쳐나 두고
더러는 두둥실 솟는 신기루로 떠올라라.

— 윤금초, 「개펄」 전문

병病이라면 어렵고 고통스런 병病일밖에
누구를 사랑하는 일도
또한 미워하는 일도
마음이 담겨지지 않는 순간의 어지럼증이다.

소리내어 웃을 일도
울 일마저 다 훔쳐내고
거울에 비춰 보면 낮달도 무색無色한 것
도도陶陶턴 신명神明 끝에 묻어 온 바람이다

허虛한 바람

— 박시교, 「빈 가슴이 둘」 부분

스쳐만 가도 신열 나는

내 마음은 검정 실밥

젖은 옷자락 기워 눈 먼 수를 놓으면

등피에 쌓인 일력日曆만

행 밖에서 떨다 간다.

— 이우걸, 「편지」 전문

뿌리 깊이 불을 묻고
한 그루 꽃이 되길
꽃이 되어 저문 땅 반짝이는 눈물이길
멀리서 바라다보면
몸을 안고 우는 것
강물과 무덤들과 눈 쌓인 벌판들과
희디흰 박자 소리 그 깊이로 짚어 가면
크낙한 적막을 깨고 차가운 새 울음이……
그렇다.

> 어둠은 어둠의 부피만큼
> 만년을 가라앉고 남은 것이 또 있어서
> 저리도 쌓이는 무게,
> 몸을 안고 우는 것
>
> — 유재영, 「어둠의 질량質量」 전문

앞서 오규원은 이들 작품을 통틀어 "평시조와 사설시조 사이에 있다."고 하고, 또 "모든 시도들은 현대시가 누리고 있는 자유시의 분망함 속에, 또는 현대가 요구하는 사고의 틀 속에 자신들의 세계를 놓고자 하는 의도로 읽힌다."고도 하였다. 행 구분의 분절 방식을 두고 한 말이다.

앞의 언급에는 문제가 있다. 시조를 3행시로 규정하고, 그 행의 구성 방식은 무시한 채 표기된 행의 수를 따져서, 3행은 평시조, 그 이상은 사설시조라고 하였다. 단적으로 말하면 이우걸의 「편지」는 단수 시조인데도 행의 숫자를 두고 사설시조와의 사이에 있다고 하였다. 이는 그가 시조의 4음보 단위를 몰라서가 아니라, 행갈이를 하는 이유에 대해서 이의를 제기하고 있는 것이다. 뒤의 언급은 결국 그 이의를 지적한 것이다. 행 구성이나 시 의식에서 이미 자유시의 자유분망함을 누리면서 시조라는 장르를 고집하는 것이 무슨 의미가 있느냐는 일관된 물음이다. 실제로 이에 대해서, "그냥 정형시인가, 아니면 현대시조라고밖에 부를 수 없는 그 무엇을 따로 가지고 있는가?"라고 따져 묻는다. 결국 이들 작품을 "시조"라는 역사적 갈래에 편입시키지 말고, "정형시"라는 상위의 갈래로 이해하자는 주장이다.

구조의 측면에서 이를 다시 보자. 만약 형식의 측면에서만 보면 흔히 말하는 3장 6구 12음보라는 기준을 거의 지키고 있다. 그렇지만 위에 인용한 작품들만 해도 한 작품 내부에서, 작품들 간의 대비에서 큰 편폭을 보여 준다. 논의를 위해 구조적 전형을 고시조에서 상정하는 일은 불가피하다. 왜냐하면 한 장르의 정체성을 보장하는 가장 중요한 요건은 구조이기 때문이다.

2.2.1. 규모의 확대

가곡창이나 시조창으로 불리던 고시조는 원칙적으로 단수였는데, 현대시조는 읽는 시로 향수되면서 연시조 형태로 길어졌다. 이 점은 사설시조도 마찬가지이다. 근대 이전 사설시조가 평시조에 비해서는 많이 길지만, 이것도 몇 가지 창법으로 노래 불린 점에서 어느 정도는 제한되었다. 따라서 연시조이든 사설시조이든 현대시조 한 편의 규모가 고시조 한 수보다 커지는 것은 당연하고도 자연스러운 현상이다. 이러한 관점에서 앞에서 예시한 작품들을 바라보면 구조적으로 두 가지의 규모 확대 방식을 발견할 수 있다.

윤금초의 「개펄」은 시조의 정형성을 최대한 활용하여 사설시조의 범위를 확대하였다. 형식적으로는 평시조 2수, 사설시조 1수, 민요 1편, 평시조 2수를 나열한 복합형인데, 연시조적 현대성과 사설시조적 개방성을 동시에 확보한 양식이다. 갈래명을 붙이자면 사설시조이다. 사설시조는 평시조의 어느 장 또는 몇 개 장을 늘린 형식이어서, 이 작품은 일반적인 사설시조 형식과 많이 다르다. 그렇지만 그 늘리는 방식 속에 평시조나 민요가 내포되었다고 문제 삼을 수는 없다. 또 시조의 최종적 규제가 3장 구성이기는 하지만, 완성된 작품이 3장이 아니라는 이유로 사설시조가 아니라고 할 수도 없다. 이미 다섯 개의 3장 구성이 포함되었기 때문이다. 분명히 의도적으로 시조를 활용하여 큰 규모의 작품 하나를 완성한 것이다. 그 의미를 살펴보자.

구조적 측면에서 심한 해체가 드러난다. 앞부분의 평시조 2수는 통사구조로 보아 1수짜리를 늘려 놓았다. 주제어 "외딴섬"이 신기루로 떠오르고, 뿌리 뽑힌 질경이로 묘사되는 과정이 늘어났다는 것이다. 오규원이 이런 점에 착안하여 평시조와 사설시조 사이라고 했다면 구조를 분석한 셈이다. 뒤에 배치된 2수도 마찬가지이다. 개펄에 연상되어 민초의 위태롭고 고달픈 삶을 읊었으되, 서술어 활용에서나 의미의 전개에서나 마치 6행시와 같은 흐름을 내보인다.

이러한 구성은 결국 소위 3행 단위가 하나의 연 기능을 한다는 점을 드러내었다. 이는 전통적으로 연시조가 단수 단위로 독립성을 가진다는 구성 방식을 해체한 일이다. 이것이 시조의 장르 문제에까지 이어진다. 이 작품은 시조의 구조적 특징인 구심력을 해체함으로써 장르적 폐쇄성과 서정성을 동시에 벗어나고 있다. 그렇지만 시조의 구조적 특성을 전체 구성 요소로 끝까지 활용한다는 점도 주목해야 할 것이다.

유재영의 「어둠의 질량質量」은 자유시의 외형을 두드러지게 내보인다. 우선 형식적으로 시조의 구성 단위를 의도적으로 숨기려고 하였다. 세 수로 이루어진 연시조인데 그 경계를 표시하지 않았으며, 각 수의 행 배열을 달리하여 시각적으로 규칙성을 감추었다. 마치 연 구분 없이 13행으로 이루어진 자유시를 보는 것 같다. 실제로 이 작품이 시조라는 생각을 가지지 않고 읽을 때 과연 시조의 구성 단위를 발견할 수 있을까 싶을 정도이다. "어둠의 질량"이라는 제목 자체도 추상적이지만, 그 제목은 시의 난해성 내지 추상성을 해소하는 데 별로 기여하지 않는다.

구조적으로 보면 각 수의 내부에서는 초장과 중장과 종장이 그 역할을 분명하게 담당하지 않는다. 첫수를 보자. 주체가 불분명한 채 초장과 중장이 동일한 문형의 서술어를 되풀이하면서 뭔가를 염원한다. 주체가 화자일 수도 있고 대상일 수도 있다. 염원을 하는 주체와 염원되는 주체가 같은지 다른지 정해지지 않는다. 이를 해소해야 할 종장은 더욱 모호하다. 멀리서 바라보는 것이 화자이면 우는 것은 추상적인 대상이다. 둘째 수와 셋째 수도 첫수의 시각적 이미지가 청각과 촉각으로 바뀐 점 외에는 별반 달라지지 않았다. 의도적으로 각 장의 기능을 무시한 채 단순한 시행의 의미만 가지게 한 것이다.

특히 종장은 시조의 구조를 많이 벗어났다. 첫째 수와 셋째 수의 종장 뒤 구가 중복되어 분명한 메시지를 남기지 않았으며, 둘째 수 종장은 생략부호와 함께 의미도 모호하게 열려 있다. 끝내 시조의 종장이 가지는 의미의 무게를 어디에도 배분하지 않음으로써 형식 단위는 끝났는데 의미는 그렇지 않은 불일치가 생긴다.

이제 좀 더 큰 단위에서 입체적으로 살펴보자. 첫수는 "깊이" 물음으로써 대상은 꽃이 되고 반짝이는 존재가 된다. 주체는 이를 "멀리서" 바라봄으로써 우는 것을 인지한다. 주체와 대상 사이에는 선으로 연결되며, 연결 감각은 시각이다. 둘째 수에서는 깊이가 강과 무덤과 벌판으로 확대되고 그 사이를 "새 울음"이 차지한다. 주체와 대상은 평면으로 연결되며, 연결 감각은 청각이다. 셋째 수에서는 어둠이 입체인 "부피"로 가라앉기도 하고 쌓이기도 하며, 그 연결 감각은 촉각이다. 선과 면과 입체를 이루는 세계가 시각과 청각과 촉각으로 완성되는 과정이다. 그리고 첫 수는 큰 초장이 되며, 둘째 수는 큰 중장, 셋째 수는 큰 종장이 된다. 이 구성의 포인트는 "그렇다."가 종장을 끌어오는 표현이다.

이러한 구조는 시조가 나름대로 구조를 가지면서 그것을 자유시 형태로 표출함으로써, 시조와 자유시의 결합을 통해 현대성을 추구하였다.

2.2.2. 견고한 구조와 현대적 감각 수용

박시교와 이우걸은 시조의 구조와 장르 의식을 강하게 드러내었다. 다만 장르 의식의 밀도에는 차이가 있다. 박시교의 「빈 가슴이 둘」은 은연중 이 작품이 시조로 읽히지 않는 데 대한 불안감이 엿보인다. 첫 수의 "어렵고 고통스런"이나 "사랑하는 일"과 "미워하는 일"의 대비가 그러하고, 둘째 수의 "웃을 일도 울 일마저"도 그렇다. 이런 대우법은 시조나 가사 같은 전통시에 자주 보이고, 한시에서는 필수적으로 쓰이는 방식이다. 정형시의 시적 의미를 드러내는 데 유용하기 때문이다. 그런데 이런 장르 의식이 지나치거나 새로움을 보여 주기 위해서 구조적 장치를 흩트렸다. "어렵고 고통스런"은 의미상 한 덩어리인데, 구성 단위로서는 앞 구와 뒤 구에 나뉘어 있다. "웃을 일도 울 일마저"도 같은 경우인데 행 구분까지 이루어졌다. 앞에서 분석했던 유재영의 경우와는 대조적으로 시조를 드러내면서 자유시적 성격을 부여하려는 의도로 보인다.

 이에 비해 이우걸은 형식과 구조에 걸쳐 시조적 성격을 드러내는 일관성을 추구한다. 형식면에서는 자서에서 밝혔던 "음수율 또는 음보율의 구속으로부터 선뜻 벗어나지 못하고 있는 것이 오늘의 시조문학 현실이다."라는 진단에 구속되지 않고 오히려 율격에 구속되려는 듯한 모습이다. 구 단위의 정연한 배열이나, 그것이 의미상 한 단위를 이룬다는 점에서 고시조의 전형에 다가가고 있다. 무엇이 새롭거나 현대적이란 말일까?
 첫째, 제재인 "편지"를 현대적 그것으로 바꾸어 놓았다. 전통적으로 편지는 식자층의 문화로서 상당히 공식적이고, 사람을 통해서 전달되기 때문에 어느 정도는 공개적이다. 반면에 은밀하고 사적인 편지는 정치적으로든 윤리적으로든 위험한 물건이다. 이 작품에서는 현대의 편지가 이전 시기 편지의 비주류를 계승했다는 점을 섬세한 시어로 포착하였다. 둘째는 은유이다. 초장에서는 "신열"을 내용으로 하여 "내 마음은" "실밥"이라는 일상적 은유를 썼다. 이것이 "편지쓰기는 수놓기"라는 문학적 은유로 숨겨졌다. 그리고 끝내 "삶은 미완이다." 또는 "삶은 단절이다."라고 하는 문학적 은유의 심화에 이른다. 그렇다면 결국 그가 "음수율과 음보율에 구속받지 않는다."라고 한 말은, "음수율과 음보율을 지키는 것이 현대적이지 않다는 편견에 구속받지 않겠다."는 뜻으로 해석된다.

3. 지속과 변모

　지금까지의 논의는 서로 다른 개성을 가진 네 사람의 시인이 시조라는 하나의 갈래 속에 현대성을 구현하는 방식에 대하여 모색하는 양상을 일별해 본 것이다. 이러한 모색은 작가들의 오랜 창작 활동을 통해서 지속되기도 하고 변모되기도 한다. 그러한 변모는 개별 작가론에서 다루어야 할 과제이다. 그렇지만 전체로서 읽어 내기 위해서는 준거가 있어야 한다. 첫 번째 준거는 역시 작가들의 발언이다. 이들은 자서를 통해, "적지 않은 시간 동안 이 길에 몸담아 온 각자의 자화상"이라고 하였으며, "시대정신에서, 실험 의식에서 개성이 뚜렷할 것"이며, "현대시조의 진화를 증명해주는 의미"가 있을 것이라고 하였다. 또 앞에서 본 것처럼 한 비평가가 가지는 일관된 기준 속에서 전체의 경향을 읽어 내는 일은 나름의 의미가 있을 것이다.
　이 책의 해설을 쓴 평론가 정과리는 앞서 오규원이 설정한 쟁점과 유사한 문제 제기를 하였다. 시조의 리듬은 무의식적 차원에서 흘러가는 것이 아니라, 의식적 차원에서 제작되고 감상되는 것으로서, 이 형식의 복합성이 시조를 장르로 만들어 준다고 하였다. 정형의 장르는 형식과 관련된 규약들을 선택하고 배정하는 방식이 고정적이며, 시조는 이것을 형식으로 잘 갖추어서 장르가 되었다. 그렇지만 이것이 오늘날 사회에서 왜 필요한가 하는 물음으로 발전하고, 정형성이 단순히 형식의 완성에 관계한다기보다는 일종의 세계관으로 연결되었음에 유의해야 한다는 점을 강조하면서 끝까지 시조에 대하여 제한적 의미를 찾고자 하였다. 그 결과 가정을 전제로 시조는 그의 정형적 구속을 통해서 진정한 자유를 꿈꾼다고, 오늘날 사회가 마음껏 구가하고 있다고 전하는 자유보다 더한 자유를 꿈꾼다고 존재 의의를 세웠다. 시조에 대한 까다로운 요구이다. 그렇지만 이는 네 사람의 작가들이 추구한다고 밝힌 시대정신, 실험 의식, 개성, 현대시조의 진화 등의 관점과 다르지 않다.

다시 한번 상기하자면 『네 사람의 얼굴』(1983년)과 『네 사람의 노래』(2012년) 사이에는 30년의 시간이 흘렀다. 흔히 말하는 한 세대가 지난 것이다. 그 사이에 한국 사회와 개인이 전 분야에서 겪어 낸 변화는 상상하던 것 이상이었다. 문학과 문학활동이 그 변화를 선도했는지 뒤따랐는지 말하기는 어렵지만, 적어도 시대를 앞서서 내다보기도 하고 뒤돌아 정돈하는 일을 동시에 감당하려고 노력한 대표적 분야임에는 틀림없을 것이다. 특히 시조는 "현대"라는 한정어를 앞세운 채 이 과제를 떠안아 온 장르이다. 변화와 지속의 길항작용은 그 자체로서 의미가 크다고 하겠다.

3.1. 사설과 서사화의 문명 양식 지향

윤금초는 여전히 사설시조에 힘을 기울인다. 여기에는 두 가지 경향이 강화되었다. 전편에 즐겨 쓰던 기법인 여러 가지 시형을 한 작품에 배열하는 방식이 현저히 줄어들고 사설시조와 연시조로 분리된 것이다. 또 하나는 사설시조의 스토리가 명확하고 서사적으로 전개된다. 물론 중장을 두고 하는 말이다. 여기에 정과리의 관찰처럼 종장은 형식적 표지를 엄격하게 따르면서 집중성을 드러낸다. 30년 전에 가졌던 사설적 가창의 흔적이 그 사이에 사설적 읊조림으로 더 진행된 영향도 있을 것이다.

그의 사설은 대개 지역적 풍토를 드러내는 설화적 소재를 활용한다. 바다와 개펄과 섬이라는 지리적 공간에서 살아가는 민초들의 생명력과, 자연을 신비화한 신앙 같은 것을 엮어 유려한 가락으로 중장을 이루는 것이다. 「이어도 사나, 이어도 사나」, 「할미새야, 할미새야」 같은 작품은 앞 시기의 경향을 충실히 계승하였다. 후기에 이르러서는 여기에 해학적 요소를 더하여 친밀감을 준다. 「대흥사 속 빈 느티나무는」 같은 작품은 혼자 읽으면서도 웃게 만든다. 그의 시조에서 중장의 사설이 벌여놓은 원심력을 다잡아, 종장을 형식적으로 엄격하면서 내용적으로 집중하는 것은 시조의 구조를 통한 장르의식을 강화했다는 뜻이다.

결국 그는 사설시조의 다양한 구조 실험을 통하여 지역과 시대를 수용하는 장르의 사회성을 확보한다. 민중 지향의 70~80년대 시대정신과 호남 지역의 시가문학 전통이 망라된 것이다. 그리고 이것을 점진적으로 진화시켜 가려고 한다.

3.2. 음유적 여유

박시교에게서는 시조의 틀이 점차 느슨해지는 경향을 읽을 수 있다. 현대성이란 강박감을 내려놓고 시조의 자유로움을 누리는 여유를 확보하였다. 자유시와의 경계도 저절로 낮아졌다. 그의 시는 단수에서 부분적으로 장식 없는 서술을 시도한다. "나무가 나무에게 기대어 / 푸릅니다 / 사람이 사람에게 기대어 / 정겹습니다/ 눈물이 / 내게 기대어 / 따뜻했으면 합니다." 「연리지 생각」이라는 제목을 알고 보면 "기대어"로 연결된 세계가 보인다. 행의 배열은 율독, 시어의 반복, 3장 구조의 평면성 등 여러 가지 면에서 시조로서의 긴장을 자유시적 감각으로 완화시켰다. 특히 세 개의 장이 문장 형식면에서 동일한 방식으로 구성되었다. 시조의 율격을 활용하되, 구조적 긴장을 내려놓은 모습이다. 그 대신 눈으로 읽기보다 소리로 음유하는 풍미가 확보되었다. 창으로 불리던 내력을 간직했다고 할 것이다.

「수유리에 살면서」, 「빈손을 위하여」, 「이별의 노래」 등 비교적 긴 연시조에서는 그 경계가 더 희미해진다. 1인칭 화자의 목소리를 빌어 매듭 없이 유연하게 서술하는 작품의 구성은 율격을 제외하면 시조의 존재가 잘 감지되지 않는다. 이는 읽는 시로서 시조의 음영吟詠 방식을 음유吟遊로 확대해 나가는 효과를 위한 것으로 보인다. 현대성에 대한 압박감을 내려놓음으로써 자연스러움이란 시조의 또 다른 정체성을 확보하였다.

3.3. 일상의 현장을 담는 실용의 그릇

이우걸의 시조에 대하여 정과리는 종장에 특히 주목하였다. 종장 앞구의 제 1,2 음보 사이에 내용상 5·3 음절을 형식상 3·5 음절로 치환하여, 시조가 기대하는 종장의 효과 즉 평면성의 탈피를 저버렸다고 관찰하였다. 형식상의 치환을 의도적이거나 일반적인 데로까지 확대해석할 수는 없지만, 종장을 평탄하게 처리하는 일은 의미 있는 지적이다. 그런데 이러한 종장의 기술은 전체의 균형 속에서 보면 더 의미가 있다.

팔월 하순 다 낡은 국밥집 창가에 앉아

온종일 질척이며 내리는 비를 본다

뿌리도,

없이 내리는

실직 같은 비를 본다.

— 이우걸, 「산인역」 부분

  이우걸은 시조의 정체성에 대하여 무척 고심하고 그것을 확보하려고 애쓴 작가이다. 그가 써온 수많은 작품과 평론은 그러한 의식을 뚜렷이 보여 준다. 그런데 이 작품의 종장은 스스로의 시조의식과 주장을 거스르고 있다. 물론 그의 작품 체계 속에서 예외에 속하지만 주목할 가치가 있다.
  이 작품의 음수율과 음보율은 정연한 편인데 일견 그렇게 느껴지지 않는다. 왜 그럴까? 배치 때문이다. 초장의 "다 낡은 국밥집"과 중장의 "질척이며 내리는"은 수식과 피수식의 단순한 관계로 묶인 말들인데, 형식적으로는 둘 다 앞 구와 뒤 구에 나누어 놓았다. 앞서 했던 "음수와 음보에 구속되지 않는다."는 말의 의미를 생각해 볼 일이다. 형식적으로 이것을 잘 지키면서 그 활용에 변화를 주어 현대성을 확보하겠다는 뜻이다. 종장에 "뿌리도" 다음에 쉼표까지 찍었지만 둘째 음보와 서로 독립적이지 않다. 고시조의 경향을 형식상으로는 강하게 지키면서 변용한 것이다.

　이러한 짜임이 시조의 현대성과 연결되는 지점은 시대 의식이다. "비는 실직자이다."는 것이 이 시의 은유이다. 비가 온종일 내리기도 하지만, 내리는 비를 온종일 바라보기도 한다. 실직자임을 암시한다. 비가 실직같이 보이는 것은 화자가 실직자라는 뜻이다. 실직이라는 엄청난 사실을 화자는 담담하게, 남의 일처럼 서술한다. 서정적 격앙을 자제한다. 그래서 종장이 평면성의 탈피를 하지 않았다. "늦여름 다 낡은 국밥집 창가에 앉아, 온종일 질척이며 내리는 실직자 같은 비를 바라보는 실직자의 현실"을 담기에 정갈한 정형은 어울리지 않는다. 그래서 때 묻고 찌그러진 그릇에 담았다고 보아야 할 것이다.

　좀 더 확대해 보자. 이우걸 시조의 화자나 대상은 거의 다 일상인이다. 늙은 할머니, 고아원 자매, 실직자, 죽은 노동자, 눈먼 소녀 등등 현실 속의 군상들이다. 저마다는 사연이 많을 법하지만 작품에서는 모두가 담담하다. 고시조의 화자나 대상은 반대이다. 모두가 특별한 사람들이다. 설사 전원에 물러나 있더라도 그 자체가 남다른 자질이라고 여긴다. 그래서 종장은 극적으로 드러내곤 했다. 이우걸 시조의 인물들은 이와 반대로, 누구든 남다른 그것마저 일상적임을 보여 준다. 이것이 현대의 인간관이다. 많은 사람이 시조를 유교적 전통과 연결시키는데, 이우걸의 시조는 사람에게서 개인의 우월적 요소를 제거함으로써 장르 지향은 서정적 거시擧示에서 묘사로 옮겨간다. 이는 정과리가 말한 바와 같이 정치적 상상력에 그치는 것이 아니라 철학적 접근을 요한다. 현대라는 것을 철학적으로 접근한다는 점에서 시조의 현대성을 확보한다.

3.4. 시공간의 질서 탐색

유재영의 시조에서 두드러지는 세계는 시간의 재인식이다. 인물과 사물을 시간의 흐름 위에 놓음으로써 변화를 읽어 내려는 것이다. 이 점이 작품의 구성 단위 사이에 층위를 만들고, 장의 의미 공간을 확장함으로써 장르 지향을 더 강화하였다. 『네 사람의 노래』에 실린 「조선 옹기를 주제로 한 세 가지의 시적 변용」, 「어머니 쌀독」, 「아버지 시학」, 「오래된 가을」, 「윤동주」 등 주요 제재 선정이 시간 위에 놓인 것들이고, 작품에서는 이들을 현재의 시공간으로 불러온다.

1
첫서리 내린 마당 누구의 발작처럼
어디서 날아왔나 등 붉은 감잎 한 장
고향 집 노을이 되어 사뿐히 누워 있네

2
지우고 고쳐 쓰다 확 불 지른 종장같이
와와와 소리치면 금방 뚝 떨어질 듯
우주 속 소행성 하나 발그스름하니 물이 든다

3
굽 높은 그릇 위에 향기 높은 전신 공양

가만히 귀 기울이면 실핏줄 삭는 소리
말갛게 고인 저 투명 문득 훔쳐 갖고 싶다

— 유재영, 「홍시를 두고」 전문

현대시조 양식의 주류는 연시조이다. 단시조의 간결한 구조 속에서 현대적 사유를 담아내기란 매우 어려운 까닭도 있지만, 자유시와의 공존 속에서 연을 중시하는 점에 영향을 받기도 했다. 연시조의 한 수가 독립된 완결 구조를 보여 주지 않고 하나의 연으로 기능하는 것은 일반적이다. 다른 연과의 관계를 중시한다는 뜻이다. 유재영의 작품에서는 이렇게 연을 구조화하는 방식이 자주 발견된다. 이것이 그의 독특함은 아니지만, 『네 사람의 얼굴』 단계에 비해서 그렇다는 뜻이다.

위의 작품에서 각 수의 3장은 비교적 느슨하게 이루어졌다. "처럼, 같이" 등 조사가 장과 장 사이의 간극을 줄여 놓았다. 종장의 의미상 역할이 나타나기는 하지만, 서정적 종결은 아니다.

그만큼 다른 연과의 관계를 거친 뒤에 그 의미가 살아난다. 첫수에서는 떨어지는 감잎 한 장에서 고향 집 노을을 읽는다. 작은 시간과 공간 이미지이다. 둘째 수에서는 나무에 달린 홍시에서 소행성을 읽는다. 큰 공간과 시간이다. 셋째 수에서는 그릇에 담긴 감에서 고사故事를 읽어 낸다. 시간을 넘어 사람을 불러낸다. 이러한 구조를 통해 시간과 공간을 읽고 지금 여기에 있는 사물과 일의 의미가 완결된다.

그는 앞 시기의 작품에서 사물의 존재를 자유시적 감각으로 날카롭게 추구하였고, 시의 부분이 가지는 의미가 컸다. 후기의 작품에서는 소재의 일상성을 통해 삶의 의미를 평이하게 읽어 낸다. 이렇게 느슨하거나 구태스러워질 수 있는 약점을 시간과 공간이 이루는 전체성으로 보완한다. 여기서 시조가 가지는 구조가 큰 역할을 하는 것이다. 연시조의 각 수를 하나의 연으로 여기고, 그것들이 연결되어 완결을 이룬다. 전통적 연시조의 각 수가 독립되는 단순성을 극복하여 한 편의 시로 인식시키는 현대적 변용이다. 이것은 기교가 아니라 세계관이다.

4. 시대적 의의

현대시조는 한국 근대문학사의 한 영역으로서 끊임없이 발전해온 장르이다. 개화기에는 애국계몽을 위한 프레스 캠페인의 중요한 장치로, 일제강점기 때에는 이념 문학의 공격에 맞서 국민문학을 자임하는 부흥론으로, 창사(唱詞)에서 읽는 시를 강조한 혁신론의 구현으로, 해방 후에는 예술시에 대한 생활문화론과 함께 스스로 존재 의의를 천명해 온 장르이다. 자유시가 변화의 단계마다 새로움과 풍요로움이라는 찬사와 옹호를 받아 온 역사에 비하면 시조는 늘 수세적 위치에서 비판과 회의의 시선에 답해야 한 것이다.

『네 사람의 얼굴』과 『네 사람의 노래』는 시조의 진화 과정에 능동적으로 참여한 한 실체이다. 동일한 작가 네 사람이 1970년대적 상황과 2000년대적 상황에 작품을 내어놓음으로써 관찰자와 피찰자가 동시에 참여하는 현장성을 확보한 것이다. 이들 작가를 한 시기의 대표자로 성급하게 규정할 일도 아니지만, 활동과 작품 면에서 나름의 개성과 무게를 충분히 가진 사람들이란 점에도 주목을 할 만하다.

1970년대는 한국문학의 르네상스였다. 아직 가난하고 억눌린 분위기에서 문인들이 탄압받기도 했지만 문학판은 아름다웠다. 간단히 말해서 작가는 문학 창작에 매진하고, 출판사는 기업으로서 유통에 힘쓰고, 독자는 소중하게 모은 돈으로 책을 사서 읽는 것을 보람으로 여겼고, 비평가는 새로운 이론을 찾아 읽으면서 제 목소리를 내었다. 이러한 시기에 네 사람의 시조 작가는 신진이라는 위상을 자임하면서 시조의 길을 모색하였다. 그 결과 전통장르의 융합, 자유시에로의 접근, 견고한 구조 속의 현대적 가치 패러다임 발견 등 시조의 스펙트럼을 넓혔다. 이들은 동시대의 경향에 비해서 공통적으로 현대성과 장르적 상대성을 확인하였다. 의욕적으로 현대성을 모색한 것이다.

2000년대는 문학의 도취기이다. 경제적 풍요의 언저리에서 정체성 없는 수동적 허위가 폭넓게 유행한다. 약간 극단화시켜 말하자. 작가는 문학상과 지원금을 생존 방식으로 선택하고, 문화라는 이름의 정치 부산물 기관이 범람하고, 출판사는 이들의 결과물을 처리하면 판매 없이도 수익이 생기고, 독자는 작가가 자비출판한 책을 선택적으로 읽어 주는 작가지망생이다. 시조도 심사자의 눈을 자극하는 비시조성, 즉 시조답지 않음을 향해 점점 멀어져 간다.

이러한 상황 속에서, 중견을 넘어 원로에 진입한 네 사람의 시집에 수록된 작품은 상대적으로 시조 장르를 더욱 부각시켰다. 산문화로 인한 양식의 무잡성을 정제하여 일관된 스토리를 가지고, 시조의 전형성을 이루는 단위들의 관계를 재정립하고, 제재와 인물을 현실의 시민으로 설정함으로써 종장의 선언을 묘사로 바꾸고, 음영의 전통을 음유로 확대하는 등 장르의 정체성을 지속적으로 모색하였다. 이는 문학과 다른 예술 영역 간의 교섭, 매체를 이용한 시의 종속화, 창작 단계의 해체 귀속 등 이 시대 문학의 풍토를 감안할 때 하나의 견고한 장르 지향 의식으로 읽힌다.

손뼉을 치다 보면 허공에도 길이 생긴다
이우걸 근작시 작품론

곽효환

1.

지난해 늦가을 상재한 이우걸의 시집 『모자』(2018, 시인동네) 는 존재의 본질에 대한 시인의 성찰과 탐색이 자신만의 사유체계와 시선을 확보하는 경지에 이르렀음을 확인케 해 주었다. 존재의 본질을 묻는 이우걸의 질문은 어떤 정해진 답을 기다리거나 찾는 것이 아니라 사색하고 고민하는 과정으로, 그리고 그 과정이 도달하기까지의 어떤 사유를 보여 주는 형태로 발현되고 있기 때문이다. 원숙한 성찰과 발견 그리고 거기서 오는 깨달음과 자기고백으로 이어지는 시인의 질문과 사유가 짧은 시행 속에 자유롭게 펼쳐지는 것도 놀랍지만 그 안에 담고 있는 내재율 또한 현대시에서 찾아보기 어려운 성취였다.

그런데 놀라운 것은 『모자』가 시조집이라는 사실이다. 시인이 귀띔해 주는 것을 듣고 다시금 찬찬히 살펴보고 나서야 새삼 현대시조집이라는 것을 인식할 수 있었다. 출판사의 시선 시리즈가 현대시집을 표방하고 있음에 따라 굳이 시조집임을 드러내 놓고 이야기하지 않은 이유도 있었겠지만 시조의 정형성에 얽매이지 않는 사유와 호흡의 유려한 연결과 휴지, 현대적인 시어, 자유로운 행갈이, 압축과 전개의 융통성 등을 확인하며 그의 시조가 도달한 현대적 성취를 다시금 생각하게 되었다는 고백을 덧붙이지 않을 수 없다.

본론으로 돌아가서 현대시로 읽어도 손색없는 『모자』에 수록된 시편들 가운데 인상적인 모습은 존재의 본질에 대한 깊고 겸손한 성찰과 발견, 그리고 "자신을 되돌아보니 / 용감하지도 못했다"는 원숙한 자기고백에 있다. 시집에 수록된 「발견」과 「터미널 엘레지」는 이것을 잘 보여 준다.

> 부모님의 봉분은 늘 하나의 질문이지만
> 아직도 그 질문에 답하지 못하고 있다
> 내게는 삶에 대해서
> 늘 준비가 부족하다
>
> 꽃피고 새가 울 때 그 질문을 생각한다
> 눈, 비 오고 바람 불 때도 그 질문을 생각한다
> 막연한 상상이지만 내게 주신 과제이므로
>
> 가을날 성묘를 하고 낙동대교 건너면서
> 노을을 안고 흐르는 핏줄 같은 강을 보았다

잠시 본 그 흐름 속에
어떤 답이 있는 듯했다

—「발견」 전문

그는 눈물 없는 매서운 사람이다

먼저 간 많은 이별을 묵묵히 견디면서

그것이 미덕인 것처럼

달래며 살아왔다

어릴 적 부모님이 그렇게 가르쳤고

칼날 같은 인연들이 그렇게 가르쳤고

도방의 찬바람들도 그렇게 단련시켰다

오늘은 먼 데서 올 옛사람을 기다린다

빈 벽에 기대선 그림자가 쓸쓸한 오후

자신을 되돌아보니

용감한 적도 없었다.

—「터미널 엘레지」전문

「발견」에서 돌아간 부모가 묻혀 있는 봉분은 시인에게 자신의 정체성과 실존적 삶의 지향점을 묻는 하나의 질문이다. 그 질문은 "꽃피고 새가 울 때" 그리고 "눈, 비 오고 바람 불 때도" 항상 부딪치는 해결하기 어려운 과제와 같은 것이기에 시력 반세기를 앞두고 있는 칠순의 시인은 자기 자신은 삶에 대해서 늘 준비가 부족하다고 겸손하게 고백한다. 그런 그가 어느 "가을날 성묘를 하고 낙동대교 건너면서 / 노을을 안고 흐르는 핏줄 같은 강"의 흐름을 보면서 그 속에 답의 실마리를 찾은 듯 하다는 조심스러운 '발견'으로 나아가고 있다. 그동안 수없이 그 길을 오고가고 또 흐르는 낙동강을 보았지만 칠순이 넘어서야 낙동대교 아래를 흐르는 강을 보며 "어떤 답이 있는 듯 했다"고 오랫동안 답하지 못한 질문에 대한 일종의 깨달음을 말하고 있는 것이다. 존재 혹은 본질에 대한 질문은 "노을을 안고 흐르는 핏줄 같은 강"의 물줄기처럼 연년이 계속되는 것이고 사람은 늘 삶에 대해 준비가 부족하기 마련이기 때문이다. 이는 깨달음을 향한 길은 어렵고 끝이 없으므로 계속해서 닦아 간다는 혹은 깨달았다 하더라도 온전한 경지에 도달하기 위해서는 계속해서 닦아 나가야 한다는 불가의 돈오점수頓悟漸修적인 태도이다. 시인에게 존재의 본질을 묻는 질문은 정해진 답을 찾는 것이 아니라 사색하고 고민하는 과정이고 그 과정이 도달하는 어떤 사유의 도달점을 요구하는 것이기 때문이다.

사실 노년의 시 쓰기에서 존재와 본질에 대한 질문은 살아온 삶을 되돌아보고 지나온 길을 반추하는 과정을 필연적으로 수반하게 된다. 그리고 이 과정에서 자신의 삶과 인생관을 노정시키는 성숙한 자기고백이 이루어진다. 그런 관점에서 「터미널 엘레지」의 '그'는 아마도 시인 자신의 분신이라 해도 무방하다. 눈물이 없는 매서운 사람인 그는 사랑, 혈육, 우정 등과의 많은 이별들을 묵묵히 견디며 또 그것을 묵묵히 견디는 것을 미덕으로 삼고 살아왔을 것이다. 그것은 어릴 적 부모님이, 그리고 살면서 경험한 칼날 같은 인연들이 그렇게 가르친 것이고 찬바람이 부는 삶의 거리에서 단단하게 단련된 것이기도 하다. 그런데 그렇게 눈물 없이 매서운 사람으로 단련되며 살아온 그가 터미널 빈 벽에 기대어 "먼 데서 올 옛사람을 기다린다"고 한다. 그 사람은 찬바람 속에 흘려보낸 어떤 인연일 수도 있고 어쩌면 인생이라는 먼 여행을 마치고 돌아오는 자기 자신일 수도 있다. 삶이라는 먼 여행에서 돌아오는 자기 자신을 기다리는 "그림자가 쓸쓸한 오후" 비로소 오랫동안 자신의 삶을 지배해 온 고정관념을 무너뜨리고 "자신을 되돌아보니 / 용감한 적도 없었다"는 절절하고 원숙한 자기고백을 하고 있는 것이다. 사실은 자신이 삶 속에 보인 '눈물이 없는 매서움'과 메마름은 용감하지 못해 그런 것이라고.

 이와 같은 과정을 거친 종심從心의 경지는 이 시집의 절정이라 할 수 있는 자연 속의 구성원들이 서로가 서로를 안아 주고 호응하는 자연의 세계를 보여 주는 단계로 나아가는 중요한 단서가 된다. 물 위에 돌멩이를 던져 물수제비를 그리며 인연을 찾을 때 봄날은 햇살을 데워 하늘을 열어 놓고, 물고기들이 "잡힐 듯 잡힐 듯 어지러이 떴다 잠기면 / 수초들 제 품을 열어 / 그것들을 안아 주"(「못가에 앉아서」,『모자』)는 물아일체의 자연의 세계는 서정시가 도달할 수 있는 선순환 세계의 정점이자 이우걸의 시심이 이제 그 지점에 도달해 있음을 보여 주고 있는 것이다.

2.

이우걸의 신작시 3편 「열쇠」, 「라벨」, 「공감」은 『모자』에서 보인 시적 성취의 연장선상에서 사물에 대한 깊은 통찰과 소통을 꿈꾸는 시인의 길을 엿볼 수 있다는 점에서 흥미롭다. 존재의 본질에 대한 탐구는 그의 오랜 시적 작업이기에 새로울 것이 없지만 대상을 꿰뚫어 보는 것에서 더 나아가 대상의 전후와 좌우 혹은 고저나 안팎을 맥락 속에서 혹은 입체적으로 살피는 한층 여유 있는 시선과 형식미를 볼 수 있다.

어떤 미스터리 같은
열쇠 하나 버려져 있다
열쇠를 가졌다고 으스대던 주인도 없이
낙엽 진 길모퉁이에
녹슨 채 버려져 있다
무슨 비밀을 지닌 한 권력의 책사였을까
거래를 즐기던 정상배의 혀였을까

한 올의 단서도 없이
여기 버려져 있다

—「열쇠」 전문

자본이 만들어 낸 꽃의 이름이다
사랑을 받으면 콧대가 높아지고
아무도 부르지 않으면 소리 없이 진다

실비를 맞으며 봉오리가 벙글 때도
예고 없는 바람이 와서 자주 떨어뜨린다
이것이 시장에 사는 꽃들의 운명이다

어떤 보호벽도 믿을 수 없는 곳에서
삼엄한 전장만이 주어진 여건이지만
내일의 태양을 꿈꾸며
맨발로 걸어간다

—「라벨」 전문

「열쇠」는 존재의 본질을 잃어버린 사물을 응시하고 있다는 점에서 이채롭다. 열쇠는 가치가 크거나 귀중한 것을 잘 보관하고 지키기 위해 자물쇠를 잠그거나 여는 물건 또는 어떤 일을 해결하거나 새로운 단계로 나아가는 관문을 통과할 수 있는 방법을 의미한다는 점에서 그것은 부와 권력, 사회적 성공이나 지위 등을 의미하는 상징물이라

할 수 있다. 그런데 "낙엽 진 길모퉁이에 / 녹슨 채 버려져 있"는 열쇠는 이제 그 쓸모를 다한 그래서 더 이상 존재의 가치를 상실한 것이다. 한때는 열쇠가 세상의 큰 비밀을 가진 "권력의 책사"였을 수도 있고 정치가와 결탁하거나 정치권력을 이용하여 크고 작은 이익을 꾀하는 "정상배의 혀"였을 수도 있다. 아니면 그 반대에서 정의와 진리를 지키는 어떤 가치였을 수도 있다. 하지만 더 이상 그런 역할이나 기능을 할 수 없게 된 열쇠는 무엇을 감추고 지켰는지 알 수 없는 미스터리를 품은 채 버려진 무용지물에 불과하다. 어쩌면 사람이, 사람의 일이 그러할 지도 모른다.

여기서 주목할 것은 '열쇠'라는 사물의 의미나 그 본질을 꿰뚫는 송곳 같은 혹은 칼날 같은 예각의 시선이 아니라 그것을 넘어서 버려진 열쇠를 둘러싸고 있을 수 있는 앞뒤와 안팎을 살피는 시인의 원숙한 통찰력이다. 이것은 "나는 아직도 원고지에 글을 쓴다 / 그래서 파지처럼 찢겨지는 마음을 안다 / 찢어진 그 마음들을 / 보살피는 길도 안다"(「나는 아직도」, 『모자』)는 진술과 상통한다. 원고지에 글을 쓰기 때문에 잘못 쓰여 진 글(글자) 때문에 아무 죄 없는 원고지가 구겨지고 찢겨 파지가 되는 상처 난 마음을 알뿐만 아니라 찢어진 그 마음들을 보살피는 길도 안다는 따뜻하고 넉넉한 시인의 시선은 열쇠와 같은 삶을 거쳐 왔기에 버려진 열쇠의 마음을 헤아릴 수 있고 길모퉁이에서 녹슬어 가는 그 마음을 보살피는 길도 안다는 것으로 이어지는 것이다. 변화무쌍한 새로운 시대에 흔적도 없이 지워지고 사라지는 것들과 한때는 소중했으나 보살핌은커녕 이제는 눈길 한 번 받지 못하고 사라져가는 것들을 생각하게 하는 시인의 웅숭깊은 통찰력이 빛을 발하고 있는 것이다.

「라벨」은 자본주의가 첨단화 할수록 더욱 주목받는 자본이 만들어 낸 꽃 '라벨'의 본질에 대한 산문적인 통찰을 연시조 형식으로 담고 있다. 라벨은 "사랑을 받으면 콧대가 높아지고", "실비를 맞으며 봉오리가 벙글 때도" 있는 자본주의 꽃과 같은 것이지만 "아무도 부르지 않으면 소리 없이" 지고 마는 것이고 "예고 없는 바람이 와서 자주 떨어뜨"리는 허상 같은 것이라고 정의한다. 시인은 여기서 '라벨'로 상징되는 자본주의의 천민성을 도식적으로 비판하는 대신 "이것이 시장에 사는 꽃들의 운명이다"라며 현실을 받아들이고 그 안에서의 어떻게 살아야 할 것인가를 마지막 수에서 제시한다. 한순간에 소리 없이 사라지고 바람에 꽃을 떨구고 마는 "어떤 보호벽도 믿을 수 없는 곳에서 / 삼엄한 전장만이 주어진" 것이 우리가 사는 자본주의의 여건이지만 그 속에서 "내일의 태양을 꿈꾸며 / 맨발로 걸어"가야 한다는 것이다. 여기서 시인이 제안하는 '내일의 태양을 꿈꾸는 것'과 '맨발로 걸어가는 것'이 무엇인지는 「공감」에서 확인할 수 있다.

손뼉을 치다 보면 허공에도 길이 생긴다

개미가 굴을 파듯 조심조심 만드는 소로小路

반가운 마음끼리 만나

서로 얼굴을

비춰 보는

— 「공감」 전문

　다소 평범하고 소박해 보일 수도 있지만 시인은 공감과 소통의 길을 낼 것을 제안한다. 타인을 혹은 서로를 격려하고 북돋워 주는 손뼉을 쳤을 때 허공에 생기는 길, 그것은 개미가 굴을 내듯이 조심조심 만드는 소로小路이다. 이 작은 길들은 보잘 것 없어 보이지만 마침내 그것이 완성되었을 때는 복잡다원하게 유기적으로 연결된 어마어마한 길이 되어 외부의 바람이 분다고 쉽게 무너지거나 사라지지 않는다는 것이다. 그 길은 반가운 마음으로 만나 서로의 얼굴을 비추어 보며 서로를 위해 손뼉을 치고 나아가 나와 다른 사람의 손과 손이 마주치는 공감과 소통으로 만들 수 있다는 것이 시인의 깨달음이다. 이것이 천박하고 위태로운 자본주의라는 시장의 시대를 사는 시인이 꿈꾸는 길이다.

　파지처럼 찢겨진 마음을 헤아리고 찢어진 마음을 보살피는 길을 안다는 그래서 버려진 열쇠의 마음을 헤아리고 길모퉁이에서 녹슬어가는 그 마음을 보살피는 시인이 꿈꾸는 이 길은 어쩌면 평범해 보이고 다소 낭만적일 수 있다. 하지만 얼굴과 얼굴을 마주하고 손과 손을 마주치는 것이 결코 쉽지 않은 오늘의 현실을 생각하면 대상의 본질을 뛰어넘어 대상의 안과 밖, 전후좌우를 두루 빠짐없이 살피는 노시인의 더 깊어진 시선은 평범하되 결코 평범하지 않다. 하여 "손뼉을 치다 보면 허공에도 길이 생긴다"는 진술의 울림은 크고 여운은 깊다.

　그동안 우리가 보아온 이우걸의 시(시조)는 『모자』에서 '시인의 말'

에 밝히고 있듯이 "전통적이고 유미적인 것에서 현실적이고 현장적인 관점으로, 다시 서정과 현실의 조화를 고민하다가 초월적인 미학을 추구하려고 노력했다"는 데 있다. 이제 계속해서 쓸 것이고 쓰고 싶은 것이 아직 많다는 그가 "개미가 굴을 파듯 조심조심" 허공에 낼 길과 그 길이 만들어 내는 결과물을 지켜보고 감상하는 것은 독자에게 주어진 새롭고 커다란 즐거움이 아닐 수 없다.

이우걸 시조에 나타난 자연自然 연구

곽효환

1. 서론 : 현대시조와 자연 그리고 이우걸의 시조

 시조의 가장 오래되고 주된 대상은 자연이다. 자연은 고시조에서부터 하나의 이상적인 대상으로 자리매김하였고 시인은 끊임없이 자연과 일치하고자 하였다. 이는 고려 후기 성리학을 이념으로 하는 유학자들에 의해 시조가 시작되고 유지, 발전되어 왔다는 점에서 볼 때 자연 세계와의 일치가 곧 이상적인 인간 사회 건설이라는 유가적 세계관이 반영된 것이라 할 수 있다. "인간이 본성에 의하여 자연 질서와 합치하고 자연의 생성을 돕는 데까지 이른다는 것은 결국 자연과 그 법칙을 예와 도덕의 근거로 간주할 뿐만 아니라, 더 나아가 자연을 인간과 하나로 되는 대상으로 파악하는 이른바 '물아일체' '천인합일' 사상의 표출"[1]이라고 보는 유가적 인식이 시조에 뿌리 깊게 반영되어 온 것이다.

자연과 교감하고 자연의 질서에 순응하며 나아가 합일하고자 하는 고시조의 자연관을 두고 오승희는 자연을 즉자적으로 파악하는 순응주의, 자연과 동일시하는 합일주의, 세속을 등진 초절주의超絶主義, 비극적인 현실인식을 자연으로 대체하는 비애적 자연감정, 그리고 자연을 농弄하고 완상玩賞하는 미학 등으로 유형화[2]하였다. 임환모는 정대림과 김대행의 선행 연구를 토대로 고시조의 자연관 양상이 ① 규범의 원리, ② 교감의 원리, ③ 동화의 원리, ④ 대립의 원리, ⑤ 비인간화의 원리, ⑥ 비속화의 원리, ⑦ 부정의 원리, ⑧ 현장성의 원리 등 8가지로 이루어져 있다고 제시하였다. 그리고 이 가운데 "①, ②, ③, ④는 시조의 가장 보편적인 현상인데, 이것은 현실을 당위로 보고 이에 순응하려는 태도의 운명론적 현실관이 그 밑바탕을 이루고 있다"[3]고 보고 이 순응주의적 태도는 동양적 전통과 성리학의 기본이념이 밀접하게 관련되어 있다고 보았다.

이와 같이 오랫동안 축적되고 내재된 이상적 대상인 자연과의 교감과 조화, 화해와 합일을 지향하는 시조의 자연관은 복잡다원화한 현대사회와 불화와 아이러니에 기초한 오늘날의 미학적 지향점에 비추어 볼 때 극복해야 할 대상이 되어 있다. 하지만 자연이 현대시조뿐 아니라 현대시에서도 여전히 유효한 시적 대상으로 활발히 다루어지

---

1 윤사순, 「유학의 자연철학」, 『조선 유학의 자연철학』, 예문서원, 1998, 33쪽.
2 오승희, 「한국시조문학에 나타난 자연관」, 『시조학 논총』 16, 한국시조학회, 2000, 297쪽 참조.
3 임환모, 「시조에 나타난 자연관 연구」, 『한국언어문학』 제28집, 한국언어문학회, 1990, 358쪽.

고 있음을 생각할 때 문제는 '자연'이라는 대상이 아니라 그것을 인식하는 태도와 세계관 그리고 그것을 다루는 시적 상상력과 방법론이라 할 수 있다. 같은 자연을 다룬다 하더라고 시인의 근대적 사유와 고뇌가 담긴 세계관이 필요하고 이를 토대로 종래의 익숙한 방식과는 다른 감각과 생명력 넘치는 자연과의 교감을 이루며 때로는 자연과 대립하고 자연을 부정하면서 새로운 인식과 발견의 세계로 나아가는 것이 현대시조의 중요한 과제라는 것이다. "현대에 와서 자연은 재문맥화 되고 있다. 자연의 이념을 재구성하는 일에 이데올로기적 혐의가 벗겨지고 새로운 적극성의 의미가 더해진다"면서 "이러한 점에서 현대시조가 자연의 이념을 자신의 존재 의의로 내세우는 것은 바람직하다"[4]는 차원에서 자연은 여전히 현대시조의 중요한 대상으로 자리를 지키고 있다. 또한 "모더니즘 시와 가장 대척적인 위치에 서 있는 것이 시조"[5]라는 점을 극복하고 전통을 유효하게 현대화하는 갱신을 가능하게 하는 지점이기도 할 것이다.

이 같은 관점에서 이우걸의 시조는 시사하는 바가 크다. 이우걸은 반세기에 달하는 시조 창작 시력을 통해 현대시와 현대시조의 성취의 차이 또는 구분을 걷어내면서 현대시조의 외연을 확장하고 내면을 풍성하게 해온 대표적 현대시조시인이다. 그의 시조는 근대적 인식과 사유의 토대 위에 "형식적인 면에서 지나친 변격이나 파격의 시도를 절제하면서 근대성에 대한 날카로운 인식을 전통 장르와 자연

---

[4] 구모룡, 『보존과 창조 – 현대시조의 시학』, 산지니, 2018, 59쪽.
[5] 유종호, 『한국근대시사』, 민음사, 2011, 27쪽.

스럽게 결합시키는 데 헌신"하였으며 내용적인 면에서는 "현대시조가 자연시의 전통에서 파생된 정서나 소재를 가장 중요한 시조창작의 유산으로 삼고 있는"⁶ 보편적 경향에서 비껴나 있다는 면에서 중요한 위치에 있다.

특히 현대시조에서도 여전히 자연이 주요한 대상이라는 점을 고려했을 때 이우걸 시조에서 자연은 과거의 시조와 그리고 동시대의 현대시조와 사뭇 다르게 나타난다. 현대시조의 상당수가 여전히 오랜 전통의 연장선상에서 청정하고 이상적인 자연을 지향하며 자연과의 동화, 합일을 지향하는 것과는 다른 인식과 상상력을 보이고 있다. 시조의 오랜 맥락과는 확연히 구분되는 "자연보다는 문명을 대상으로 하고, 자연을 대상으로 할 때도 전통적 인습적 상상력을 벗어"⁷나려는 면모를 보여 주는데 이는 "자연에서 현실을 읽고, 현실에서 고통을 읽고, 마침내 고통에서 그의 이상, 이상으로서의 자연을 읽는"⁸ 변증법적 상상력이자 상상력의 현대성을 보여 주고 있다는 평을 받는다.

이 글에서는 이 같은 문제의식을 토대로 이우걸의 시조에 나타난 자연과 자연에 대한 인식과 상상력 그리고 이것이 구현되는 시적 양상을 고찰하고자 한다. 이를 통해 이우걸 시조에 나타난 자연을 체계화하는 한편 현대시조가 새로운 상상력과 방식으로 자연이라는 대상

---

6 엄경희, 「이우걸 시조에 내포된 모더니티(modernity)의 일면」, 엄경희 엮음, 『이우걸 시조 연구』, 태학사, 2013, 102쪽.
7 이승훈, 「시조의 현대적 상상력」, 유성호 편, 『이우걸의 시조 미학』, 작가, 2006, 165쪽.
8 이승훈, 위의 글, 172쪽.

을 어떻게 새롭게 인식하고 시적으로 갱신해 나갈 수 있는 지를 가늠하고 그 방향성을 모색할 수 있을 것으로 기대한다.

2. 이우걸 시조에 나타난 자연

이우걸은 형식적인 면에서 정형시로서의 시조의 오랜 전통을 존중하면서 내용적인 면에서 현대시와 견주어 손색없는 근대적 인식과 통찰력으로 개성적인 세계를 이루어 내는 방식으로 '전통의 현대적 계승과 변혁'이라는 현대시조의 과제를 잘 이루어낸 시조시인으로 평가받는다. "서정성과 사회성의 확연한 결속을 추구함으로써, 미적 완결성과 현실인식의 축을 균형 있게 추구해온"[9] 면모는 동시대 현대시조시인들의 시세계와 구분되는 그만의 변별점이다. 그의 시조에서 서정성과 사회성, 전통적인 시조미학의 완결성과 현실비판적인 시선은 길항하면서 시적 긴장을 유지하는 동시에 이를 통해 개성적인 미학을 이루고 있는 것이다.

이우걸 시조의 중요한 특징 가운데 하나는 산업화 이후의 한국 사회에 대해 문제의식을 가지고 바라보며 병리적인 현상에 대해 비판적인 사유를 보이거나 비극적인 근현대사를 당대의 삶으로 소환, 성찰하는 시적인 복합성과 중층구조 그리고 아이러니를 동반한 사회역

---

[9] 유성호, 「시간의 선명한 얼굴 – 이우걸 시집」, 『나를 운반해온 시간의 발자국이여』, 엄경희 엮음, 앞의 책, 232쪽.

사적 상상력을 들 수 있다. 현실에 대한 강한 비판적인 시선과 사회성은 앞서 활동한 시조시인 조종현과 맥이 닿아 있다. 일제 식민지시대에는 고통 받는 민중들의 삶에 주목하였고, 해방과 한국전쟁이라는 동족상잔의 비극적 체험과 분단으로 이어지는 현실에 대한 울분과 비판적 시선을 강렬하게 표출하면서 현실적 삶과 그 고통에 대한 관심의 끈을 놓지 않았으며, 식민지와 한국전쟁 등으로 이어지는 비극적이고 처참한 현실을 이데올로기나 대립적 관점이 아닌 휴머니즘으로 승화시킨 조종현의 참여적 태도는 우리 시조사에 있어 드물고 귀한 것이다.

이우걸의 자연을 대하는 태도와 시세계 역시 이 같은 관점에서 고찰해 볼 수 있다. 전통적 개념의 자연시가 커다란 비중을 차지하는 다른 현대시조시인들과는 달리 이우걸의 자연을 대상으로 한 시조는 양적인 면에서 크다고 할 수 없다. 뿐만 아니라 자연을 이상향 또는 무조건적인 동화와 투사의 대상으로 동경하지 않고 자신의 정신적 지향점의 표상으로 삼거나 사회역사적인 상상력을 통해 현실비판적인 시선을 드러내는 대상으로 삼고 있다는 점은 조종현 시조세계의 내용적인 특징과 닮아 있다. 이우걸의 시조에서 자연을 대하는 태도는 크게 세 가지 정도로 분류할 수 있는데 시집 또는 시대별로 명확히 구분되는 것은 아니지만 대체적으로 시대적 흐름에 따라 특징적인 면모를 정리할 수 있다.

1. 고고한 정신의 표상으로서의 자연

이우걸의 초기 시에서 자연을 소재로 하거나 시적 대상으로 하는 작품 수는 많지 않은 편이지만 자연을 대하는 태도가 확연하게 다르지는 않다. 첫 시집 『지금은 누군가 와서』(1977)와 제2시집 『빈 배에 앉아』(1981)에서 자연을 대상으로 한 초기 시편들은 다른 시조시인들과 비슷하게 자연현상에 자신의 감정을 투사시키거나 풍경을 서정화하는 면모를 보인다.

저 벽공 아픔을 깨고 날아가는 나래 뒤엔

시월 상달 서리 묻은 열두 점 밖 밤하늘의

정 하나 달처럼 두고 길이 바쁜 이별을 본다.

— 「안항」 전문
(『지금은 누군가 와서』, 1977)[10]

그것은 신의 나라로
열려 있는 음악 같은 것

불타는 들을 건너서 얼음의 산을 넘어서

돌아와

---

[10] 이우걸 시조의 인용은 『이우걸 시조 전집』(태학사, 2013)에 따랐다. 단, 이 전집 이후에 출간된 시조집 『모자』(시인동네, 2018)에 수록된 작품은 해당 시집에서 인용하였다.

가슴에 닿는
깊은 올의 현악기.

텅 빈 벤치에서도 시멘트 벽 속에서도

수없이 잊어야 했던
가난한 이름들을

이 밤에 모두 부르며
봄비는 길을 떠난다.

― 「봄비」 전문
(『빈 배에 앉아』, 1981)

 첫 시집 『지금은 누군가 와서』(1977)에 수록된 「안항」은 가을 하늘을 날아가는 기러기의 행렬에서 "정 하나 달처럼 두고 길이 바쁜 이별"을 읽는다. 한철 머물다 떠나는 기러기를 보며 이별을 연상하는 것은 자연스러운 것인데 이우걸은 떠나는 기러기의 날갯짓을 벽공의 아픔을 깨고 날아가는 것으로 보고 그 배경이 되는 서리 내리는 시월 밤하늘에 뜬 달을 기러기 행렬이 두고 간 정표라고 인식한다. 이로써 가을밤의 풍경을 서정적으로 빼어나게 옮기고 있다. 달을 서럽고 아픈 이별의 풍경 속에 두고 간 정情이라며 가을밤의 풍경과 교감하고 있는 것이다.
 화자의 심적 상태를 자연에 투사하고 교감하는 태도는 이 시집에 수록된「눈 오는 밤」,「도리원 주변」,「남해 맑은 물은」,「꽃」 등에서도 쉽게 발견된다.「눈 오는 밤」에서는 아늑한 겨울밤 바람에 꽃씨 날리듯 오는 눈을 "모은 뜻 소복을 입히는 저 축수祝手의 피리 소리."라고 시각적 이미지를 청각적 이미지로 치환시켜 시적 증폭을 일으킨다. 「남해 맑은 물은」에서는 약속의 반달 뜬 아른아른 잠기는 섬의 아늑하고 안온한 이미지로 남해안 맑은 물을 그린다. "충무항 / 뱃머리쯤 서 / 서성이던 바람도 // 그 사람 / 눈빛처럼 / 말없이 따라와선" 한없는 꽃밭이 되어 오순도순 사는 곳이 남해안 맑은 물이라고 평화롭고 안온한 공간으로 형상화하고 있는 것이다.

제2시집『빈 배에 앉아』(1981)에 수록된「봄비」는 보다 적극적으로 자연과 교감하려는 모습을 보인다. 시인이 생각하는 봄비는 '신의 나라로 열려 있는 음악'이다. 그것은 '불타는 들'과 '얼음의 산'을 건너고 넘어온 절실한 것이기에 가슴 깊은 곳을 울리는 현악기와 같은 것이고 "수없이 잊어야 했던 / 가난한 이름들을" 모두 부르며 길을 떠나는 것이며 그럼으로써 새로운 희망과 생명을 부르는 따뜻한 존재인 것이다. 이 같은 태도는 "자연은 절대적인 힘을 가진 것이어서 그것을 거역할 수 없"으며 따라서 "자연이 인간 삶의 지배원리가 된다."[11]는 전통적 자연관의 규범의 원리에 갇혀 있지 않고 적극적으로 자연의 순환질서와 교감하는 태도이다. "신의 나라로 / 열려 있는 음악"이라는 절대적인 대상이 아닌 "가슴에 닿는 / 깊은 올의 현악기."로, 그리고 가난한 이름들을 부르며 길을 떠나는 존재라고 자신의 정감을

---

11 임환모, 앞의 글, 340쪽.

투사하고 있는 것이다.

한편 「가을 언덕」(『빈 배에 앉아』)에서는 삶의 아픔과 고통을 모두 담고 있는 위대한 자연에 몰입하는 태도를 볼 수 있다. "가을 언덕이 조용히 누워 있다 / 풀잎의 중한 병과 벌레 울음 거느리고 / 영혼을 가로지르는 / 강줄기도 바라보며 // (중략) / 가을날 우리 속죄의 / 한 나신裸身이 누워 있다."에서 볼 수 있듯이 풀잎의 중한 병과 벌레 울음을 거느리고 가을 언덕에 누워 스스로를 성찰하고 속죄함으로써 무위자연과 동화되려는 모습을 보이는 것이다.

이처럼 전통적인 자연관의 연장선상에서 전개되는 이우걸의 시편들은 자연에 머물지 않고 자연에서 자신이 지향하는 정신적인 세계를 찾거나 자연과 불화하는 쪽으로 나가려 하는데 그 단서는 「발견」과 「빈 배에 앉아」에서 볼 수 있다.

시인은 「발견」에서 오랜 "내 습관의 언어들을 비춰 보고 있노라면 / 어쩐지 사투리들만 살아 있다는 느낌이 든다."고 한다. 그리고 자신이 치우치게 사랑하던 낱말들을 보면 "바람에 일렁이다가 / 불길에 몸을 뺏기는 낙엽 같은 느낌이 든다."고 고백한다. 시조의 오랜 전통과 개인의 습관, 그리고 스스로의 틀에 갇혀 있음에 대한 회의를 토로하고 있는 것이다. 그런데 시인은 전통, 관습, 습관에 대한 회의를 '배반' '내란'이 아닌 '구원'이라고 부르고 싶다고 한다. 그리고 자신의 시조가 지향해 나갈 방향이 "서리 묻은 국화꽃 몇 송이를 사 와서 / 비어 있는 원고지에 정성껏 문지르며 / 한밤 내 생각"하며 "저 말들의 뿌리"를 찾는 것이라고 밝힌다. 자신이 찾고 지향해 나가고자 하는 시조의 언어관을 자연을 통해 명확히 하고 있는 것이다.

한편, 「빈 배에 앉아」는 이우걸의 시조가 더 이상 자연의 규범에 순응, 교감하거나 동화를 추구하지는 않을 것임을 짐작하게 한다. 외로운 사람들이 험난한 파도에 맞서 싸우고 더러는 희생당하는 울음 가득한 바다를 가슴에 묻는 현실에 살고 있지만 "시대는 표정도 없이 그들을 비껴갔다."는 진술은 역사와 사회의 부정적 현실이 무조건적인 자연 순응으로 연결될 수는 없다는 깨달음으로 읽히기 때문이다.

> 아무 데나 기웃거리는 사랑 같은 말들이
> 밤하늘 은하수처럼 내 몸속을 흐르고 있다
> 오늘 밤 친구에게 할
> 나의 말도 그런 것일 뿐.
>
> 비 맞고 바람 맞고 눈, 서리도 견디는
> 저 절벽의 청솔 같은 그런 말은 없을까
> 관념의 벽을 넘다가 으깨진 말은 없을까.
>
> ―「사전을 뒤적이며 - 유재영에게」 전문
> (『사전을 뒤적이며』, 1996)

이우걸이 자연에서 찾고자 하는 구원은 오랜 전통과 관습을 배반하고 내란을 일으키는 것이고 "바람에 일렁이다가 / 불길에 몸을 뺏기는 낙엽 같은"(「발견」) 언어가 아닌 "말들의 뿌리"를 찾는 것이다. 그것을 위해 비어 있는 원고지 위에서 펼쳐지는 고투는 네 번째 시집 『사전을 뒤적이며』(1996)에서 방향을 찾는다. 여전히 아무데나 기웃

거리는 사탕 같은 말들이 몸속을 흐르지만 자신이 찾아 담고 싶은 언어는 "저 절벽의 청솔 같은 말"(「사전을 뒤적이며 - 유재영에게」)이다. 그 말은 꿋꿋하게 비와 바람과 눈서리를 견뎌낸 강인한 생명력과 정신의 토대 위에 이루어진 것일 뿐만 아니라 "관념의 벽을 넘다가 으깨진", 즉 현실의 삶과 밀접한 연관 속에 구체성을 갖는 것이다. "저 절벽의 청솔"로 수렴되는 이우걸의 자연관과 언어관은 자연공간과 현실공간이 구분되거나 유리된 것이 아닌 강인한 정신세계의 토대 위에 구체적인 삶의 공간으로서의 현장성을 가지고 "져서도 잊혀지지 않는"(「모란」) 것이다.

「사전을 뒤적이며 - 유재영에게」와 같은 시집에 수록된 「모란」의 "눈 감고 길어 올리는 그대 만장 그리움의 강"은 "저 절벽의 청솔"과 같은 층위에 있다. 표면적으로 모란은 피면 지고 지면 잊게 되는 존재지만 그 본질은 "져서도 잊혀지지 않는 / 내 영혼의 / 자줏빛 상처."(「모란」)에 있기 때문이다. 자연과 현실의 공간이 일치하기 때문에 표면적으로는 피고 지고 잊는 자연의 질서대로 흘러가지만 모란과의 관계에서 입은 영혼의 상처는 아주 높은 그리움의 강으로 남아있게 되는 것이다.

2. 자연에 투사된 현실비판과 역사의식

「빈 배에 앉아」에서 험난한 파도에 맞서 싸우고 더러는 희생당하는 울음 가득한 바다라는 현실 속에서의 "표정도 없이 그들을 비껴"가는 시대에 대한 인식은 이우걸 시조의 중요한 특성으로 자리 잡는 시편들과 가교 역할을 한다. 이우걸 시세계의 중핵을 이루고 있는 "전통과 현실에 대한 인식 그리고 역사적 감각을 바탕으로 한 '사실문학'에 속하는 작품들"[12]이 그것인데 여기에 해당되는 작품들은 현실에 대한 비판적인 시선을 날카롭게 벼리면서 적극적으로 역사적 사실을 끌어안는 인식과 성찰의 시선을 간결하고 선명하게 드러낸다. 부조리하고 아이러니한 사회현실을 비판적인 시선으로 드러내는 사회성이 강한 작품이나 비극적인 근대사를 소환하여 역사와 현실을 성찰하는 작품들이 그것이다.

이러한 중요한 시적 흐름은 자연을 대상으로 한 작품들에서 성취도 높은 작품으로 구현된다. 이러한 면모는 세 번째 시집 『저녁이미지』(1988)와 네 번째 시집 『사전을 뒤적이며』(1996)에서 도드라지게 나타난다.

쳐라, 가혹한 매여 무지개가 보일 때까지

나는 꼿꼿이 서서 너를 증언하리라

무수한 고통을 건너

피어나는 접시꽃 하나.

— 「팽이」 전문
(『저녁이미지』, 1988)

---

[12] 정수자, 「역사적 감각과 현실인식의 미적 통섭」, 엄경희 엮음, 앞의 책, 36쪽.

「팽이」에서 무수한 고통을 건넘으로써 비로소 접시꽃 한 송이가 피어난다. 팽이는 무지개가 보일 때까지 자신을 치라고 강하게 요구하고 가혹한 매질을 온몸으로 받아내며 "나는 꼿꼿이 서서 너를 증언하리라"고 말한다. '가혹한 매'와 '무수한 고통'이라는 외부의 폭력을 견뎌낸 증언으로서 접시꽃 하나가 피어나는 것이다. 여기서 매질을 당하는 대상으로서의 팽이는 1차적으로 폭력에 노출된 약자를 떠올리게 하지만 가혹한 매질이 가해질수록 점점 더 꼿꼿이 서서 고통스럽고 신산한 삶을 증언한다는 점에서 그리고 마침내 선명하고 아름다운 접시꽃을 피워낸다는 점에서 '팽이'는 강인하고 끈질긴 민중성을 떠올리게 한다. 이 민중성은 폭력적인 외부환경에 강하게 맞서 '쳐라'라고 주문하고 시련이 가해질수록 자신을 꼿꼿이 추스르는 것이고 나아가 무수한 고통을 건너 마침내 접시꽃을 피우는 주체적이고 능동적인 강렬한 이미지를 획득한다.

접시꽃이 전국의 여느 마을의 어귀나 길가 또는 담장의 안팎 등 장소에 개의치 않고 잘 적응하고 자라는 오래된 토종 꽃이라는 점을 생각하면 강인한 민중성이 담긴 이우걸의 자연관은 보다 명확해진다. 순응하고 교감하고 동화되고자 하는 전통적인 자연관과는 상당히 다른 면모를 보여 주고 있는 것이다. "이 시의 화자話者인 '팽이'는 시대적 현실을 견디며 살아가고 있는 시인 자신"일 수 있고 "시인은 '팽이'로 등장하여 '가혹한 매'를 가하는 팽이채와도 같은 현실과 마주하고 있는 것"[13]이라고 볼 때 이우걸의 자연은 가혹하고 무수한 고통과 당당히 맞서 증언하는 중층적 민중성을 갖는다. 부조리하고 부도덕한 현실을 비판하는 사회성과 역사성을 적극 도입한 사회역사적 상상력을 자연에 적극 도입, 유기적으로 결합시킴으로써 강인하면서도 아름다운 서정성을 빚어내는 것은 이우걸 시조의 핵심이 되는 면모이다.

전병같이 둥글고 따스한 봄을 기리며

물관부는 겨울에도 역사의 피를 옮겼다

마침내 어둠을 찌르는

저 일검一劍의 초록이여.

—「잎」 전문
(『사전을 뒤적이며』, 1996)

젖은 어깨 위에 하늘이 쌓여 있다

아무도 그의 이름을 들먹이지 않는다

풋나무 잎사귀 같은

권세가 지고 있다.

---

13 장경렬, 「관조와 성찰의 시학 —시조시인 이우걸을 운반해 온 시간의 발자국을 따라」, 엄경희 엮음, 앞의 책, 17쪽.

―「노을」전문
(『사전을 뒤적이며』, 1996)

「잎」에는 순환하는 자연의 생명력을 역사의 필연적인 힘으로 읽어 내는 섬세하면서도 날카로운 시선이 담겨 있다. 새봄 나뭇가지에 새로이 연초록 잎이 돋는 것은 겨울에도 물관부에 물과 무기질을 끊임없이 옮긴 결과이며 이는 둥글고 따스한 봄을 기다리는 마음이 있기에 가능한 것이다. 따라서 어두운 역사 또한 포기하지 않고 역사의 피를 옮긴다면 "마침내 어둠을 찌르는 / 저 일검一劍의 초록"을 볼 수 있다는 것이다. 이 같은 면모는 "수피樹皮 속엔 어둠을 쫓는 / 물소리가 요란하다 / 그것들이 상처에 닿으면 / 죽창 같은 잎을 내민다"(「봄」, 『맹인』, 2003)에서 변함없이 확인된다. 봄날 '죽창 같이 내미는 잎'은 어둠과 고난을 쫓는 것인 동시에 상처를 치유하고 나아가 "어혈 진 가슴을 푸는" "화해의 영토"를 지향한다는 점에서 "일검一劍의 초록"과 같은 층위에 있다.

자연의 순환에서 역사의 순리와 생명력을 읽어 내는 이우걸의 시선은 자연을 이상적 공간으로 동경하거나 동화의 대상으로 보는 것을 넘어서서 삶의 공간으로 일치시키고 있는 것이라 할 수 있다. 이처럼 자연을 대상으로 한 시편들은 "자연과 세계에 대해서 우호적이고 따뜻한 시선을 가지고 있으면서도 한편으로는 금속성이 스치는 듯한 싸늘함과 독설을 준비하고" 있는 '섬세함과 대범성'[14]을 동시에 지니

---

14 이지엽, 「섬세한 서정과 시대정신」, 유성호 편, 앞의 책, 90쪽.

고 있다고 할 수 있다. 이와 같이 자연에서 역사를 읽거나 자연에 역사성을 적극 도입하는 시편들로 「우리 누나 - 6·25」, 「목련꽃」(『저녁이미지』, 1988), 「나이테를 바라보며」, 「강」, 「흙」, 「지리산 1 - 무덤」, 「마산」(『사전을 뒤적이며』, 1996) 등을 들 수 있다.

「목련꽃」에서 "월남전도 끝나고 월남 땅도 망했다지만 / 우리 집 뒷마루 적막한 방에는 / 아직도 아주머니의 월남전이 남아 있다."며 백마부대 병사로 월남전에 갔다가 끝내 돌아오지 못한 남편을 기다리며 꽃구름처럼 피어나는 사월 목련꽃 그늘 아래서 적막한 방을 지키는 아주머니는 끝나지 않은 월남전의 상흔을 더듬고 있다. 「지리산 1 - 무덤」에서는 "유성이 흐르듯 홀연히 그대는 갔네 / 이 나라 푸른 잎들이 그 상처를 덮어 주었네"라고 수준 높은 암시성을 띠며 아픈 현대사를 소환한다. 시인의 오랜 삶의 터전이자 고향 인근 도시인 마산에 대해서는 "내가 그대에게 연문을 띄운다 / 내가 그대에게 격문을 띄운다 / 한 자루 촛불의 힘으로 / 어둠과 맞서 온 땅"(「마산」)이라고 일제에 대한 저항, 3·15부정선거에 대한 항거와 4·19시민혁명으로 이어지는 이 지역의 뿌리 깊은 저항정신을 환기시킨다.

특히 「강」에서는 "흐른다고 모두가 강이 될 수 있으랴 / 역사의 갈피마다 대쪽 같은 백성 길러 온 / 밀양 땅 남천강쯤이라야 강이라 할 수 있으리."라고 현실의 삶과 밀접한 관련 속에 역사성을 쌓아온 현장이 곧 자연임을 분명히 한다. 한과 사랑이 흐르고 역사의 갈피마다 대쪽 같은 백성들의 삶이 어린 밀양 땅 남천강쯤이라야 비로소 강이라 부를 수 있다는 것이다. 이것은 밀양 땅 남천강에 한정하고 있는 것이 아니라 사람들의 한과 사랑 그리고 역사의 갈피마다 대쪽 같은 백성들의 삶이 어려 흐르는 것이 비로소 강이고 자연이라 할 수 있다는 현실의 삶과 밀착된 민중적 자연관을 노정시키고 있는 것이다. 이와 같은 인식은 "기댈 데 없는 인간의 우수를 읽곤 하지만 / 역사는 흙의 증언과 내밀히 동행해 왔다"는 「흙」이나 "지나가는 역사는 언제나 순간이지만 / 네 깊이 심어 둔 일월은 / 늘 피 묻은 싸움인 것을."이라는 「나이테를 바라보며」에서도 다시금 확인할 수 있다.

「노을」에서는 사회현실의 이면에 드리운 부패한 권력의 허망함을 갈파한다. 노을이 지는 풍경을 통해 평범한 사람들의 젖은 어깨 위에 쌓여 있는 아무도 말하려 하지 않고 또 차마 말하지 못하는 붉게 물든 권력과 권세의 단면을 보여 준다. 그리고 "풋나무 잎사귀 같은 / 권세가 지고 있다."며 표면적으로 드러난 힘의 위용 그 이면에 있는 권세의 무상함을 꿰뚫고 있다. 이처럼 자연에서 사회현실의 어두운 그림자를 찾고 낯선 비판적 시선을 보여 주는 작품으로는 「강」·「눈」(『저녁 이미지』, 1988), 「여름」·「비」·「별」·「돌」(『사전을 뒤적이며』, 1996), 「대」·「서서 우는 비」·「사막」(『맹인』, 2003) 등이 있다.

「눈」은 "환각제 가루 같은 / 흰 눈이 내리고 있다"고 1980년대의 권력의 위선과 거짓과 포장을 일갈하고 있다. 민주주의에 대한 열망을 짓밟고 버려진 육신과 어둠을 덮으려는 군부권력의 허위와 기만을 '환각제 가루 같은 눈'으로 비유하며 '일순의 현란한 위장'에 사람들은 말없이 창문을 닫고 외면하고 있다며 권력의 허위를 향해 "잠 깨면 다시 맞이할 / 덧없는 혁명 같은" 것에 불과하다며 예리한 날을 세우고 있다. 이것은 "강물은 깊은 시름에 가슴을 잃어버렸다 / 병든 살구 가지 쇳소리 가득한 거리 / 낯익은 동네 사람은 어디론가 가고 없다"(「강」)거나 "무심히 펜 끝으로 원고지를 찍어 보아도 / 핏빛 내 정신의 세계는 닫혀 있고 / 버려둔 말의 벌판엔 / 잡초만 무성하다."(「여름」)는 현실에 대한 인식에서 기초하는 것이다. 이러한 인식은 "어둠이 스크럼 짜고 발길을 묶는 저녁 / (중략) / 당신은 풀무치처럼 / 바닥없는 / 슬픔만 긷네"(「별」) 또는 "눈을 뜨면 이마 위엔 / 언제나 돌이 있다 / (중략) / 꽃 없이 / 열매를 탐하던 / 어제를 벌주기 위해."(「돌」)와 같은 자기반성과 각성으로 이어지면서 보다 명확한 현실비판적인 입장으로 나아간다.

이와 같은 자기반성과 각성은 "구인 벽보판을 빗방울이 때리고 있다 / 광포한 빗방울들이 자모字母를 때리는 동안 / 무노동 무임금주의의 / 깃발이 지나간다."(「비」)거나 "닫힌 공장 녹슨 철문을 빗방울이 때리고 있다 / 닫힌 공장 안마당을 빗방울이 쓸고 있다 / 그 한철 불붙던 음성 거미줄에 사위어 간다."(「서서 우는 비」)고 광포한 자본주의 현실과 그늘을 울음 속에 응시하는 것으로 이어진다. 이우걸은 "이 시대의 잔 속에는 / 사막이 누워 있다"며 "어둠의 뇌관 같은 / 음모의 잔을 나눌 때 / 아, 씹히는 / 모래의 말들."(「사막」)을 추스른다. 그리고 "썩은 정객의 묵죽"뿐인 시대에 "나를 쌓는 일은 나를 비우는 일"이라는 인식 아래 "창궐하는 욕망이 영육靈肉을 흔드는 날엔 / 고독한 밤을 다스릴 / 또 한 칸의 방을 올"리는 절개 있는 「대」가 될 것임을 스스로 다짐한다.

폭력의 정치들이 거리를 누빌 때도
그는 말이 없었다 창밖의 풍경에 관해

시간이 그런 인내를 그에게 가르쳤다.
다만 의자 위에
잠이 든 손님을 보며
그는 생각했다 잊고 있던 그의 생을
때로는 상처에 의해
가꾸어지는 영혼을.

거울 속으로 사라지는 푸른 날의 기억들
김씨 손끝은 이제 조금씩 떨리지만
그 어떤 가면 앞에서도
의연히 가위를 든다.

— 「청산이발소 김 씨」 전문
(『사전을 뒤적이며』, 1996)

    살펴본 바와 같이 자연을 대상으로 한 이우걸의 시편들은 부조리한 현실에 대한 비판적인 인식을 토대로 사회성과 역사성이 유기적으로 결합되어 있다. 이우걸은 자연에서 역사의 피를 옮겨 어둠을 찌르는 '일검一劍의 초록'과 봄날 어둠과 고난을 쪼는 '죽창같이 내미는 잎'을 찾음으로써 상처를 치유하고 나아가 '어혈 진 가슴을 푸는 화해의 영토'를 지향한다. 그리고 어둠의 뇌관 같은 음모와 욕망이 창궐하는 시대에 스스로를 고독한 방에 몰아세워 자신을 비워 자신을 쌓는 길을 택하고 있는 것이다. 이러한 점에서 이우걸의 시조는 이념 지향적이지 않고 당파적 정치성을 띠고 있지도 않다. "이우걸 시조의 정치성은 일상의 내적 재구성이라는 차원에서 움직이고" 있으며 "그 고난과 설움의 주체가 그 자신을 강력하게 환기"[15]시키고 있는 것이다.

「청산이발소 김 씨」는 이우걸이 자연을 대상으로 한 시조가 가고자 하는 궁극적인 지향점을 잘 집약해 보여 준다. 청산이발소 김 씨는 폭력의 정치들이 거리를 누빌 때에 격랑에 뛰어들기보다는 그 창밖의 풍경을 통해 인내를 배웠다. 하여 그의 이발소는 피곤하고 지친 손님이 몸을 기대어 잠이 들고 '잊고 있던 생'과 '상처에 의해 가꾸어지는 영혼'을 생각하는 곳이다. 그리고 이발사 김 씨의 손끝이 거울 속으로 사라지는 푸른 날의 기억들 앞에서 이제 조금씩 떨리지만 "그 어떤 가면 앞에서도 / 의연히 가위를" 드는 곳이다. 그 이발소의 이름은 푸른 산과 자연이 있는 이상공간 '청산青山' 이발소이고 그곳을 지키는 이발사 김 씨는 다름 아닌 시인 자신이다. 이렇게 이우걸은 자연에서 고통스러운 현실을 읽고, 그 현실의 고통과 부딪치고 인내하며 마침내 의연한 가위질로 현실과 밀착한 이상으로서의 자연을 찾고 지키는 것을 꿈꾸고 있는 것이다.

3. 원형이 보존된 고향 그리고 물아일체의 이상적 자연공간

고향은 조상 대대로 살아온 곳이자 자기가 태어나서 자란 곳으로 한 사람의 삶과 가치관 형성에 가장 중요한 원천이 되는 공간이고 가장 그리워하는 공간이다. 특히 현실의 갈등과 고난을 극복하고 되돌아가고 싶은 치유처이자 인간이 가장 편안하게 자신을 의탁할 수 있는 존

---

15 정과리, 「자유의 모험으로서의 현대시조」, 엄경희 엮음, 앞의 책, 204쪽.

재의 진리공간이라는 점에서 자연과 같은 층위에 있다고 할 수 있다.
　인간이 휴식처이자 이상적인 귀소처로의 자연 또는 고향을 그리워하고 돌아가고자 하는 것은 그만큼 자연으로부터 멀리 있다는 의미이다. 실제로 근대시에서 고향은 상실의 공간으로 나타난다. 대부분의 한국 근대 서정시의 가장 큰 주제 가운데 하나가 고향이라 할 수 있는데 대부분의 시인들은 근대화, 산업화, 환경파괴, 비인간화 등으로 훼손되고 사라진 고향/자연을 그리워하고 회복하고자 하는 데 많은 노력을 기울여 왔다. 그런데 이우걸의 시조에 나타난 고향은 이와 다른 모습을 보인다.

　　　아직도 나를 내려줄 눈 익은 정거장 있다
　　　아직도 나를 기다릴 눈 익은 사람들 있다
　　　아직 쓰다 두고 온 눈 익은 수저 있다.

　　　봄 오면 걷곤 했던 아지랑이 들길 있다
　　　그 들길 끝에 가서 누님 같은 강물 보고
　　　집으로 되돌아올 때 웃어 주던 덕암산 있다.

　　　　　　　　　　　　　　　　　—「향리 - 부곡에서」 전문
　　　　　　　　　　　　　　　　　　　　　(『맹인』, 2003)

　「향리 - 부곡에서」에서 이우걸의 고향은 상실되거나 훼손된 고향 그래서 가고 싶으나 갈 수 없는 곳이 아닌 아직 따뜻하게 실존하는 공간으로 그려진다. 그곳에는 아직도 내가 내릴 수 있는 "눈 익은 정거장"이 있고 나를 기다리고 환대해 줄 "눈 익은 사람들"이 있다. 뿐만 아니라 내가 쓰다 두고 온 "눈 익은 수저"가 그대로 보존되어 있어 언제든 돌아가 머물 수 있다. 봄이 오면 걷곤 하던 아지랑이 피는 들길이 있고 누님 같은 강물과 귀갓길을 환하게 웃어 주며 열어 주던 덕암산이 있는 그곳은 "원형이 보존되고 있는 고향"으로 "근대시가 고향과의 단절에서 유래하는 비극적 양식이라면 이우걸의 시조는 고향과의 연속성에 기반한 낙관에 근거"[16]하고 있다.

 이 고향과의 연속성에 기반한 낙관은 시인이 인내하고 비판하고 지키고자 치열하게 노력함으로써 이룬 '청산이발소'와 같은 공간이다. 그 결과물로써 그의 고향 명소인 우포늪은 "햇볕 들다 만 고요의 수렁이라도 / 늪에는 범할 수 없는 초록 혼이 있"는 혼의 영토가 되고 "새가 와서 노래를 하고 / 풀씨가 꽃을 피우고 / 깨어져 혼자 떠돌던 종소리도 쉬다 가"는 생명의 여인숙 같은 공간(「늪」)이 된다. 이러한 자연에 대한 구체적인 탐사는 『나를 운반해온 시간의 발자국이여』(2009)와 『주민등록증』(2013)에서는 뚜렷이 보이지 않는다. 그러다가 『모자』(2018)에 수록된 「품」에서 현실에 대한 치열한 비판과 회복노력을 통해 그늘을 어둠으로 치부하지 않고 오히려 "내 고향 느티나무는 그늘이 재산이라네"라고 전환시켜 호명하는 놀라운 진술로 나타난다. 이는 아버지 어머니가 돌아가신 지 수십 년이 흘렀어도 걱정이 생기면 빌고, 비밀이 있으면 중얼거리는 수백 년 가문의 비밀을 묵묵히 받아 이제는 넉넉한 품을 일군 느티나무가 아직도 뵙고 싶은 한 분

---

16 구모룡, 「생활 세계 속의 긴장된 자유」, 유성호 편, 같은 책, 225쪽.

으로 고향을 지키고 있음으로써 가능해지는 것이다.

> 물수제비 물수제비 수십 개 원을 그리며
> 제 모르는 인연을 구석구석 찾아 헤맬 때
> 봄날은 햇살을 데워
> 하늘을 열어 놓고
>
> 버들치 피라미 색 고운 붕어 몇 마리
> 잡힐 듯 잡힐 듯 어지러이 떴다 잠기면
> 수초들 제 품을 열어
> 그것들을 안아 주고
>
> ―「못가에 앉아서」 전문
> (『모자』, 2018)

　원형이 보전되어 있는 고향과 자연에 기반한 낙관은 시집 『모자』 (2018)에 들어서면 원숙하게 자연과 어울리고 그 이치를 깨닫고 즐기는 데로 나아간다. 「못가에 앉아서」는 시인이 생각하는 바에 따라 자연 속의 구성원들이 서로가 서로를 안아 주고 호응하고 있는 세계를 보여 주고 있다. 물 위에 돌멩이를 던져 물수제비를 그리며 인연의 구석구석을 찾아 헤맬 때 그 마음을 읽은 봄날은 햇살을 데워 하늘을 열어 놓고, 물고기들이 "잡힐 듯 잡힐 듯 어지러이 떴다 잠기면 / 수초들 제 품을 열어 / 그것들을 안아 주고" 있다. 이 같은 세계는 자연과의 긴밀한 관계 속에 이루어낸 나와 자연이 일치된 경이로운 경지를 보여 준다.

「보름달」에서 "오늘 밤 사제는 / 저 하늘의 달님이다"라는 진술은 자연친화적인 태도를 넘어서 자연에서 영적이고 성스러운 존재를 발견한다. 사제인 달님 앞에 간절한 마음으로 두 손을 모으고 눈을 감으면 "한 말씀 둥글게 담고 조심조심 떠오르신다"며 자연과 나를 일치시키고 나아가 성스러운 종교적인 대상에까지 일치시키고 있다. 「겨울 미사」에서 역시 성당 뜨락에서 흰 눈을 맞고 있는 나무들을 고요를 받들고 있는 '미사포를 쓴 주일의 여인'으로 치환함으로써 자연은 우리의 삶과 밀착되어 있으면서도 동시에 성스러운 대상이 되고 있다.

냇물에 떠가는 꽃잎을 "허공에서 길을 잃은 나비들의 망명"(「낙화유수 - 진해 여좌천에서」)으로 읽어 내는 시선이나 "지금은 나를 가르칠 무욕無慾이 필요한 시간"이라는 인식 아래 "바위나 돌을 만나러 / 산으로 가고 있다"(「산으로 가고 있다」)는 태도는 자연을 대상으로 한 이우걸의 시조가 새로운 경지에 도달했음을 확인하게 해주는 지점이다. 반세기 가까운 시력이 빚어낸 물아일체라는 서정시가 도달할 수 있는 선순환 세계의 정점을 보여 주고 있는 것이다.

3. 결론

이 글은 현대시조의 중요한 과제라 할 수 있는 '자연'을 새롭게 인식하는 태도와 세계관 그리고 그것을 다루는 시적 상상력과 방법론에 대한 문제의식을 바탕으로 근대적 인식과 사유의 토대 위에 현대시조의 외연을 확장하고 내면을 풍성하게 해 온 이우걸 시조에 나타난 자연을 고찰해 보았다. 자연을 대상으로 하는 현대시조의 바람직한 방향은 시인의 근대적 사유와 고뇌가 담긴 세계관과 그에 걸맞은 감각과 방법론을 필요로 하고 이것이 형식면에서의 전통 계승과 내용면에서의 새로운 갱신과 창조라는 현대시조의 과제를 해결하는 데 있기 때문이다.

살펴본 결과, 자연을 대상으로 한 이우걸의 초기 시조들은 전통적인 자연관을 토대로 자연과 교감하고 동화하며 풍경을 서정화하는 절제된 미학적 모습을 보이는 데서 출발한다. 하지만 얼마 되지 않아 전통과 관습을 깨고 말의 뿌리를 찾아 나서 강인한 생명력과 정신세계를 갖춘 동시에 삶의 현장에 밀착한 '저 절벽의 청솔'을 지향하는 곳으로 나아가고 있음을 확인하였다.

또한 세 번째 시집 『저녁 이미지』(1988)와 네 번째 시집 『사전을 뒤적이며』(1996)를 중심으로 나타나는 자연을 대상으로 한 이우걸의 시편들은 부조리한 현실에 대한 비판적인 인식을 토대로 사회성과 역사성이 유기적으로 결합되어 있다. 부조리하고 아이러니한 사회현실에 대해 비판적인 시선을 드러내며 역사와 현실을 자연에 비추어 보는 것은 이우걸의 시세계의 중핵을 이루고 있는 지점이기도 한데 이우걸은 자연에서 역사의 피를 옮겨 어둠을 찌르는 '일검一劍의 초록'과 봄날 어둠과 고난을 쪼는 '죽창같이 내미는 잎'을 찾음으로써 상처를 치유하고 나아가 '어혈 진 가슴을 푸는 화해의 영토'를 지향하고 있다. 사회성과 역사성이 결합되어 있는 자연을 대상으로 한 시편들은 이념 지향적이거나 당파적 정치성을 띠지 않고 일상의 삶과 밀착해 있는데 이것은 자연에서 고통스러운 현실을 읽고 그 현실의 고통과 부딪치고 인내하며 마침내 현실과 밀착한 이상으로서의 자연을 찾고 꿈꾸고 있는 것이라 할 수 있다.

그리고 후기에 나타난 이우걸의 자연 또는 고향은 원형이 보존된 따뜻하게 실존하는 공간으로 그려지고 있다. 원형이 보존되어 있는 고향/자연은 상실과 단절이라는 근대시의 비극적 인식과는 다른 것으로 고향과의 연속성에 기반한 낙관에 근거하여 인내하고 비판하고 지키고자 치열하게 노력한 생명의 공간이자 넉넉한 품이다. 그리고 원형이 보전되어 있는 고향과 자연에 기반한 낙관은 시집 『모자』에 이르러 원숙하게 자연과 함께 어울리고 그 이치를 깨닫고 나아가 자연의 구성원들이 유기적으로 호응하는 물아일체의 경지로 나아가고 있음을 확인하였다.

자연을 대상으로 한 이우걸의 시세계는 '강인한 생명력과 정신세계를 갖춘 동시에 삶의 현장에 밀착한 '저 절벽의 청솔'을 지향하는 세계' → '자연에서 현실과 역사의 고통을 읽고 이상세계를 지향하는 세계' → '원형이 보존된 생명공간으로서의 자연의 구성원들이 서로 호응하고 조화를 이루는 경지'로 변화, 발전해왔다고 할 수 있다. 이는 자연을 대상으로 한 이우걸의 시조가 선순환 세계의 정점인 물아일체라는 서정시의 새로운 경지에 도달하는 대장정이라 할 수 있다. 아울러 아직 진행형인 이우걸의 시조가 또 어떤 새로운 길을 걸으며 새로운 도전과 성취를 이룰 수 있을지 기대하며 걸어온 여정을 확인하고 자리를 매김하는 것이기도 하다.

참고 문헌

기초자료
이우걸, 『이우걸 시조 전집』, 태학사, 2013.
이우걸, 『모자』, 시인동네, 2018.

논문 및 비평
구모룡, 「생활 세계 속의 긴장된 자유」, 유성호 편, 『이우걸의 시조미학』, 작가, 2006.
엄경희, 「이우걸 시조에 내포된 모더니티(modernity)의 일면」, 엄경희 엮음, 『이우걸 시조 연구』, 태학사, 2013.
오승희, 「한국시조문학에 나타난 자연관」, 『시조학 논총』 16, 한국시조학회, 2000.
유성호, 「시간의 선명한 얼굴 −이우걸 시집」, 『나를 운반해온 시간의 발자국이여』, 엄경희 엮음, 『이우걸 시조 연구』, 태학사, 2013.
윤사순, 「유학의 자연철학」, 『조선 유학의 자연철학』, 예문서원, 1998.
이승훈, 「시조의 현대적 상상력」, 유성호 편, 『이우걸의 시조 미학』, 작가, 2006.
이지엽, 「섬세한 서정과 시대정신」, 유성호 편, 『이우걸의 시조 미학』, 작가, 2006.
임환모, 「시조에 나타난 자연관 연구」, 『한국언어문학』 제28집, 한국언어문학회, 1990.
장경렬, 「관조와 성찰의 시학 —시조시인 이우걸을 "운반해 온 시간의 발자국"을 따라」, 엄경희 엮음, 『이우걸 시조 연구』, 태학사, 2013.
정과리, 「자유의 모험으로서의 현대시조」, 엄경희 엮음, 『이우걸 시조 연구』, 태학사, 2013.
정수자, 「역사적 감각과 현실인식의 미적 통섭」, 엄경희 엮음, 『이우걸 시조 연구』, 태학사, 2013.

단행본
구모룡, 『보존과 창조』, 산지니, 2020.
유종호, 『한국근대시사』, 민음사, 2011.

다른 꽃 다른 향기, 서정과 현실의 리듬 의식

홍성란

현대시조의 선봉장

경남 창녕산 이우걸(1946~)은 이영도 선생의 『현대시학』 3회 추천 완료로 1973년 등단하였다. 첫 시조집 『지금은 누군가 와서』(1977) 이후 최근 시조집 『모자』(2018)에 이르기까지 10권의 시조집을 발간하였고, 1983년에는 윤금초, 박시교, 유재영과 함께 사화집 『네 사람의 얼굴』을 발간하여 70년대 현대시조의 상징이 되었다.

이 '네 사람의 얼굴' 가운데 이우걸은 『현대시조의 쟁점』(1984), 『우수의 지평』(1989), 『젊은 시조문학 개성 읽기』(2001), 『풍경의 해석』(2021)과 같은 시조 평론집으로 창작과 비평을 겸한 70년대 선봉으로서, 문단의 수장을 역임하며 명실공히 현대시조단의 선봉장先鋒將이 되었다. 이 과정에서 시인이 즐겨 적는 수상기록이 있는데 1983년 대상 없는 중앙시조대상 신인상을 유재영과 공동 수상하게 된 일이다. 이를 시작으로 정운시조문학상, 중앙시조대상, 이호우시조문학상, 가람시조문학상, 김상옥시조문학상, 백수문학상 등을 수상하였다.

그는 이미 유성호가 엮은 『이우걸의 시조미학』(2006)이라는 축적된 비평적 자산을 보유하고 있다. 여기에 엄경희가 엮은 『이우걸 시조 연구』와 『이우걸 시조 전집』을 2013년 동시 출간하였으니 이 선봉장의 무실역행務實力行으로 후학들은 현대시조의 의미 있는 문학사적 자본을 획득하게 되었다. 『이우걸의 시조미학』과 『이우걸 시조 연구』에 저명한 평론가들의 비평적 견해가 빛을 발하고 있으므로 이 글에서 이들 연구서에서 다루지 않은 면을 언급하기로 한다.

비와 모란

70년대. '생의 방향을 잡지 못해 방황'하던 그는 비가 내리던 어느 밤, 경북대학교 중앙도서관에서 '너무나 외로워' 『현대시조』를 읽는다. 거기서 '환하게' 피어 있는 이영도의 「모란」을 만난다. 인연이었다. 1973년부터 이영도는 『현대시학』에 「이슬」, 「지환」을 시작으로 「편지」, 「설야」에 이어 「도리원 주변」과 같은 서정적인 작품으로 이우걸 추천을 완료했다.

엄경희는 「이우걸 시조에 내포된 모더니티의 일면」을 고찰하며 이우걸 시조는 '선대의 작품들과 중요한 차이'가 있다고 본다. 물론 '그 차이는 근대성에 대한 이지적 통찰에서 비롯된 것'으로 이우걸 시조가 '근대의 생활 감각과 다양한 문제, 그로부터 생성되는 사유와 고뇌'를 담보하고 있다는 전제를 안고 있다. 이러한 전제는 「나사 2」, 「실업」, 「사무실」, 「넥타이」, 「변기」, 「손」, 「흉터」, 「신발」, 「주민등록증」, 「환승역」, 「바다」, 「맹인」과 같은 계열로 우리가 숙독해야 할 많은 작품들을 수렴한다.

시인의 존재가치는 그 시인의 개성과 크게 관계지어진다. 어떤 의미에서 시는 언어의 꽃이다. 그러한 꽃들이 문단이라는 정원에서 제각기 자기 나름의 존재가치를 부여받기 위해서는 다른 꽃과 구별되는 향기를 지녀야 하기 때문이다. 그런데, 개성은 물론 젊은 날 씌어진 몇 편의 작품에 의해 이루어지는 것이 아닐 뿐 아니라 부단한 자기 탁마 없이는 노년에도 바라보기 어려운 경지이다.

이는 『우수의 지평』에서 이우걸이 밝힌 시인의 덕목이다. '다른 꽃과 구별되는 향기'와도 같은 시인의 '개성'. 개성은 다른 꽃과 구별되는 향기로서 엄경희가 보는 차이差異와 같은 맥락으로 볼 수 있다. 다른 시인과는 다른 차이. 여기서는 먼저 당대인의 이지적 통찰과 사유와 고뇌를 담은 계열의 작품과는 차이를 보이는 작품군에 주목한다.

    나는 그대 이름을 새라고 적지 않는다
    나는 그대 이름을 별이라고 적지 않는다
    깊숙이 닿는 여운을
    마침표로 지워 버리며.

새는 날아서 하늘에 닿을 수 있고
무성한 별들은 어둠 속에 빛날 테지만
실로폰 소리를 내는
가을날의 기인 편지.

—「비」 전문

「비」와 같이 서정성 짙은 초기 대표작은 또 다른 차이와 이채異彩로서 돋보인다. "새라고 적지 않는다"는 발화와 "별이라고 적지 않는다"는 발화. 시인의 직관은 비를 "새"로 호명하고 "별"로 호명한다. 이 직관적 호명과 화법은 당시 하나의 이채였고 차이였다. 가을비를 고개가 아프도록 올려다본 밤. 비는 "실로폰 소리를 내는" "기인 편지"로 그려진다. 이 참신한 비유와 상징이 심사위원들에게 「비」에 필적할 만한 중앙시조대상 감이 없다고 판단하게 하였으니 유재영의 「월포리 산조」와 함께 대상 없는 신인상 수상작이 되었다.

피면 지리라

지면 잊으리라

눈 감고 길어 올리는 그대 만장 그리움의 강

져서도 잊혀지지 않는

내 영혼의

자줏빛 상처.

—「모란」 전문

이영도의 연시戀詩 「모란」과 같은 제목의 이 작품은 모란의 개화와 낙화를 모티브로 한 이우걸 '사랑 노래' 계열의 대표작이다. 초장 "피면 지리라 / 지면 잊으리라"가 보여 주는 구 단위의 반복("…리라")과 이 초장의 의미에 이은 "져서도 잊혀지지 않는" 종장 앞구의 변주 반복이 시조의 '맛과 멋'을 생각하게 한다. 「모란」은 '마흔여섯 글자'로 '4음(4모라mora) 4보격 3장' 시조의 유연 유장미를 여실히 보여 주는 묘품妙品으로 연시풍 현대시조의 품격을 한층 높였다.

이우걸 시조의 리듬 의식

이 글을 쓰기 위해 읽은 『이우걸의 시조미학』과 『이우걸 시조 연구』에 나타난 시조 율격론에 대한 이해가 1930년대의 음수율이나 1970년대의 음보율에 머물고 있음을 알게 되었다. 아직도 시조를 음수율로 이해 논의하는 사례가 있다는 문제의식에서 실증적 연구를 바탕으로 논리적 정합성을 획득한 시조 율격론을 제시한다. 시조 율격론은 선대의 연구를 토대로 성기옥의 음량률(『한국시가율격의 이론』, 1986)로 진화하였다. 성기옥은 음보의 등시성을 채우는 요건을 구명하지 못한 음보율의 한계를 음량률 연구로 극복할 수 있었다.

음량률은 1음절만큼의 음장을 가지는 장음(언어학적 장음: length)과 정음(묵음상태의 음장: silence)이 4음격을 충당하여 음보 하나의 등시성, 곧 4모라의 음지속량을 채운다는 것이다. 여기서 음보는 2~5모라로 양식화된다. 이 음량률의 규칙을 바탕으로 하여 김학성은 시조의 음악적 전통으로부터 종장의 첫마디만은 3음절 정형을 고수하는 음수율이고, 이 종장 첫마디를 제외한 다른 마디는 음량률로서, 시조의 율격은 '음량률과 음수율의 혼합율격'이라 규정하였다(『현대시조의 이론과 비평』, 2015).

이우걸은 '시조시단이 지닌 일반적 약점'을 '개성의 부족, 삶에 대한 인식이나 시적 처리의 상투성, 시어의 편협성, 상상력의 부족 등'으로 지적하며 '이 모든 원인은 시조를 주형화鑄型化된 하나의 형식으로 파악'한 결과로 본다(『우수의 지평』). 그는 이 오도된 선입견을 혁파하는 구체적 실례를 「모란」으로 제시한다. 한 편의 시조는 율격을 바탕으로 한 시어 운용으로써 '율동 현상'을 보여 준다. 율동 현상은 시인의 시조에 대한 리듬 의식이다. 「모란」의 구체적인 율동 현상을 음보말 휴지(|)와 중간휴지(‖), 장음(-)과 정음(∨)을 표시하여 이우걸 시조의 리듬 의식을 논의한다.

피면-∨		지리라∨	‖	지면-∨		잊으리라
눈 감고-		길어 올리는	‖	그대 만장		그리움의 강
져서도		잊혀지지 않는	‖	내 영혼의		자줏빛 상처

초장 첫 마디와 셋째 마디는 2음절과 장음 하나, 정음 하나로서 4모라의 음량을 채운다. 초장 둘째 마디와 중장 첫째 마디는 3음절과 각각 정음 하나, 장음 하나로서 4모라의 음량을 채운다. 중장 둘째 마디와 넷째 마디, 종장의 넷째 마디는 모두 5음절 5모라로서 유연성을 보이며 음보의 양식화 범위로 수렴된다. 종장 첫 마디는 3음절 정형을 고수하고 둘째 마디는 6음절 6모라로서 5~8모라의 변형 율격을 잘 보여 주는데, 종장의 이러한 형식 미학이 시조를 시조답게 하는 지점이다.

　예컨대, 크기가 같은 열두 개의 와인글라스에 와인을 가득 채웠을 때, 실로폰 채로 두드린다면 똑같은 소리가 날 것이다. 크기가 같은 열두 개의 음보에 음절만을 가득 채웠을 때, 실로폰 채로 두드린다면 똑같은 소리, 표어標語와도 같은 도식성이 나타날 것이다. 똑같은 음향이 들리는 도식성을 벗어나려면 와인으로 다 채우지 않고 비어 있는 공간을 두어야 한다. 음절 없이 비어 있는 이 공간의 음량은 장음이나 정음이 대체한다. 글라스에 와인을 반쯤 채우거나 살짝 넘치게 하거나 하는 유연한 와인 배분 방식과도 같이 각 음보에 음절과 장음, 정음이 유연하게 배분된다면 리드미컬한 율동 현상이 나타난다. 환언하면 장章 단위에서 4음절을 규칙적으로 네 번 배분하거나 3음절을 규칙적으로 네 번 배분하는 방식은 실로폰의 같은 음을 계속 두드리는 것과 같다. '꺼진 불도 다시 보자'와 같은 표어가 '주의, 주장, 강령 따위를 간결하게 나타낸 짧은 어구'로 만든 전달의 형식이라면 시어詩語는 의미의 공감 형식이다. 의미를 실어나르는 리드미컬한 율동 현상이 유연한 음향으로 감각적 공명共鳴을 불러오는 것이다.

　시조의 율격은 규범이다. 그러므로 개별작가의 구체적 발화에 나타

나는 다양한 율격 운용 양상을 강제할 수 없다. 여기서 파격이나 일탈
이 나오기도 하는 것이다. 이우걸 시조에서는 파격이나 일탈은 나타나
지 않는다. 가지런한 단시조와 연시조가 주를 이룬다. 「모란」은 유연하
고 리드미컬한 이우걸 시조의 리듬 의식을 잘 보여 주는 대표작이다.

말하지 않은 말의 여운, 긍정의 시학

이우걸은 『우수의 지평』에서 '시조라는 정형의 서정시를 쓰는 이유'
에 대해 피력한 적이 있다. 그 글에서 '단순미의 묘'를 시조의 강점으로
본다.

> 시조에서 복잡한 그 무엇을 나타내고 난삽한 이미지의 잔치를 벌인
> 다 해도 단순미가 지닌 깔끔한 맛을 살리지 못한다면 시로서 성공하기
> 는 어려울 것이다. …(중략)… 짧고 품위 있고 아름답고 감동적인 작품,
> 그래서 짧지만 결코 짧지 않은 시를 만들기 위해서는 작자의 겸허함, 언
> 어의 품위 등 여러 부문의 능력이 필요할 것이다. 그런데 그 여러 부문
> 의 원천적인 힘이 바로 진실이 아닐까 한다. 우리가 한 편의 시를 읽고
> 그 시가 아름답다고 느낄 때는 대체로 그 시에서 가식 없는 시인의 정신
> 의 모습, 인간의 모습을 느낄 때이다.

'짧지만 결코 짧지 않은 시'란 무엇을 말하는가. 이는 마흔다섯 글자
내외로 절제의 미학을 보여 줘야 하는 단시조가 축자적 언어 표현을

넘어서는 의미를 내장해야 한다는 말이다. 단시조의 절제와 함축의 중요성을 가리키는 말이다. 환언하면, 단시조의 미학은 알레고리와 절제에서 오는 언외언言外言의 함축미와 행간에서 보이고 들려 느낄 수 있는, 말하지 않은 말의 여운에 있다는 것이다.

쳐라, 가혹한 매여 무지개가 보일 때까지

나는 꼿꼿이 서서 너를 증언하리라

무수한 고통을 건너

피어나는 접시꽃 하나.

— 「팽이」 전문

이우걸을 상징하는 대표작이다. 시적 화자 "팽이"는 시인 자신이기도 하고 현실의 고난을 감내하며 일어서는 당대인의 알레고리이기도 하다. 「팽이」에서 어느 시대를 살거나 "너"라는 억압의 굴레를 벗어나고자 하는 초극超克의 목소리가 들린다. 시조 의미의 핵인 종장에서 초극과 역행力行이 마침내 생생하고 역동적인 "접시꽃 하나"를 피워내니 고진감래苦盡甘來, 말하지 않은 말로써 이우걸 긍정의 시학을 대표하는 작품이 되었다.

껴도 희미하고 안 껴도 희미하다

초점이 너무 많아

초점 잡기 어려운 세상

차라리 눈 감고 보면

더 선명한

얼굴이 있다.

—「안경」전문

　화자의 문제의식은 안경을 제대로 끼었는가에 있지 않다. 초점이 너무 많아 어디에다 초점을 맞추어야 할지 모겠다는 상황인식. 그럴 땐 맞추지 않는 게 맞추는 것이겠다는 관조와 성찰. 그래서 차라리 눈을 감는다는 것. 맞추려고 애쓰지 않는다는 일. 무심無心의 경지일까, 관조에서 온 지혜일까. 눈 감으면 잡다한 주변이 보이지 않는다. 버릴 것을 버리니, 생각하는 대상만이 오롯하다.

　길은 달리면서 바퀴를 돌리지만

　바퀴는 돌면서 길을 감고 있다

　모나고 흠진 이 세상

둥글게 감고 있다

—「바퀴는 돌면서」전문

"길은 달리면서 바퀴"는 돌아가고 돌아가면서 바퀴는 "길을 감"는다는 시적 표정. 이 작품에서는 누군가 자전거를 타고 가는 풍경이 보인다.「바퀴는 돌면서」는 초장과 중장은 장 단위로, 종장은 구 단위로 배행하여 4연 4행의 시적 형식을 취함으로써 행간에 여백을 두어 맑고 깨끗한 서정을 펼치고 있다. 여기서 초장과 중장의 발화보다 더 무게가 실린 지점은 종장이다. "모나고 흠진 이 세상"을 "둥글게 감"아 간다는 시적 인식. 연륜이 깊어가며 모나고 흠진 세상에 대적對敵하는 일 없이, 모나고 흠진 일도 사람도 둥글게 감싸 안겠다는 자비원만慈悲圓滿의 경계 아닌가.

뱃고동 소리가 끊겼다 들렸다 한다

이승의 우수가 담긴 곡조 없는 징 소리같이

노을을 따라나서는

저 강물의 나들이

—「이명 2」전문

이 작품도 초장과 중장은 장 단위 1연 1행으로, 종장은 구 단위 2연

2행으로 배행하여 4연 4행의 멀리 굽이쳐 돌아나가는 강물과도 같은 시적 형식을 취했다. 초장에서 "이명"을 "뱃고동 소리"에 비유하고, 중장에서 뱃고동 소리는 "이승의 우수가 담긴 곡조 없는 징 소리" 같다고 했다. 종장에서는 돌연 '노을'과 '강물' 이미지를 끌어오는데, 아래로만 흐르는 강물의 먼 흐름을, "노을을 따라나서는" "강물의 나들이"라 했다. 이명 현상을 해석한 참신하고 아름다운 은유다. 「단시조의 미학」(『유심』, 2015년 10월호)에서 읽은 바와 같이 종장의 이 고요한 의상意象에는 작품 전체를 부양하는 힘이 있다. 초장과 중장이 보여 주는 의상이 한등고연寒燈孤烟, 외로운 등불에 하늘거리는 연기와도 같은 경계라면 이 종장은 평사낙안平沙落雁, 모래사장에 사붓이 내려앉는 기러기의 형상과도 같은 경계가 있다.

휴머니즘, 진솔과 인간애

『현대시조의 쟁점』에서 그는 '시는 영원히 없어지지 않을 인간, 영혼의 노래'라 했다. '인간은 생각하는 능력'을 가졌고, 시인으로서 '세상을 바라보고 늘 생각하는 버릇'으로 시를 버리지 않을 것이라 했다. 『풍경의 해석』에서는 '진솔함과 인간애, 그리고 성찰'이 독자에게 감동을 주며 그 감동의 원천은 '휴머니즘'이라 했다. 그는 자신의 시조가 '새로우면서도 우리가 안고 사는 세상의 여러 고통을 위무하는 시'가 되기를 바란다.

이 비누를 마지막 쓰고 김 씨는 오늘 죽었다
헐벗은 노동의 하늘을 보살피던
영혼의 거울과 같은
조그마한 비누 하나.

도시는 원인 모를 후두염에 걸려 있고
김 씨가 쫓기며 걷던 자산동 언덕길 위엔
쓰다 둔 그 비누만 한
달이 하나 떠 있다.

—「비누」 전문

 2수의 연시조 「비누」의 초장, 첫 줄은 "원인 모를 후두염에 걸"린 채 "쫓기며 걷던" 달동네 노동자 "김 씨"의 부고다. "헐벗은 노동"으로 병든 몸을 연명하였으나 "하늘"이 "보살피던" 삶이었으니, 시적 화자는 "김 씨"에게 "영혼의 거울"을 부여한다. 그는 노동의 하루를 마감하기 위해 세상의 소음과 욕망의 때를 씻을 때마다 그 "영혼의 거울"을 들여다보며 잠시간 성찰의 시간을 보냈는지 모른다. 첨예한 비극성은 드러나지 않으나 독자라면 누구나 이 작품에서 "헐벗은 노동"과 그 죽음에 연민을 느끼게 될 것이다. 더욱이 가고 없는 "김 씨"의 하늘에서 "쓰다 둔 그 비누만 한 / 달이 하나 떠 있다."는 완곡한 묘사는 절제된 언어로 노동자의 희생과 열악한 환경을 반추하게 하는 빼어난 힘으로 작용한다. 「비누」와 같은 계열의 작품은 '세상을 바라보고 늘 생각하는' 시인의 자세에서 비롯한다. 세상을 바라보고 시화詩化하되 진솔함과 인간애, 그리고 성찰을 바탕으로 했을 때 독자는 감동한다. 이 감동의 원천은 휴머니즘이다. "헐벗은 노동"의 삶과 죽음을 되새기며 우리는 세상을 다시 보고, 바로 세우고자 하는 의지와 함께 시의 효용을 생각한다. 이우걸은 그의 말대로 우리가 안고 살아가는 세상의 여러 고통을 위무하는 시를 추구한다.

성찰의 시, 영혼의 노래

이우걸에게 시는 영원히 없어지지 않을 인간, 영혼의 노래다. 시에는 진솔함과 인간애, 그리고 성찰이 담겨야 한다. 길이는 짧아도 의미는 장강 유수로 감기는 시가 되어야 한다. 시인의 겸허와 언어의 품위가 느껴지는 시가 되어야 한다. 그에게 아름답다고 느껴지는 시는, 가식이 없어 그 시에서 시인 정신과 시인 모습이 잘 보이고 잘 느껴지는 시다.

>자주 먼지 털고 소중히 닦아서
>가슴에 달고 있다가 저승 올 때 가져오라고
>어머닌 눈 감으시며 그렇게 당부하셨다.
>
>가끔 이름을 보면 어머니를 생각한다
>먼지 묻은 이름을 보면 어머니 생각이 난다
>새벽에 혼자 일어나 내 이름을 써 보곤 한다.

티끌처럼 가벼운 한생을 상징하는
상처 많은, 때 묻은, 이름의 비애여
천지에 너는 걸려서
거울처럼 나를 비춘다.

— 「이름」 전문

어머니 눈 감으실 때 내가 곁에 있었다면 어머니는 나에게 무슨 말씀을 하셨을까. "자주 먼지 털고 소중히 닦아서 / 가슴에 달고 있다가 저승 올 때 가져오라고" "당부하셨"을까. 우리가 일찍이 경험하지 못했던 코로나 상황에서 면회도 할 수 없었으니 요양원에 오랜 세월 누워계시던 어머니 마지막 눈 감으실 때 나는 곁에 없었다. 핑계가 좋은 시절에 어머니를 버린 죄. 그래. 운 좋게 시인처럼 어머니 마지막 당부를 들었다면 나도 먼지 털고 소중히 닦아서 저승 갈 때 가져갈 내 이름 있을까. 어머니를 생각하며 아니, 나 자신을 생각하며 "새벽에 혼자 일어나 내 이름을 써" 보는 나는 어떤 마음일까. "티끌처럼 가벼운" 나의 "생". "상처 많은, 때 묻은, 이름" 가진 나의 "비애"여. "천지에 너는 걸려서 / 거울처럼" 너를 "비"추고 있으니 어찌할 것인가. 돌이킬 수 없는 생이여, 다시 살아 볼 수 없는 시간이여. 어찌할 것인가. 내 가슴 복판을 내리치듯 독자의 심금을 울리는 진솔 겸허한 시. 영혼을 울리는 성찰의 시다.

나이 들면 화엄사가 아름답게 보이리라
무슨 가설처럼 가슴에 담아 둔 생각
그때는 내 스무 살의 청죽靑竹 같은 젊음 있었다.

이순 넘어서 다시 와 본 화엄사
쉽게는 묻지도 답하지도 않을 거리의
하늘에 따로 올려 논 우람한 절 있었다.

이끼 낀 기와에도 단청 없는 지붕에도
묵음으로 쌓은 공력 탑처럼 탑처럼 솟아
마음 문 열어 닿고픈 향기로운 말씀 있었다.

—「화엄사」 전문

정말 무슨 "가설"처럼 삐죽 솟기만 한 "청죽" 같은 "스무 살"에 가 본 「화엄사」는 "아름답게" 보이지 않았다. 그러나 "이순 넘어서 다시 와" 본 화엄사는 그때 그 화엄사가 아니다. "하늘에 따로 올려 논 우람한 절"과 "쉽게는 묻지도 답하지도 않을 거리"라는 언어 너머의 아우라. "이순이 넘어" 다시 보는 고색창연한 가람의 풍모風貌, 그 아우라는 형언할 수 없으니 "묵음"이다. 귀로 듣는 대로 모든 것을 순조로이 이해할 수 있게 된다는 이순耳順에 이르러 화엄사는 "마음 문 열고 닿고픈 향기로운 말씀"으로 다가온다. "쉽게는 묻지도 답하지도 않을 거리"를 간파한 시인의 안에 이미 답은 들어 있다. "모나고 흠진 이 세상 / 둥글게 감"(「바퀴는 돌면서」)싸 안을 수 있는 연륜이 열어준 문으로 향기로운 말씀이 밀려오는 것이다.

서정과 현실의 조화

시조전문 반연간지 『서정과 현실』을 2003년 창간해 지금까지 이끌어오고 있는 이우걸은 '전통적이고 유미적인 것에서 현실적이고 현장적인 관점으로, 다시 서정과 현실의 조화를 고민하다가 초월적인 미학을 추구하려고 노력'했으나 '말이 주인 따라 고분고분 잘 다니는 것은 아니'라고 했다(「시인의 말」, 『모자』). 그러나 그의 '말'은 주인의 말을 따라 잘 다니는 것 같다. 그의 서정을 대표하는 「비」의 말이 그렇고 「모란」의 말이 그렇고 「단풍물」, 「사랑 노래」, 「밀양」의 말이 그렇다. 「기러기 2」가 그렇고 「이명」 연작의 말이 그렇다. 고분고분 주인의 말을 잘 따라다니는 그의 말들. 휴머니즘이거나 자기 고발이거나 따뜻한 인간애와 긍정의 의지를 담고 있는 「바다」와 「희망」, 「나사 2」와 「환승역」, 「비누」와 「이름」, 「옷」의 말이 그렇다. 여기서 호명하지 못한 시편에서도 그의 뒤를 따라 고분고분 잘 돌아다니는 말들의 자취를 본다.

모국어는 겨레를
지키는 병사다
모국어는 겨레가
마시는 물이다
사전은 그 물을 담은
아름다운 호수다

걸음마를 배울 때부터 사랑을 가르치며

모유처럼 나를 키워 낸 내 정신의 어머니여
오늘은 왠지 얼굴에
그림자가 어려 있네

조국을 사랑하지만 조국을 떠나야 하는
사연 많은 사람들과 헤어지기 위하여
공항에 있다 왔을까
슬픈 국어사전이여

―「국어사전」 전문

  올해의 유심작품상 수상작이다. 「국어사전」을 앞에 놓고 차이에 대해 다시 생각한다. 이우걸 시조는 '선대의 작품들과 중요한 차이'가 있다. 이 작품이 보여 주는 차이는 아직 시조에서 고뇌하지 못한 오늘의 국어 현실에 대한 이지적 통찰과 반성에 있다. 오늘의 국어 현실을 어떻게 보아야 할 것인가. 이 현실에 어떻게 대처해야 할 것인가.
  거대한 "호수"처럼 "모국어"를 집대성해 놓은 국어사전. 모국어母國語. 이 땅에서 나고 자라며 우리가 써온 말 모국어. 우리가 태어난 나라, 조국祖國의 언중言衆이 말해 온 역사가 모국어이니, 조국을 지켜온 모국어는 "병사" 아닌가. 말없이 살 수 없고 물 없이 살 수 없으니, 모국어는 이 땅의 언중이 소통하며 살아오게 한 생명력의 원천, "물" 아닌가. 모유이며 사랑이며 "정신의 어머니"인 모국어에 "그림자가 어려 있"다는 인식. 무엇이 문제인가.
  낡은 이야기가 되겠으나, 공영방송에서조차 출연자들은 외래어나

국적 불명의 신조어들을 거리낌 없이 말한다. "조국을 떠나야 하는 / 사연 많은 사람들"의 은유는 무엇일까. 모국어보다는 외래어나 생경한 외국어를 대화에서 쉽게 쓰는 일은 지식인임을 자랑하는 언사로 보인다. 시인들의 시에서도 국어사용의 오류를 종종 만나는데, 국어학자들이 보면 바로잡고 싶은 상황이 넘쳐날 것이다. 어린 학생들의 은어나 신조어를 기성세대는 알아듣지 못한다는 이야기도 진부하다. 시대 흐름을 따를 것인가, 저항할 것인가. 어쩌면 이런 언어 현상을 방치시키기보다는 지연시켜야 한다는 생각이 맞을 수 있다. '우리말 겨루기' 같은 대중매체의 방송은 반갑다. '국어능력인증시험'도 확대되어야 하겠고 이를 여러 방면에서 활용하는 일도 확대되어야겠다. 어쩌면 누구나 할 수 있는 이야기를 하는 것이겠으나 말하지 않으면 귀신도 모르는 일이 사람의 일이다. 말이란 얼마나 귀하고 중한가. 말이 칼이 아니라, 긍정의 힘이 되고 사랑이 되고 이해가 되었으면 한다. 「국어사전」은, 이런 사유들을 말하지 않고 말한 지혜의 시편 아닐까.

시인의 존재 이유

하늘 아래 새로운 것은 없다지만, 시인의 존재가치를 개성에 둔다는 것은 늘 새롭다. 다른 시와 다르지 않다면 그 시는 존재 이유가 없다. 그러므로 우리는 두보의 시 한 구절을 경구로 삼는다. 위인성벽탐가구 爲人性僻耽佳句, 어불경인사불휴語不驚人死不休. 자주 듣는 말인데 들을 때마다 긴장된다. 인간 욕심은 수미산을 다 주어도 채울 수 없다는 말도 있으나 시인으로서 개성이 도드라지는 시 세계를 구축하겠다는 욕심은 수미산, 태산보다 높아도 지나침이 없다. 이우걸은 존재가치를 부여받기 위해서 다른 꽃과 구별되는 향기를 지녀야 한다고 했다. 여기에 노년에도 그치지 않는 자기 탁마를 주문하고 있다. 주문은 자기 실천이다. 짧아도 짧지 않은 시. 겸허와 품위. 진솔함과 인간애와 성찰. 이것이 세상의 고통을 위무하고 치유하는 힘의 원천이다. '시는 영원히 없어지지 않을 인간, 영혼의 노래'라는 정언定言은 그의 시적 태도이며 지향이다. 우포의 작은 문학관 앞 연못에는 지금쯤 수련이 가득 피어오르겠다. 수상을 진심으로 축하드리며 마음의 꽃다발 안겨드린다.

소리의 음양원리, 소멸에서 생성을 낳다
이우걸 『이명』해설

정과리

1. 시간대들의 길항

이우걸의 시를 개성화하는 건 무엇보다 과거와 현재의 길항, 즉 시간대들의 긴장이다. 두 번째 시 「노을」을 보자.

구름도 색깔을 입고 하늘가로 모여들어

북받치는 하루를 핏빛으로 옮기고 있다

맡겨진 저마다의 생은

이렇게

멀고 아픈가

―「노을」 전문

첫 행은 현재의 상황을 묘사한다. 두 번째 행에서는 그에 대한 화자의 해석이 제시된다. 여기까지는 현실에 집중하고 있다. "북받쳤던"이 아니라 "북받치는"이라고 쓴 것은 상황과 마음의 빈틈없는 일치를 보여 준다. 3행에서 반전이 일어난다. 이 상황은 '나'에게 맡겨진 것임이 드러난다. 즉 상황과 마음이 그냥 일치한 게 아니다. 그렇게 된 것은 화자의 마음이 상황을 전적으로 수락하는 일을 행했기 때문이다. 그 작업은 일단 일치를 보여 준 다음, 곧바로 분리를 진행한다. 왜냐하면 그래야만 상황에 대한 조치가 가능해지기 때문이다. 마지막 두 행은 그 조치를 위한 상황의 재해석이다. 그 해석은 제2행에서 진행된 현상 해석을 인과관계 해석으로 변경 혹은 심화한다. 그 해석에 의하면, 그 상황은 기나긴 과거로부터 온 것이다; 그 과거는 아픈 과거이다; 과거의 아픔은 현재의 화자의 마음 속에서 한치의 결손도 없이 울리고 있다. "이렇게"라는 한 행으로 처리된 한 단어가 전파하는 의미들이 그것들이다.

과거와 현재는 합류하면서 분리된다. 그 분리를 주도한 주체는 또한 합류를 진행한 주체이다. 그 주체는 화자의 마음이다. 그가 그런 절차를 수행한 까닭은 명백하다. 당연히 상황을 이겨내기 위해서이다. 그런데 이 시에서 독자가 느끼는 것은 그런 목표가 아니라(그 목표를 절실히 느낄 만한 상황의 구체성이 없다), 시간대들의 긴장을 조율하는 화자의 운동이다. 그 운동의 기본 형식은 합류와 분리의 대위법이다. 그 대위법은 대위 주기가 보이지 않을 정도로 거의 동시적으로 진행되고 있으며, 그 운동이 작동하는 범위는 일차적으로는 시간대들 사이이지만, 그 시간대들이 각각 품고 있는 공간들이 합류되어야 하는 만큼 공간으로도 작용하며, 그렇게 해서 단일화된 시공의 크기를 합치의 관성을 통해 무한대로 확대하고 있다.

여기까지 와야 첫 행의 "구름도 색깔을 입고"의 의미와 기능이 보인다. 이 시구에서 "색깔을 입고"는 언뜻 리듬을 맞추기 위해 동원된 췌사처럼 여겨질 수 있다. 가령 첫 행은 "붉은 구름이 하늘가로 모여들어" 혹은 "구름이 붉게 하늘가로 모여들어"라고 쓰는 게 언어의 경제원리에 합당하다. 그런데 시인은 "…도 색깔을 입고"라고 적었다. 우선은 그것이 1, 2행의 어휘량과 음보를 상응시키는 기능을 수행한다. 그러나 의미상으로는 과거와 현재의 길항을 공간으로 확대하는 역할을 행한다. 그것을 첫 행에 표시하였는데, 조사 '도'를 통해 '확대'를 명시하면서도 동시에 첫 행의 기능으로 시간대들의 길항이 시공들의 그것임을 원천화한다.

시간대들의 길항과 그것들의 합류/분리의 교번은, 대부분의 시편들에서 확인할 수 있는, 이우걸 시의 심층 구조로 보인다. 첫 시, 「봄비 3」을 보자.

> 모주처럼 알싸한 달래 향기 한 잔
> 향수처럼 아련한 아지랑이 한 필
> 그대가 고개 넘으며
> 택배로 부치셨지요?
>
> ―「봄비 3」 전문

시의 내용은 시인의 민감한 감수성을 유념해야 이해될 수 있을 듯하다. 봄비가 내린다. 봄비의 가는 빗줄기에서 시인은 "모주처럼 알싸한 달래 향기"를 느끼고 "아지랑이 한 필"이 피어오르는 걸 본다. 그런데 시의 화자는 본능적으로 그 현재적 사건을 과거로 돌리고 있다. "향수처럼 아련한"은 봄비의 현재적 도취를 두고 그것이 과거로부터 온 것임을 암시하다. 그리고 제 3행이 그 점을 실제 사실로 확정한다. 그리고 그 사실의 내용을 짐작케 한다. "그대가 고개 넘으며" 보낸 것이다. 모종의 고난과 연관되어 있다. 한데 그 고난은 적시되지 않고, 화자와 독자가 공히 풀어 볼 숙제가 된다. "향수처럼 아련한"의 "처럼 아련한"은 '향수'를 과거 속에 마음을 잠기게 하는 대신에 과거를 탐색하게 한다.

2. 여운에 의한 사실과의 투쟁

시간대들의 합류와 분리의 심리적 근원은 무엇일까? 그것은 시인이 현재의 삶에 부정적 인식을 가지면서도, 현재가 압도적인 힘으로 자신의 저항을 차단하고 있다는 데에 버거워하는 마음 상태를 보여 준다. 아마도

왜 그럴까 고운 색깔 간드러지는 몸매인데
살 태우며 달려들던 그런 질투 어디 두고
객 떠난 다방에 앉은
늙은 마담 같은 꽃아

―「개양비귀꽃」부분

같은 구절은 그런 심사의 솔직한 표출이라고 읽을 수 있다. 그러나 그럼에도 불구하고 저항을 포기할 수 없다는 마음은, 무기력을 고백하는 자리에서도 끈질기게 피어오르고 있다. "고운 색깔 간드러지는 몸매"는 노골적인 지시이며, "다방에 앉은"의 "앉은"도 현장에서 버티고자 하는 심리를 알려 준다. 다만 그의 저항은 힘을 가진 자의 저항과는 다를 수밖에 없을 것이다. 그에게는 "사내를 호릴 듯한 숨 가쁜 향내가 없"는 것이다. 그러니 "살 태우며 달려들던 그런 질투"와는 다른 방식이어야 한다.

이런 구절에 그 방식의 요체가 암시되어 있다.

> 설은 밥알 같은, 떫은 풋감 같은
> 그런 과거사를 귀는 알고 있다
> 그것이 울음이 되어
> 스스로를 닫으려 한다

―「이명 4」부분

실패한 과거의 끈질긴 여운이 그를 괴롭히는 것이다. 그는 차라리 귀를 막고 과거를 잊어버리고 싶다. 그러나 그럴 수 없다. 귀를 닫을 수 있는 시간은 한정되어 있기 때문이다. 그러나 실질적인 이유는 그것이 아니다. 첫 행, "설은 밥알 같은, 떫은 풋감 같은"은 시인이 스스로 과거를 포기할 수 없는 이유를 만들고 있다는 점을 보여 준다. 그는 과거를

'미완의 생'으로 지목하면서, 그것을 완성시킬 과제를 스스로 떠맡으려 한다. 「이명 3」은 그 점에서 직설적이다.

생의 언덕바지엔 목쉰 파도가 산다

파도는 사연 많은 생채기의 울음들이다

그 소리 다 읽고 싶어

귀는 늘 잠이 없었다

—「이명 3」 전문

이제 시인의 저항의 양식을 분명히 알 수 있다. 그러나 이 순간 독자는 어떤 모순을 감지한다. 저항의 의지를 읽을 수 있다 하더라도 저항의 힘을 길어 올 원천이 분명하지 않기 때문이다. 또한 독자는 저항의 주체가 이 순간 무기력의 주체로부터 이탈해 새로운 신원에 위치하게 되었음을 본다. 시의 화자 '나'는 어느 순간, 나의 고통이 아니라 타자들의 고통, "사연 많은 생채기의 울음들"을 듣고 있다. 이제 그것은 나의 과거가 아니라 일반인의 과거이며, 타자들을 일반인으로 보는 '나'는 그로부터 벗어나 있다. 이런 탈출이 어떻게 가능했을까?

3. 감각 치환의 효과: 변증법에서 '음양원리'로

이 의문과 함께 독자는 이우걸 시의 지각地殼 밑으로 들어간다. 굳이 그렇게까지 가야 하느냐고 누군가 물을 수도 있겠으나, 그럴 때에만 시의 실질적인 존재 양상과 그 기능을 판별할 수 있다. 앞의 얘기에 이어서 이 시를 보자.

누가 울며 동동거리던 자욱이 남아 있다

그걸 자꾸 먼지라고 우기며 나는 닦는다

반 남은 단풍잎들도

속절없이 지고 있다

—「유리창」 전문

일단 변신의 이유를 묻는 걸 접고 그 존재의 형상을 본다면, 일반성으로부터 이탈한 새 화자는 실제로 무기력하다. 이 시는 정지용의 「유리창 1」에 반향한다. 옛 시인의 "유리"에 "어리"는 "차고 슬픈 것"은 여기에서 "누가 울며 동동거리던 자욱"이 되어 있다. 표현만 다를 뿐, 주제는 엇비슷해 보인다. 「유리창 1」은 다음의 시구로 끝난다.

고흔 肺血管이 찢어진 채로

아아, 늬는 山ㅅ새처럼 날러 갔구나

— 최동호 편, 『정지용 전집 1 - 시』, 2015, 472쪽

이 시구를 두고 '애이불상'의 태도로 든 교과서가 많았다. 그러나 그런 해석은 과장이다. 왜냐하면 읽어 보면 시인의 비통한 심정을 그대로 느낄 수 있기 때문이다. 그 앞에 씌어진,

물먹은 별이, 반짝 寶石처럼 백힌다
밤에 홀로 琉璃를 닥는 것은
외로운 황홀한 심사 이어니,

에서 "물먹은 별이, 반짝 보석처럼 박힌다"를 감정의 절제라고 보는 시각이 많은데, 그리움의 집중이 낳은 이 수일한 표현은 갈망을 극대화하는 절차라고 보는 게 타당하다. 그리고 이 갈망의 증폭은 육친의 상실감의 불가역성과 대비되어 극단들의 변증법을 발생시키면서 불가능성에 대한 강한 도전을 감행하지만, 마지막 두 행은 그 도전을 좌절시킨다. "폐혈관이 찢어"져 "산새처럼 날아 간" 자식은 더 돌아오지 않을 것이다. 그 좌절의 확인이 앞 선 행의 "외로운 황홀한 심사"를 설명한다. 만일, 그 좌절에 대한 비통한 감정을 전제하지 않는다면, 저 "황홀한 심사"는 엽기적인 감상이 될 것이다. 마지막 두 행에 비추어져서만, 그 심사가 허망한 소망이었다는 각성이 가능해진다는 것이다.

이우걸의 「유리창」에서도 좌절의 사실 자체는 바뀌지 않는다. "반 남은 단풍잎들도 / 속절없이 지고 있다"고 토로하고 있다. 비슷한 마음

상태이지만 어딘가 다른 데가 보인다. 정지용에게서는 희망이 선행되고 좌절이 결과로 주어진다면, 여기에서는 좌절이 당연한 사실로서 주어진 대신, 그것에 저항하는 행위는 여전히 남는다. 비통한 심사를 표백하는 대신에 고집스럽게 성에를 닦는다. 그걸 닦는 행위의 명분은 그것이 먼지라는 해석이다. 그렇다면 닦는 행위의 목표는 유리창을 최대한 맑게 하는 것이다. 그런데 그 결과는 마지막 두 행에 제시되었듯이 더욱 참담한 좌절이게 마련이다. 하지만 지금까지의 독법을 따라가 보자. 닦는 행위를 현재형으로 쓴다는 것, 그것은 분명 좌절의 현장에 직면해 있는데도 불구하고, 여전히 저항을 멈추지 않게 하는 무엇이 있다는 것을, 좀 더 강하게 말해, 좌절의 현장이 또렷해지면 질수록 저항의 의지를 의연히 작동하게 하는 무엇이 있다는 점을 가리키고 있다. 그것은 무엇인가?

바로 첫 행, "누가 울며 동동거리던 자욱"에 그 비밀이 숨어 있다. 그 시구에서 화자가 고집스럽게 자국을 닦아 내면, 아니, 닦아 냄에도 불구하고, 아니 닦아 냈기 때문에, 남는 게 있다. 그것은 바로 "누가 울며 동동거"림이다. 그것은 자국으로 현상했으나, 실제 작동하는 '울며 동동거림'은 소리이다. 시각의 패배가 청각으로서의 실존적 감각을 보존한 것이다.

정지용의 「유리창」이 철저히 시각으로 일관함으로써, 극단들의 변증법을 창출했다면, 이우걸의 「유리창」은 시각 밑에 잠복해 있는 청각을 보존함으로써, 소멸로부터의 생성이라는 음양陰陽 원리를 시창작의 방법론을 만들어낸 것이다. 다음 시 역시 음양 효과의 전형적인 보기이다.

이 벽에서도 듣고 있었다 저 벽에서도 듣고 있었다

벽은 벽이라서 입 다물고 있었지만

그 벽을 타고 다니는

소리 없는 말이 있었다

—「말」전문

마지막 행의 "소리 없는"은 '소리내기가 가로막힌'과 '전음술의 방식으로'란 두 가지 뜻으로 동시에 읽어야 한다. 앞 뜻의 배면에 깔린 두 번째 뜻은, "아무도 눈치채지 못하게 가만히 말뜻을 전하는"이란 얘기다. 이때 고통과 고난의 웅성거리는 소리는 숨을 죽이는 대가로 의미를 담은 말로 변신하면서 벽을 타고 넘는 것이다.

4. 소리의 육체성

'음양'의 기본 원리는 '이울면 찬다'는 것이다. 소멸은 생성의 실마리이다. 이우걸 시의 청각적 전환은 그 일이 행해지기 위한 사전 작업이다. 시각이 상황을 지배한다면 청각은 상황이 은폐하고 있는 것들을 상황의 균열들을 통해 피어오르게 한다. 이제 독자는 분명히 알 수가 있다. 심층 구조에서 현상된 과거와 현재의 분리와 합류가 표층에서 행하는 일을. 시인은 과거를 여운으로 변환해, 그것을 통해 여진을 일으키고, 다시 그 여진으로부터 진동을 생성한 것이다.

또한 그 과정에서, '나'는 '나'의 여분을 추려 '나'로부터 이탈해 그 진동을 수행할 주체로 재정위된다. 간단히 말해 이탈한 '나'는 본래의 '나'의 여진의 산물이다. 그런 상황을 거꾸로 보여 주는 것이 다음 시다.

> 사변을 만나고, 기아에 허덕이고, 독재를 만나고, 시위에 휩싸이고
> 내 생이 스친 역들은
> 늘 그런 화염이었다
>
> 그러다 돌아보니 내가 안 보였다
> 다른 짐은 그대로인데 나는 어디에 있을까
> 맞은편 신호등 앞에
> 한 노인이 서 있었다
>
> ―「자화상」부분

지금의 '나'는 화염을 더불어 산 생의 결과이다. 본래의 '나'는 "맞은편 신호등 앞에 / 한 노인"으로서 객관화된다. 그 '나'는 군중 일반으로 귀속된다. 이 군중은 그러나 타성惰性態가 아니다. 그 군중은 새로운 나를 생성한 움직임의 총화이다. 그를 통해서만 '나'는 저항의 자세를 예각화하고, 그 힘으로 나를 생성한 군중에게 슬그머니 활력을 부여할 역할을 맡게 된다. 이런 군중으로부터의 '나'의 돌출을 유발하는 과정에 개입한 감각이 '소리'이다. 그렇다면 소리는 청각 이상으로 운동감

각이 아닌가? 소리는 육체의 울림으로 봐야 하지 않는가?
소리의 철학자, 장—루이 크레티엥은 말한다.

> 미리 알아채는 앎은 '보이지 않는 것'에 대한 앎이다. 이 보이지 않는 것이란 메를로—퐁티가 '보이는 것의 실존 가닥(existentiaux)'이라고 부른 것들이다. (…) "실존 가닥들"은 사물이 아니라, 하나의 사물을 출현시키는 무엇이다. 그것들은 우리에게도 세계에도 속하지 않는다. 그것들은 "언제나 수행 주체와 감각 영역들의 관계"이다. 이 관계가 두 분리된 항목들을 관계 맺는 것이 아니라는 점을 분명히 해야 한다. 그게 아니라 세계와 나의 '살' 그 자체다. 왜냐하면 수행 주체 '나'는 스스로 그가 여는 것에 속하기 때문이다. '접촉하다'라는 동사는 그 자체로 '접촉의 현존성' 안에 있다.¹

그렇다. 이우걸의 청각은 소통의 현존성, 즉 실시간성과 수행성, 그리고 상호작용의 상황의 움직임 그 자체이다. 이것은 몸 전체의 움직임이며, 특화된 감각은 몸 전체 요동의 '작인作因'으로 기능한다.

그러니까 일반성으로부터 이탈한 수행 주체 '나'와 그 주체가 이끄는 소리는 몸 전체 안에서 살며시 움직인다. 그래서 언뜻 보면 세상은 언제나 한결같은 듯하다.

---

1 Jean—Louis Chrétien, *Reconnaissances philosophiques*, Paris: Les Éditions du Cerf, 2010, p.111.

> 맑으면 맑은 대로 흐리면 흐린 대로
> 상류 같은 비전도 없다 애써 오르려 하지 않는다
> 징검돌 사이로 흐르는
> 그저 온유한 물이 있을 뿐
>
> ―「하류」부분

같은 시구는 그래서 나온다. 하지만 '나' 혹은 소리가 수행하는 것은

> 울음은 울어서 그 울음을 이기려는 것
>
> ―「귀뚜라미 바다」부분

이니, 그 울음 자체의 섬세한 변화가 이미 내부에서 진행되고 있는 것이다. 그것을 감지하는 사람에게는 다음과 같은 수일한 이미지가 선명히 눈 앞에 떠오를 것이다.

> 언니처럼 화이트가 베이지를 껴안으면
> 따스한 체온으로 간절한 손길로
> 십일월 오후를 적시는
> 낮은음의 발라드
>
> 창밖의 풍경은 무료한 구름 조각들
> 혹은, 풀 더미에 얹혀 있는 낙엽들
> 그 새를 헤치고 다니는 바람의 손이 보이고

동생처럼 베이지가 화이트를 껴안으면
그 어떤 불화도 없이 순식간에 하나가 되는
십일월 오후를 적시는
낮은음의 발라드

— 「카페라테」 전문

커피 색과 우유 색을 하나로 섞는 '카페라테'를 이보다 잘 묘사할 수 있을까? 그러나 그보다도 더욱 독자의 느낌을 진하게 하는 것은, '카페라테'의 움직임이 만물의 동작에 대한 환기로 퍼져 나가, "무료한 구름 조각들", "낙엽들"에서 바람의 숨결을 느끼게 해 준다는 것이다. 카페라테의 색의 퍼짐은 그러니까 향기처럼 진하다.

5. 시의 존재로서 증언하는 시조의 권리

이우걸의 시는 '시조'의 형식 하에 씌어졌다. 시조는 고려 말에 만들어져 조선 시대에 성행한 시가 형식이다. 근대시형이 도입되면서 시조는 존폐의 위기에 직면하였다. 사멸의 궁지에서 시조를 구한 것은 시조쓰기를 선택한 시조시인들이었다.

그들은 왜 시조를 지키려고 한 것일까? 그 사연은 저마다 다를 것이다. 다만 문학사회학의 관점에서 중요한 것은 그 의도가 아니라 효과임을 지적해야 할 것이다. 시조시인들은 "누군가의 쓰레기는 다른 누군가의 보물"(이는 아이로니컬하게도 유명한 서양 속담이다)이라는 심정으로 그 효과를 창출하기 위해 자신의 생애를 바쳤을 것이다. 근대시가 안 마당을 차지한 시 터의 한복판에서, 시조가 존재하는 양태는 무엇이고, 그 기능은 무엇인가?

그 기능의 스펙트럼 역시 범위가 넓다. 때로 그것은 전 시대 시가의 존재 이유를 제공하는 증거로 이해될 수도 있을 것이다. 때로 그것은 시의 사회구성양식, 즉 근대적 지배 시형 주변에 온갖 주변적인 시형들이 존재하고 시조도 그 하나라는 사실을 깨닫게 할 수도 있을 것이다. 하지만 무엇보다도 가장 유효한 기능은 '엄격한 규칙 속에서 최대한의 자유를 실험'하고자 하는 현대시조의 태도이다. 이 태도는 근대의 가장 소중한 전리품인 자유가 방종으로 흘러서는 안된다는 윤리적 각성을 일깨우는 한편, 규칙과 자유가 그저 대립하는 것이 아니라, 그 사이에 썩 미묘한 '밀당'이 전개될 수 있음과 그 가능성을 가늠케 한다.

이우걸의 시에서 시조의 종장 첫 2구에 해당하는 행이 항상 반전의 기능을 담당한다는 것은 각별히 주의할 필요가 있다. 우리가 지금까지 살펴 본 이우걸 시의 '이울면 찬다'의 음양 원리는 종장 첫 2구를 축으로 전개된다. 그것은 시인이 자신이 선택한 시조 형식의 기본 원리를 철저히 지키면서, 아니, 지킴으로써, 오히려 삶의 갱신을 도모하는 방법론을 창출했다는 것을 가리킨다.

다만 이러한 힘겨운 노력들은 음양원리의 자연성 만큼이나 감각적으로 느끼기가 쉽지가 않다. 즉 미미한 움직임들이다. 앞에서 비교해 보았듯이, 정지용적 이미지의 영롱성에 비한다면, 이우걸의 이미지들은 확대경으로 볼 때에만 그 섬세한 굴곡을 더듬을 수 있다. 시인이 쓴 대로

> 영혼을 달 수 있는 저울이 이승엔 없
>
> —「무게」부분

는 것이다. 그러나 잘 보이지 않는다 해서, 이 운동들이 무기력하지 않다는 걸, 독자는 지금까지 발견하고 확인하였다. 이 운동들은 우리 삶의 심부 안에서 울림을 일으키며, 아주 조금씩, 천천히, 세밀히 변화를 자극할 것이다.

사실 이것은 모든 연약한 존재들의 생존 방식이다. 릴케(R. M. Rilke)의 그 유명한 시구를 빌린다면,

> 우리가 싸우는 것들은 얼마나 하찮은가
> 우리에게 싸움 거는 것들은 왜 이다지도 거대한가[2]

라고 탄식하는 사람들이 사실 대부분의 보통 사람들이다. 현실의 권력에 맞설만한 힘과 장치를 비축하지 못한 사람들은 그 장막 아래에서 생존을 이어 나갈 수밖에 없다. 그러나 그 생존은 그냥 살아 내는 게 아니다. 그것은 자신을 죽음으로 몰아넣는 바깥의 힘에 대항해 자신의 생명력을 키우는 한편, 지배 권력의 안에 있다는 그 사실에 힘입어 그것의 내장에 조금씩 생채기를 내고 새로운 기운이 틈입할 틈새들을 연다.

---

[2] Rilke, 「응시자(Der Schauende)」. 번역은 불역본 Rainer Maria Rilke, Œuvres poétiques et théâtrales (coll.: Pléiade), Paris: Gallimard, 1997, p.255에 근거함.

폴 세잔(Paul Cézanne)의 '정물화'에 대해서 칸딘스키는 이렇게 쓴 적이 있다.

> 세잔은 찻잔에 생명을 회복시켜 주었다. 아니 이렇게 말해야 하리라. 찻잔 속에서 그는 무언가 살아 있는 것의 실존을 간취했다. 그는 움직임을 멈춘 생명을, 그것이 비활성의 상태로 있기를 그치게 되는 데까지로 끌어올렸다. 그는 이런 사물들을 사람들처럼 그렸다. 왜냐하면 그는 모든 사물의 안에 깃든 삶을 짚어내는 천품을 타고 났기 때문이다. 그의 색채들, 그의 선들은 하나하나 일종의 영적인 조화에 값한다. 한 사람, 나무 한 그루, 사과 한 개, 이 모든 것들은 세잔느에 의해서 '그림'이라 불리고 내성과 예술적 조화의 혼합물인 무언가를 창조하기 위해 동원된 원소들이 되었다.[3]

세잔은 미국의 화상들이 그를 발견하기 전까지 한없는 무명 속에 갇혀 있으면서도 그림 그리기를 쉬지 않았다. 그는 죽마고우였던 졸라에게까지 무시를 당했으며, 그가 죽었을 때, 그의 고향 액―상―프로방스의 '그라네 미술관(Musée Granet)'은 그의 그림을 받아들이지 않았다. 하지만 그는 지금 후기 인상주의의 길을 연 개척자라는 상징적 가치로 고향의 가장 큰 수입원으로 기능하고 있다. 그것은 무엇보다도 칸딘스키가 말한대로 "움직임을 멈춘 생명"에 숨을 불어 넣는

---

3 Victoria Charles, 『Nature morte(정물)』, New York: Parkstone International, 2011, p.3에서 재인용.

일을 했기 때문이다. 그를 통해서 정물(nature morte), 즉 '죽은 자연'은 숭고한 정신적 생명으로 다시 태어났다.

이우걸을 비롯, 여러 시조시인들이 끈질기게 이어가고 있는 현대시조의 투쟁에도 그런 역사役事가 이루어지고 있다고 나는 믿는다.

물 위에서 노래하다

이우걸 『이명』(천년의 시작, 2023)

정미숙

1. 새로운 시작을 향한 비명

이우걸은 '이명耳鳴'을 앓고 있다. 새로운 '시작詩作'을 향한 비명悲鳴이다. 시인은 등단 50주년 기념시집을 『이명』으로 내놓으며 '귀울음'의 대속代贖을 통해 감각을 갱신하고자 한다. "설은 밥알 같은, 떫은 풋감 같은 / 그런 과거사를 귀는 알고 있다 / 그것이 울음이 되어 / 스스로를 닫으려 한다"(「이명 4」)에서 '이명'을 고백한다. 이명은 '설은 밥알' '떫은 풋감' 같은 말을 제대로 듣지도, 해독하지도 못한 까닭에 이것이 '귀울음'으로 퍼지며 문을 막은 것이다. 과거사나, '이명'은 멈추지 않는다. 여러 편의 시에서 '귀' '귀울음' '이명'으로 등장하고 화자는 고통을 호소하며 뒤척인다.

'이명'이 깊을수록 들음의 방향은 선명해진다. 다행으로 처방도 얻었다. "마음이 길을 잃어서 / 오래전에 병든 귀"(「귀」)에서 '귀울음'의 증상과 대안이 간파된다. '이명'은 자연의 비경, 생의 진경을 알고 싶어 뒤척이던 지난 열망을 되찾으라는 타전이었다. 지친 마음을 덜고 새 길을 찾아 떠나라는 이명以命의 단계, 이명耳鳴이다.

생의 언덕바지엔 목쉰 파도가 산다

파도는 사연 많은 생채기의 울음들이다

그 소리 다 읽고 싶어

귀는 늘 잠이 없었다

—「이명 3」 전문

「이명 3」에서 '귀'는 '생채기의 울음들'을 다 읽고 싶어 잠들 수 없다. 화자가 앓고 있는 신열은 듣고 싶은 것을 잘 들을 수 없어 애타는 몸부림이다. 귀울음은 바르게 듣고, 뜨겁게 느끼고자 하는 의지로, 시집의 주제 의식으로 작동한다. 이 생생한 고통, 이 감각의 절규는 무엇인가. 예술을 사는 것이다. 알듯이 예술은 의식적이고 인위적이며 혹은 감성적이며 반성적 언어(헤겔)이다. 예술가는 형태를 구축하는 자로서 자신에게 타고난 힘의 도취적 유희에 대한 저항을 통해 규정(발레리)된다. 이를 통해 비할 수 없는 자원을 발견한다. 시인 이우걸은 '이명'의 고통을 통하여 무엇을 발원하고자 하는가.

사변을 만나고, 기아에 허덕이고, 독재를 만나고, 시위에 휩싸이고
내 생이 스친 역들은
늘 그런 화염이었다

그러다 돌아보니 내가 안 보였다
다른 짐은 그대로인데 나는 어디에 있을까
맞은편 신호등 앞에
한 노인이 서 있었다.

—「자화상」부분

우연히 마주 앉아 너를 살펴본다
막 깨어난 아이처럼 얼굴이 볼그레하다
빗금이 머금고 있는 굴곡진 삶도 보인다.

—「빗살무늬토기」부분

「자화상」,「빗살무늬토기」를 함께 읽어 보면 시인의 지향점을 알 수 있다.「자화상」을 먼저 읽어 보자.「자화상」의 진솔하고 날카로운 발성이 놀랍다. 시인은 우리 근현대사의 격동기를 살았다. 모두 가난했고 생존을 위해 앞만 보고 달려야 했다. 여유를 가질 여유가 없었다. 사변, 기아, 독재, 시위 속에서 화염을 피하고 살아 내기에 바빴다. 이우걸은 이를 기억하고, 생이 전쟁이었음을 고백한다. 모든 것을 책임지고 꾸려 가야 하는 짐꾼이 자신이었고, 주변(가족들)과 자신을 돌보기에 힘겨웠음을 여러 시편을 통해서도 종종 드러낸다. 그러다, 문득 자신을 돌아본 것이다.

맞은편 신호등 앞에 서 있는 "한 노인"을 목도하며 '자화상'은 그친다.

「자화상」은 제대로 듣고 말한다는 '이명'의 주제 의식과 그대로 연결된다. 나의 체험과 감각을 통하여 세상이 들어오고 해석되는 것이 아닌가.「자화상」은 투명한 감각 회로에 대한 점검이다. 시인의 몸은 그 자체로 하나의 감각기관이다. 하나의 귀이거나 눈이고, 뇌이다. 한통속인 몸의 오류를 넘는 방법은 욕망의 주체인 나에 대한 비판적 인식이 선행되어야 한다.

정작 시인은 별 말이 없다. 담담한 보고 이후 소회도 찾을 수 없다. 진솔하게 훑어내린 「자화상」에서 시인이 삼킨 말들은 「빗살무늬토기」에서 찾을 수 있는 듯도 하다. "우연히 마주 앉아 너를 살펴본다 / 막 깨어난 아이처럼 얼굴이 볼그레하다 / 빗금이 머금고 있는 굴곡진 삶도 보인다."에서 시인은 '빗살무늬토기'를 다정히 '너'라고 부르며 반색한다. '빗살무늬토기'를 바라보는 시인의 표정엔 자랑과 사랑이 가득하다.

빗살무늬토기는 아름답다. 아름답다는 표현으론 부족하다. '막 깨어난 아이처럼' 얼굴이 볼그레한 모습은 눈부시기조차 하다. 볼그레한 얼굴빛을 지닌, 아이 같은 모습이라니! 다함 없는 시인의 동경, 이 강렬한 감각 전이는 무엇인가. 그토록 긴 시간의 '화염'을 견디며 온전히 지켜온 빗살무늬토기의 초월적 기품에 대한 경외와 찬탄이다. 빗살무늬토기의 홍조가 신비로운 것은 '빗금이 머금고 있는 굴곡진 삶'에도 불구하고 그것에 깃들지 않았다는 점이다. '막 깨어난 아이'의 무구無垢한 표정은 눈뜨며 맞는 아침을 새롭게 보고 느끼는 자에게 깃들일 수 있는 순수함이다. 이우걸이 갈망하는 '이명의 시학' 그 몸부림 끝에 시인이 도달하고 싶은 경지가 아닐까. 시간 속에 퇴색되는 것이 아니라 씻어 내고 맑아지며 천진한 환한 미소를 처음인 듯 수줍게 발산하는 영원에 닿는 아름다움! 이 은은한 아우라를 몸속에 드리운, 자체로 경신하는 빗살무늬토기의 분홍빛 봄빛은 이우걸의 예술이 지향하는 자화상이 아닌가.

2. '이명', 실재의 여백

이우걸 '이명의 시학'이 주목한 것은 현실 너머 엄혹한 실재이다. 현실 너머 실재(the real)는 언제나 압도적이다. 우리의 상상과 상식을 초과하는 '현실'이기 때문이다. 존재하나 삭제된 듯 포착 불가능한 현실이 부조리한 '실재'이다. 이를 벗어나기란, 졸고 있는 신에게 가호를 구하는 것처럼 요원하다. 제대로 듣고 읽겠다는 귀울음의 전언이 시를 눈뜨게 한다. 앎은 불면의 고통을 낳을 뿐이나, 진실에 닿고자 하는 그의 열망을 잠재울 순 없다.

> 허공에 줄을 걸었다 그 남자 오십 세
> 시퍼런 목숨의 밧줄 연고 없이 얽어 놓고
> 비바람 닥칠 때마다
> 악을 쓰며 견뎠다
> ―「거미」 부분

「거미」는 먹고 먹히는 '난장'을 사는 가장의 절박함을 포착하고 있다. "허공에 줄을 걸었다 그 남자 오십 세"는 처와 삼 남매 가솔을 거느린 막막한 남자의 인생을 한 줄로 그렸다. 숨막히는 표현이다. 줄이 있고 튼실한 터전이 있어도 살기가 팍팍한 세상에 '허공에 줄을 건' 남자의 삶은 위태롭다. '그 남자'가 허공에 줄을 건 까닭은 시퍼런 목숨을 밧줄에 매달 수는 없는 탓이다. 줄이 목숨이고 밧줄이 밥줄이다. 살 수도 죽을 수도 없어, 버틸 수 밖에 없다. 질기고 질긴 줄을 만들어야 한다. 줄이 없는 세상에 줄을 만들어야 목숨을 지키고 살아갈 수 있다.

이우걸 시에서 생존의 문제는 타협의 대상이 아니다. 시인의 해법 역시 질길 수밖에 없다. "먹고 먹히는 여기는 처절한 난장 / 아직도 기다린다 기다려야 한다 / 포착의 순간을 위해 / 고요를 쌓아 가며"(「거미」)는 한 치의 어긋남을 허용하지 않는다. 거미처럼 허공에 줄은 친 '그 남자'가 살길은 거미의 노회한 전략을 배우는 것이다. 전략은 인내이다. "포착의 순간을 위해 / 고요를 쌓아 가며" 간절히 기다려야 한다. "포착의 순간을 위하여 고요를 쌓아야 하는 것은 절박한 자의 기도처럼 영원하다.

지키지 않으면 곧 죽음이라는 절박함은 '이명'을 계승한 자세이다. 둔감한 시인이 세속의 함정을 뚫어낸 비장秘藏의 순정인 촘촘한 미의식과도 연결된다. 「비밀」에서 자존을 지키기 위해서는 목숨을 걸어야 한다는 것이 생의 '비밀'이라는 노시인의 서늘하고 준엄한 경해謦咳에 접하게 된다.

향비에게 향기는 그녀만의 비밀
그녀만의 비밀은 그녀만의 목숨

비밀을 지킨다는 것은
목숨을 지킨다는 것

(중략)

세상 모든 생명들에겐 비밀의 성이 있다
그 성을 지키기 위해 생명을 걸어야 한다
가시를 온몸에 감고
살아가는 장미처럼

—「비밀」부분

『이명』여러 편에서 '향기'가 강조되고 있다. '향기'는 여인의 아름다움, 매력 혹은 생을 헤쳐나가는 개개인의 비법을 의미한다.「비밀」의 '향비'는 청 건륭제의 후궁이다. '향비'는 자신의 절대적인 매력이 '향기'에 있음을 알고 이를 목숨처럼 지키고자 한다. 시인은 '향비'가 지닌 비밀을 누구나 가져야 하고, 지켜야 한다고 강조한다. 생명은 비밀의 성을 갖고 있고, 성을 지키기 위해서는 생명을 걸어야 한다는 역설이다. 비밀을 잃거나 지키지 못하면 죽은 것이나 다를 바 없다는 말이기도 하다.

"가시를 온몸에 감고 / 살아가는 장미처럼"에서 '가시'는 장미의 비밀이다. 가시를 온몸에 감고 살 수 있을 때 장미로 살 수 있다. '장미'의 차별적 아름다움, 매혹의 근거가 '가시'라면 그것을 기꺼이 감내해야 한다는 주문이다. 이는 「개양귀비꽃」과 비교해서 읽으면 더욱 선명하다.

"관상용 양귀비꽃은 아무리 보고 있어도 / 사내를 호릴 듯한 숨 가쁜 향내가 없다 / 그것이 운명이라면 / 어쩔 수 없는 / 고독의 꽃"(「개양귀비꽃」)에서 꽃다움을 잃은 쓸쓸한 '개양귀비꽃'을 발견한다. '관상용 양귀비꽃'을 달리 부르면 '개양귀비꽃'이다. '향내' 없이 장식처럼 놓여있는 이 꽃은 고운 색깔과 몸매를 가지고 있으나 질투마저 상실했다. 살아 있는 꽃의 아름다움은 향기와 생기에 있는데 이를 지니지 못했다. 이 꽃을 "늙은 마담 같은 꽃"이라 불러 본다. '개양귀비꽃'을 탓하는 것은 아니다. "그것이 운명이라면 / 어쩔 수 없는 / 고독의 꽃"이라는 대목은 비난보다는 연민에 가깝다.

살펴본바 이우걸은 살아 있는 모든 것은 직분에 충실하고 자신의 이름에 부합하는 정체성을 갖추길 바란다. 스스로에게도 타자에게도 요구된 생의 치열성이다. 그러나 모든 것이 바라는 대로 이루어질 수는 없다. '장미'와 '개양귀비꽃' 사이에는 건널 수 없는 심연이 있다. 시인은 각자의 자리와 몫을 인정하며 환상을 고집하지는 않는다. 운명의 소외와 고독 역시 스스로 감당해야 할 몫이다. 그래서 이울거나 저물어가는 것들을 읽는 그의 시선은 선선하고 따뜻하다.

"씹힐 일만 남아서 밤새 아팠던가 / 오늘 아침 어금니 하나가 결국은 떨어졌다 / 이승을 받치고 있던 / 성城 하나가 무너졌다"(「치통」)에서 우리는 쓰임을 다하고 떨어져 나온 어금니를 목도한다. '결국은'에서 시인이 치통을 참으며 어금니의 버팀을 간절히 원했음을 짐작할 수 있다. 그러나, 가능하지 않은 일이다. "이승을 받치고 있던 / 성城 하나가 무너졌다"는 조사弔詞인 양 소멸과 상실의 고통, 이승의 여정을 애틋하게 함께 훑는다. 현실적 감각이 아프고 날카롭다. 운명을 살며 순응하는 시간이 여기에 머문다.

3. '사계'를 노래하다

　이우걸의 시조는 볕 잘 드는 선사의 쉼터에 앉아 찻잔을 기울이듯, 고택에 말려지고 있는 빛깔 좋은 고추를 보듯이 편안하다. 그의 시선은 영원과 순간을 두루 헤아린다. 변하지 않는 것과 그 시간 속에 준비하며 살아야 했던 삶의 원리, 흐름을 응시한다. 노시인의 시야는 드물게 넓고, 높다.

> 봄은 실비처럼 생명의 씨를 뿌리고
> 따스한 햇살로 어혈을 풀어 주고
> 곳곳에 환희를 심어 천지를 가꾼다
>
> 여름은 우레를 꺼내 소낙비를 만들고
> 싱싱한 숲을 키워서 장마를 대비하고
> 때로는 가뭄을 곁들여 목마름을 가르친다
>
> 익으면 떨어지는 걸 가을은 알고 있다
> 태양과 가까운 잎들 하나둘 단풍 들고
> 열매는 정성껏 익혀 후년을 기약한다

드디어 나목으로 속죄할 시간이 오면
겨울은 안다 축복 같은 백설을 이고
구차한 변명도 없이 신께 고개 숙인다

—「사계의 노래」 전문

「사계」는 시인의 혜안과 통찰을 담고 있다. 시는 자연의 모방이란 불변의 진리와 닿는다. '사계'를 한없이 움직이고 주어진 소명의 시간으로 그리고 있다. 시인에게 계절의 흐름과 삶의 질서는 깊게 관련된다. 계절과 절기의 흐름에 따라 마련해야 하는 자세를 세세한 눈길로 강조하고 있다. 삶의 그러함을 겸허한 받듦으로 압축한다.

"봄"의 키워드는 생명 햇살 환희와 연결된다. 봄은 시작으로 준비에 바쁘다. 씨를 뿌리고 생명을 만들고, 햇살로 어혈을 풀어 씨가 잘 자랄 수 있도록 한다. 곳곳에 심는 환희는 꽃으로 읽히고 봄이 행하는 모든 작업은 천지 개간의 환희이다. "여름"은 물과 관련된다. 생명을 가꾸는 모든 것에 치수治水의 섬세함이 필요하다. 우레를 통해 소나기를 만들고, 숲을 키워 장마를 대비하고, 가뭄을 곁들여 목마름도 가르친다. 치수의 도모가 쉽지 않다. 적극적인 요청과 대비, 인내의 자세를 갖추지 않으면 가능하지 않다. "가을"은 익으면서 결실을 거두는 계절이다. 단풍은 물들어가고, 과실은 식탁에 쌓이고, 열매는 후년으로 예비된다. 성숙하며 아름답고, 결실을 배분하며 풍요롭다. "겨울"은 나목이 신께 속죄를 구하는 시간이다. 도대체 무엇을 잘못한 것인가. 가진 모든 것을 다 털어 나목이 되었건만 시인은 구차한 변명도 없이 신께 고개 숙이길 요구한다. 아이러니한 것은 속죄로 고개 숙인 모양이 축복 같은 백설을 이고 있기에 마치 칭찬받는 모습과 별반 다르지 않음을 알게된다. 시인이 바라는 것은 순종과 겸허의 자세인 듯하다.

이것이 「사계의 노래」의 논리이다. 작업은 환희로 고통은 가르침으로 속죄는 축복으로 순환하며 의미를 생성한다. 주목할 것은 봄 여름 지나 가을 겨울로 이어지면서 계절과 인간의 구분이 희미해진다는 점이다. 이는 수사적 기교로 치부할 수도 있겠으나 이우걸의 경우는 간단하지 않다. 주체 중심의 근대적 사유를 넘어 천지 만물에 인격과 신격의 의미와 권능을 부여한 것이다. 「덕암산」에서 또렷하게 확인할 수 있다.

> 동네를 내려다보며
> 살펴 주시는 어른이다
> 그 슬하에 조상이 계시고
> 마을에는 우리가 산다
> 사백 년 혈연의 맥이
> 그리하여 청청하다
>
> —「덕암산」부분

주목할 것은 그가 '덕암산'을 동네를 '살펴 주시는 어른'이라고 확언하는 대목이다. '덕암산 어른'의 슬하에 조상이 있고 동네 한 부분인 마을에 우리가 산다. "사백 년 혈연의 맥이 / 그리하여 청청하다"에 이르면 그의 말은 섬김의 자세를 넘어서고 있다. '어른'의 보살핌이 있어 무탈하고 번성할 수 있었다는 깊은 확신을 담고 있다. 덕암산은 '가없는 아량과 위용'을 품는다. '덕암산'은 인간과 자연(혹은 배경)의 구분을 초월한 신적 인격체이다.

이우걸의 사유는 사변적 실재론(Speculative Realism)에 가깝다. 사변적 실재론은 인간의 사유(인식)로부터 독립한 존재에 대해 사변적으로 생각하는 것이다. 관념론이 '존재'란 인간의 '인식'에 의존한다고 주장하는 것에 반해 실재론은 '존재'는 '인식'으로부터 독립하여 존재한다고 믿는다. 사변적 실재론의 새로움은 세계와 나의 '강한 상관주의'(correlationalism)와 연결되는데, 「사계의 노래」와 「덕암산」에서 확인할 수 있었다. '덕암산'의 그늘 음덕으로 살았다는 체험을 부인할 수 없는 것이다. 그의 사유는 일견 숭고의 범주에 속한 듯 보이나 과학보다 더 과학적인 실제이기도 하다. 산이 있어 물과 흙, 바람과 불을 누리고 부리며 살아오지 않았던가. 사실 세계가 존재한다는 것은 과학이 사유하는 것의 불가능성(메이야수)이고 신비란 세계가 어떻게 있는가가 아니라 세계가 있다는 바로 그것(비트겐슈타인)이라는 말은 오랜 고민을 방증한다.

그의 사유는 닿을 수 없다고 치부한 상실된 '높이'를 회복한다. 이는 이우걸의 범 신앙적인 태도와도 연결된다. 그는 늘 실핏줄같이 퍼져있는 혈연의 가지와 그 실핏줄을 지키며 함께 해 온 신적 존재를 부정하지 않는다. 사찰과 성당, 교회가 순서 없이 등장하며 종교에 구분을 두지 않는 사심없는 자세를 견지한다. 그의 사변적 실재론과 종교적 감수성은 조응한다. 비이성적인 신앙이야말로 내적인 동시에 절대지에 이르는 유일한 길을 형성한다는 것을 역설적으로 방증하기 때문이다.

이우걸 시의 청명함이 여기에 연유하고 있다. 그리움과 연민으로 불면에 처하기도 하나 허무와 우울에서 벗어나 있다. 영원한 생명의 흐름을 믿는 까닭이다. "꽃에서 열매로, 녹음에서 단풍으로 / 한세상 가파른 길을 / 끝없이 / 보여 주시니"(「겨울나무들」)에서 시간 속에 순환하는 변화를 읽고, 하류에 도착한 물을 "그저 온유한 물"(「하류」)로 알아차린다. 흘러온 '하류'는 결코 '중류'나 '상류'를 그리워하지 않는다고 말한다. 다른 장소에 놓인 물결은 달리 잡은 약속을 향해 달리기에도 충분히 바쁘다.

  이우걸의 『이명』을 읽는 내내 마치 이명인 양 필자의 귀에 퍼지는 선율이 있다. 슈베르트의 가곡 〈물 위에서 노래함(Auf dem Wasser zu singen)〉이다. "내일도, 어제와 오늘처럼, 시간은 다시 반짝이는 날개와 함께 사라져 가리 / 마침내 내 자신 시간의 부침속에, 저 높게 빛나는 날개 위로 사라져 가리라." 서정적 비가인 슈베르트 이 노래의 날개와 이우걸의 물결은 반짝임에서 닮았다. 그것은 운명을 기꺼이 감수한 자의 빛나는 역동성이다. 지극히 평안하고 잠시도 그 명랑한 흐름을 멈추지 않는다. 흐르고 흐르며 길을 따르고 새로운 흐름을 만들어가는 한없이 부드럽고 강한 물! 물 위에서 노래를 하는 마음은 익숙한 그리움을 확인하는 것이자 새로운 만남을 준비하는 설레임의 시간이 될 것이다.

자연의 본색을 인생에 견주는 시인들
이우걸 시조집 『이명』

유종인

　부조리한 징후에 대한 응시와 창조적 예감이 갈마드는 시조집 『이명』은 생의 낙수落穗를 소슬히 집어 드는 시인의 애수가 은은하게 번져 '봄비'처럼 젖어 든다. 시인에게 「이명」은 별세계와 기존세계의 격절과 습합習合을 동시적으로 환기하는 일종의 다향성多響性의 조짐으로 울린다.
　이우걸 시인이 "내 작품의 수공업 시대는 이제 막을 내렸다."(「나의 노트북 시대」)라고 했을 때 아이러니하게도 시인에게 수공업 시대는 고답古踏의 것이 아니라 존재의 순명順命과 척을 지지 않는 자연의 일부였다는 자각을 퉁기어 주기에 주저함이 없다. 더군다나 관습적이고 재래적인 의미의 '수공업'에의 종언終焉은 실상 화자에게 새로운 인생론적인 전환과 시적 전망을 유도하는 일종의 마중물 같은 전언의 뉘앙스도 서렸다.
　자연과 문명의 가치를 대척적인 것으로 놓고 보던 편협한 시각과는 별개로 시인의 자연은 자신의 인생 전반을 그윽하고 늠늠하게 관류貫流하는 실존의 유의미한 매개이자 의미망意味網으로 늘 곁을 주는 대상이자 아우라(aura)이다. 회고하듯 여기에 합류하고 작금의 심신을 드리우던 실제와 인식의 매개인 자연은, 그대로 시인이 그간의 자신의 인생 편력을 조망하는 흐름(stream)의 관점으로서의 풍물화된 자연을 도법道法하듯 현시한다.

    사변을 만나고, 기아에 허덕이고, 독재를 만나고, 시위에 휩싸이고
    내 생이 스친 역들은
    늘 그런 화염이었다

    그러다 돌아보니 내가 안 보였다
    다른 집은 그대로인데 나는 어디에 있을까
    맞은편 신호등 앞에
    한 노인이 서 있었다

―「자화상」 부분

  삶과 시대의 도처에서 만난 불가피함들의 실체와 거기에 반응하는 실존의 에스프리(esprit)와 멜랑콜리는 이우걸의 「자화상」에 '화염'의 잔영처럼 드리워져 소슬하다. 이 잔영殘影은 단순한 반영의 여줄가리를 넘어 시인이 살았고 또 살아갈 인생이라는 자연을 현시하는 시詩의 인드라망(indra's Net)으로 이번 시집 도처에 소슬한 찬란과 늠연한 여수旅愁처럼 번져 있다. 아득함과 분명함이 하나로 어울리고 "스친 역"

같은 지난 삶의 과정이 당장의 "신호등 앞에" 마주 "서 있"음처럼 교감하는 지점에서 시인의 자연은 경과經過와 도래到來가 한통속이 되는 자연의 동시성同時性을 시조로 진설한다. 이 여여如如함은 인생이라는 통속을 자연의 속성으로 갈마들고 환치해 보여 주는 시인의 혜안을 통해 수수하면서도 끌밋하게 시조적 율격을 탄다.

> 울음은 울어서 그 울음을 이기려는 것
> 그래서 얼마쯤을 울고 나면 잦아지지만
> 새벽이 지났는데도 그칠 줄을 모르네
>
> ―「귀뚜라미 바다」 부분

시인의 '울음'은 언뜻 내재적이고 '이명耳鳴'은 외재적外在的인 성격을 띠지만 이는 도식적인 분별이고 실상은 그 안팎이나 표리의 관계를 넘어서는 지점에 실존의 우수憂愁가 오히려 낭랑해진다. 즉 "울음은 울어서 그 울음을 이기려는" 행위처럼 귀울음인 이명도 내적 혹은 외적 요인을 망라하는 실존적인 현황 그 자체를 돌올하게 하는 시의 부표(buoy)로서의 표지標識인 셈이다. 이런 "신음소리를 닮"은 여인들의 울음은 자연의 숨탄것인 '귀뚜라미'의 울음과 비등해지고 그걸 통해 자연과 인간과 풍물이 하나의 시적 율조律調 속에 비등해지는 경지가 시인에게는 실존의 근황이지 싶다. 이런 시인의 현재는 "사방이 나만 눈 뜨면 / 늘 이렇게 소갑스럽다"(「물」)는 인상적이고 적실한 언술 속에 시의 일상은 새삼 살만하게 출렁인다. 이렇듯 "물을 예사로 보아서는 안 된다는, 물이 불이고 불이 죽음이라는" 일상적 깨달음은 노담老聃의 상선약수上善若水의 고담高談이 아니더라도 늘 시인의 정신을 뚱기는 방편이다. 시적 촉수를 귀뚜라미처럼 성인의 귀처럼 그윽이 늘여도 현실의 시인은

> 설은 밥알 같은, 떫은 풋감 같은
> 그런 과거사를 귀는 알고 있다
> 그것이 울음이 되어
> 스스로를 닫으려 한다
>
> —「이명 4」부분

부재하는 그러나 실상처럼 공명하는 "울음이 되어" "스스로를 닫으려"는 고통과 은연중에 자폐적인 현실이 되기도 한다. 이는 '귀는 알고 있다'라는 말을 귀는 앓고 있는 것으로 중첩되게 인식하는 측면도 거느린다. 이런 귀울음의 전차前次들은 그러나 정서적 폐쇄병동의 장애물만이 아니라 시의 자연물(natural objet)로 자연스레 합성하는 계기를 추동한다. 곧 불민한 현실의 장애들은 시조의 울음과 울림으로 변주되는 시인을 둘러싼 대내외적인 인생의 현황이자 여건이 된다.

> 병든 지구를 업은 하늘이 노랗다
> 밤새 뒤척여도 묘안이 없었을까
> 그중에 인간이 제일 해결 못 할 과제였을까
>
> —「어느 날 아침」전문

그런 의미에서 관록과 시조적 연륜이 수승한 이우걸 시인의 시조는 도통한 발언이 아니라 여전히 세사世事의 일상의 불편과 아픔과 풍물의 아름다움을 섬려纖麗하게 직시하는 현장의 정서적 역사적 발언이다. 거기에 더하여 모든 숨탄것들이 반목과 어울림을 반복하는 지구 땅별의 오늘을 "묘안이 없"을까 고민하는 대승적大乘的인 고민의 목록을 거느렸다. 어쩌면 시인에게 시조란 "인간이 제일 해결 못 할 과제"라는 의문과 회의와 긍정 속에 시의 귀울음을 트는 아름다운 아픔, 아니 아픈 아름다움을 번져가는 "서로 얼굴을 / 비춰 보는"(「공감」) 세상의 중개자이다. 시인의 「이명」은 그 불민한 세상에 시조의 징검돌을 놓는 오래된 새로움의 습습한 정서와 그윽한 율려律呂의 도드라짐이지 싶다.

이우걸, 감각의 현상학

정미숙

1. 전율하는 세계와 감각의 발기

시인 이우걸은 가난한 농부의 자식으로 8남매 중에 7번째로 태어났다. 그의 시 전편에서 끈끈한 가족애는 자주 발견되나 개인사가 상세하지는 않다. 「자화상」에서 시인은 힘겨운 시대를 살았던 자신의 생애를 일별하고 있다. 시인의 자화상은 개인적이지 않다. 유난히 길고 고달팠던 시절의 기억이고, 모두 힘들고 가난했던 시대적 상흔을 확인하게 한다.

> 사변을 만나고, 기아에 허덕이고, 독재를 만나고, 시위에 휩싸이고
> 내 생이 스친 역들은
> 늘 그런 화염이었다
>
> —「자화상」 부분

「자화상」에서 이우걸은 자신이 살아온 지난 시간을 '화염'이라 말한다. 화염火焰은 피할 수 없는 불가항력의 재앙이다. "사변을 만나고, 기아에 허덕이고, 독재를 만나고, 시위에 휩싸이고"에서 굴곡진 그의 시간은 우리 근현대사의 지난한 맥脈이다. 다행히 화염을 스치고 견뎌, 노시인으로 건재하나 여전히 충격과 허무, 고통에서 자유롭지 않은 듯 하다. 독재 처단과 시민 혁명을 이끈 시대적 성과를 언급할 법도 하나 어느 시편에서도 그런 여유를 찾을 수 없다.

1
아버지
두꺼비집
헐렸다 눈 감으셨다
눈, 비와 광풍의
질정 없는 외압 전류를
몸으로 막아 주시던
아버지
잠이 드셨다

2
봉선화 꽃물 들고 수세미 청이 곱고
정아 퇴원하고 농협 빚 갚아 가는데
망연히 전깃줄 위에
제비처럼

앉은
　　　식솔

―「가족」전문

　「가족」에서 시인의 은밀한 내면을 알 수 있다. 우선, 「가족」의 시행 배치가 주목된다. 이러한 시행 배치는 그 자체로 의미이다. "아버지 / 두꺼비집 / 힐렸다 눈 감으셨다"를 그냥 슥 읽으면 마치 아버지께서 두꺼비 집을 손보시다 감전 사고로 돌아가신 것처럼 생각되기도 한다. 다시, 읽으면 '두꺼비집' 역할을 하신 '아버지' 죽음의 충격을 단말마적으로 타전한 전보電報 닮은 비명임을 깨닫는다. 아버지는 곧 두꺼비집이다. '두꺼비집'은 무엇인가. 누전을 차단하고 전류, 단락(합선)을 차단하는 곳이다. 아버지의 죽음은 곧 외압 전류를 막아 줄 '두꺼비집'의 사라짐을 말한다. 두꺼비집의 힐림은 남은 가족들이 전율하는 외부세계에 함부로 노출될 수 있다는 경보警報이다. "제비처럼 / 앉은 / 우리"에서 어린 이우걸이 눈뜬 막막한 현실이 애달프다.
　'우리'는 아버지의 죽음을 말하지 않는다. 슬퍼할 여유도 잃었다. 압도적 상황과 미래에 대한 두려움에 제비처럼 모여 앉은 채 망연할 뿐이다. "봉선화 꽃물 들고 수세미 청이 곱고 / 정아 퇴원하고 농협 빚 갚아 가는" 순차적 진행은 아버지가 있어 가능했다. 아버지 부재는 전망 소멸이다. '아버지'를 바라보던 눈길은 길을 잃었다.
　전율하는 감전感電의 세계에 던져진 그가 직면한 것은 '허기'이다. "내 하루의 노둣돌 같은 밥 한 그릇 여기 있다 / 내 한의 얼레와 같은 밥 한 그릇 여기 있다."(「밥」)에서 여전한 정서적 허기가 감지된다. 정서적 허기는 경제적 결핍과 관계적 결핍으로부터 발생한다.[1] 옆도 돌아보지 않고 살았으나 허기진 우리 삶과 타자들의 고통은 여전하기 때문이다. 전율하는 세상 속에서 허기의 감각은 발기한다. 발기된 감각은 개인적 삶의 고통과 시대 그리고 세대의 아픔이 중첩되는 지점에 기반한다. "내면의 허기를 메울 / 그런 집을 꿈꾸고 있다 // (중략) / 새로 필 꽃들을 위한 / 말의 집을 꿈꾸고 있다"(「집」)에서 확인된다. 이우걸의 시작詩作은 허기의 정서를 타자와 공감하고 해석하는 과정에 있다.

여기서 감각은 일차적으로 '살아 있는 몸'을 말한다. 알듯이 '몸'은 의식과 정신활동의 담지체인 감각의 공간이다. 권력이 실현되는 곳이며 타자성과 그 대응 방식을 모색할 수 있는 장소다. '감각'(sensation)은 감각기관에 의존하며 감각기관을 통해서 오성에 전해지는 우리가 갖는 대부분의 관념들의 원천이다. 감각은 세상의 이해이자 우리를 세상에 열어주는 살아 있는 중개자라 할 것이다.[2]

이 글에서 나는 이우걸의 시조를 '감각의 현상학'으로 읽어 내고자 한다. 알듯이 현상학은 한 작가가 시간이나 공간을 경험하는 방식, 자아와 타자와의 관계 혹은 물질적 대상들에 대한 작가의 인식에 초점을 맞추는 방법이다. 여타의 외재적 접근방법을 거부하고 작품 자체에 나타난 작가 의식의 양상만을 고구한다. 현상학이 관심을 집중시키는 것은 반복되는 주제나 이미지의 패턴 과정에서 발견되는 정신의 심층 구조이다. 이에 필자가 사용하는 '감각의 현상학'은 이우걸 시조에서 상

---

1 주창윤, 『허기사회』, 글항아리, 2013, 12쪽.
2 정미숙, 「백신애 소설의 몸과 감각」, 『한국문학논총』 61집, 한국문학회, 2012. 8, 240쪽.

호 의존 관계에 있는 지각주체(subject)이자 지각대상(object)인 '감각'이 어떻게 지각되고 형성되는가 하는 방식에 초점을 두고 살펴보고자 한다. 이를 통하여 이우걸 시조의 타자 지향성의 의미를 규명할 수 있으리라 생각한다.

2. 감각의 활용과 타자성의 발견

이우걸은 감각적이다. 이우걸에 있어 '감각'이 주목되는 까닭은 감각적 수사(시각적 청각적 촉각적 등)에 그치지 않는다는 데에 있다. 이우걸이 활용하는 감각에는 모든 감각기관이 동원된다. 이는 흥미로운 발견이다. 먼저 '이마' '눈' '입/입술/이빨' '손/손톱' '귀' '발/신발'로 세분화된 감각으로 활용되고, '영혼', '영육', '몸' 등으로 확장, 통합되어 드러나기도 한다. 감각은 곧 감정을 드러내는 것으로 연결된다. 감각과 감정은 그 자체가 실제적 운동(반응)이라고 할 수 있기 때문이다. 감각은 곧 몸으로 제재이자 주제로 뻗어간다. 이우걸은 섬세한 감각의 촉수를 동원하여 나와 너의 상호조응을 통하여 타자성[3]을 발견하고 소통의 진정성에 이르고자 한다.

---

3 여기서 '타자'란 배제되고 억압된 존재 혹은 타인이란 의미로 사용한다. 악셀 호네트가 사용하는 '정의의 타자'에서 타자는 배려의 원칙과 인정의 원칙에 기반한다. 개인은 인간이라는 보편성과 동시에 개인적 특수성을 지닌 존재이며 친말한 사람들과 정서적 한계를 형성하며 살아가는 존재이다. 악셀 호네트, 문성훈 외 역, 『정의의 타자』, 나남, 2009, 9~13쪽.

2-1. 이마-눈(빛) : 타자의 발견과 공감의 회로

정서 촉발과 동정(sympathy)의 중재는 뇌 영역 전두엽(이마엽)에서 걸러진다.[4]

그런 까닭인가. 이우걸 시에서 '이마'는 시의 근원이자 번민, 판단의 처소로 드러난다. '이마'는 바라보는 자의 눈빛 혹은 시선에서 발견된다. 현상학적 시선은 대상을 바라보는 과정에서 발생하는데 '타자'를 알고 이해에 도달하기는 쉽지 않다. 이러한 몸의 맹점盲點, 존재자의 헤아릴 길 없는 신비, 과거의 깊이, 장래의 불확정성. 타인의 초월성과 같은 다양한 경험 분야에서 의식은 이 절대적 비가시성의 문턱에 부딪히게 된다.[5]

현상학에서 지평地平은 이 모든 절대적인 비가시성의 문턱에 대한 은유가 될 수 있다.

> 잠긴 문전에서 등 돌린 바람 속에서
> 무심히도 바라뵈던 이승의 문패 아래서
> 수 없이 나를 결별한 내 이마를 건지고 싶다
>
> ―「어두운 창을 열고」 부분

「어두운 창을 열고」에서 시 창작을 향한 시인의 열망을 읽을 수 있다. 시 창작은 '만경창파' 속 '돛배'처럼 외로운 작업이나 멈출 수 없

---

[4] 안토니오 다마지오, 임지원 옮김, 『스피노자의 뇌』, 사이언스북스, 2007, 77쪽.
[5] 미셸 콜로, 정선아 옮김, 『현대시와 지평구조』, 문학과 지성사, 2003, 134쪽.

다. 시는 "잃어서 얻은 저 목숨"처럼 절대적인 대상인 까닭이다. "사멸의 눈길 안에도 연엽軟葉 같은 운韻이 돋는" 시어 탄생의 찰나적 순간을 포착하기 위해서는 잠시도 긴장을 늦출 수 없으나, 장담할 순 없다. "잠긴 문전" "등 돌린 바람" "이승의 문패 아래"에서 유산되거나 철회된 시의 잔해마저 다시 들추려는 시인의 집요한 사랑을 엿본다. "수 없이 나를 결별한 내 이마를 건지고 싶다"에서 '내 이마'는 내 것이나 내 것이 되지 못한 시를 향한 애련에 젖어 있다.

> 진한 거역 씻어 내고 찬 이마 마주 댑히면
> 흔들수록 흔들릴수록 우리는 한 점 어등魚燈
> 죄 없는 영혼을 만나러 하늘 아래 놓였다.
>
> ─「찬 이마 마주 댑히면」부분

아이러니하게도 '이마'는 얼굴의 가장 윗부분에 좌정하여 본인은 볼 수 없고 상대에게는 잘 보인다. 쉽게 보여 닿기에 더욱 조심스러운, '이마'는 좁힐 수 없는 실존의 거리이다. "찬 이마"는 "진한 거역"의 열기를 낮춘 지성의 온도를 품고 관용의 마음자리를 지향한다. "죄 없는 영혼을 만나러 하늘 아래 놓였다."에서 부족한 서로에 대한 인정과 "우리는 한 점 어등魚燈"에 불과하다는 낮고 절실한 고백으로 만나 찬 이마를 마주 댑힌다. '이마'는 지성과 관용의 자리이다.

그래서 '이마'는 날이 서 있다. "눈을 뜨면 이마 위엔 / 언제나 돌이 있다 / 그늘을 지우기 위해 새로운 출발을 위해"(「돌」)에서 명증한 사유를 위해 언제고 가다듬으려 한다. 그렇지 않으면 "묘하게 넘긴 처세가 이마를 벗겨 놓았다."(「잔나비」)처럼 약삭빠른 처세를 취하면 '이마'는 언제고 풍자의 대상으로 추락한다.

2
따스한 눈빛만이

가장 확실한 격려

굴곡 많은 네 이마의

상처를 바라보다가

벨 소리 나기도 전에

면회실을 빠져나온다.

— 「마산교도소 - K에게」 부분

「마산교도소 — K에게」에서 '이마'와 '눈빛'의 조응은 사랑처럼 따스하고, 고백처럼 신중하다. "따스한 눈빛"이 "굴곡 많은 네 이마"를 향해 건넬 수 있는 것은 조심스런 '격려'이다. 변함없는 믿음과 마음을 전하는 동행이다. 화자의 진중한 배려는 "벨 소리 나기도 전에 / 면회실을 빠져나온다."에서 분명하게 드러난다. 두 사람의 조용한 교감을 흔드는 '벨 소리'는 무엇인가. 교도소 내의 질서와 규율을 드러내는, '너'

를 수감자로 부르는 호출이 아닌가. 벨을 피한 화자는 눈빛을 지킬 수 있어 다행이다.

이우걸 시에서 눈빛은 따스하고 섬섬하다. "그 섬섬한 눈빛이 닿아 / 고이어 맺힌 하늘"(「이슬」) "그 사람 / 눈빛처럼 / 말없이 따라와선"(「남해 맑은 물은」)에서 알 수 있듯이 '눈빛'은 '이슬'로 '물'로 결정結晶된 위로의 전언으로 드러난다. 그러하기에, 비관여적인 '눈빛'은 오래 타자를 따를 수 없다. 거두고 자신에게 돌아오는 과정에서 흔들리고 어긋날 수밖에 없다.

> 따뜻한 날개를 가진 종이배는 꿈의 나라
> 고운 살결 깎여 버린 어두운 물 위에서도
> 남이는 정성을 다해 종이배를 띄워 보낸다.
>
> 아득히 먼 곳을 향해—
> 그리운 먼 곳을 향해—
> 내 눈빛이 부서져서 맴돌고 있을 때에도
> 남이는 물을 넘어선 먼 곳의 학을 본다.
>
> ―「종이배」 부분

이 시는 부자父子 동행의 시이다. 「종이배」는 서로 갈리는 '눈빛'의 향방을 선명하게 드러낸다. 부자는 냇가에서 종이배를 띄우고 있다. 이 아득하고 행복한 풍경은 멀리서 보면 영원할 듯하나 정작 그 지속의 시간은 길지 않다. 아들 '남이'에게 '종이배'는 꿈의 나라이나 아버지에게는 돌봄의 도구에 지나지 않는다. 정성을 다해 종이배를 다루는 '남이'의 눈빛은 그의 꿈을 담고 있다. "아득히 먼 곳을 향해— / 그리운 먼 곳을 향해—" 동경의 시선을 쏘아 올린다. '남이'가 "물을 넘어선 먼 곳의 학"을 볼 때 "내 눈빛"은 이미 부셔져서 맴돌고 있다.

이것은 단순한 객관적 사실의 인지인 지각의 영역을 넘어서는 심연을 드러내는 풍경이다. 아버지인 화자가 아들을 바라보는 시선은 일종의 의식적 감각 행위(sentir)이다. 아들이 느끼고 믿는 체험의 시간을 완전히 의식하고 이해하는 상태이다. 이버지는 어린 아들의 꿈이 현실에서 위태롭고 이루기 힘든 꿈의 시간임을 안다. 그럼에도 아들 편에서 바라보는 원망願望을 겹치기도 했으리라. 바라보는 방향은 같으나 그 의미가 같을 수 없어, 시선은 갈리고 부숴진다.

2-2. 손/발 : 현실적 위치와 소외의 간극

'손'과 '발'은 무엇보다 우리의 일상을 가능하게 하는 작동주로 개인이 처한 현실적 상황을 가감없이 드러낸다. '손'과 '발'은 각 개인이 처한 구체적 일상과 현실적 위치(계급성) 그리고 친소관계를 드러내는 데 기능한다. 이우걸 시조에서 '손'과 '발'은 구체성과 관념성을 담보하는 매개이다.

먼저 '손'의 경우, 「손 2」에서 시인은 '손'을 찬양한다. '손'은 '천사'이고 운명의 결단을 일임받은 자이며 '고향'이고 '언덕'이다. 「손 2」는 '손'의 돌봄과 행함을 통해 '손'의 기능성과 초월적 가능성을 강조한다. "그저 약속도 없이 / 잔은 만나려 한다 / 만나서 가꿀 수 있는 한 평의 뜰이 없어서" "어쩌면 잃어버린 손에 대한 향수 때문에 / 잔을 만나려 한다 만나서 불타려 한다"(「잔」)에서 손이 갖는 접촉의 반향은 강렬하다. 「잔」의 주체는 누구인가. 잔인가 잔을 들고 있는 자인가. 주체와 대상의 무화는 단순하지 않다. 잔이 손에 닿는, 잔에 닿는 손의 시간은 타진의 순간으로 마음에 한 평 뜰을 가꾸는 시간이다. 손길 혹은 접촉이 없으면 아무것도 이루어지지 않는다는 심원한 진실이 뜨겁다.

'손'은 보이는 곳과 보이지 않는 영역에 스며들어 매우 심오하게 변주된다. "어릴 땐 크고 따스한 아메리카의 손"(「아메리카」)에서 '손'은 굴욕적 원조로 「비누」에서 '손'은 구체적 대상('비누')을 철학적 승화('영혼의 거울')로 길어 올리는 매개로 작동한다. 아내의 "멍이 든 손끝"(「꽃」)은 정원 같은 가정을 가꾸기 위한 가혹한 희생, 헌신을 의미한다.

>
> 1
> 나사가 나사일 땐 나사인 줄 몰랐다
> 병든 자본의 가지 끝에 앉아서
> 마지막 조립을 위해 피 흘리던 손이여
>
> 무너진 계단 밑에서 잠이 든 너를 보며
> 으깨진 주검 속에서 일어서는 너를 보며
> 어둡고 아름다운 세상의
> 나사를 생각한다.
>
> ―「나사 2 삼풍백화점」 부분

「나사 2 ― 삼풍백화점」에서 주목한 손은 노동자의 손이다. 「나사 2」

는 '삼풍백화점' 참사를 기억하고 희생자를 애도하는 시이다. 삼풍백화점 참사는 자본주의 시스템의 총체적 붕괴, 부실을 상징하는 사건이다. 화자는 희생자를 "병든 자본의 가지 끝에 앉아서 / 마지막 조립을 위해 피 흘리던 손이여"로 호명한다. '나사' 같은 존재인 "피 흘리던 손"의 노동자를 희생자로 내세운 것은 이례적이다. 노동자는 실질적인 권한은 없으나 그 책임에서 완전히 자유롭기도 어려운 애매한 존재인 까닭이다.

나사가 자리를 잃고 튀어나오면서, 노동자의 '피 흘리던 손'이 발견된 것은 진정 반가운 일이나, 후속 조치는 씁쓸하다. 사실상 폐기대상인 튀어나온 '나사'는 눈길을 오래 끌지 못한다. 그렇기 때문일까 화자 또한 지금 이곳의 탐색을 멈춘다. "어둡고 아름다운 세상의 / 나사를 생각한다."로 장을 넘긴다. 미래지향적이긴 하나 현실적 체념과 한계를 보인다. "으깨진 사체 속에서 일어서는 너를 보며" 가능한 상상은 반듯한 자본주의의 건립일까. 멈출 수 없는 발전에 대한 다짐일까. 소외된 노동자, 피해자에 대한 현실적 처우는 더디고, 유보되는 과정에 있는 것은 아닌가.

> 들일하다 돌아온 마음씨 착한 우리 형수님
> 무심코 본 손톱의 반달이 희미하다
> 무좀이 번져서일까
> 외로움이 깊어서일까.
>
> ―「손톱」부분

어디 익명의 노동자 삶에 그칠까. 힘겹고 고독한 삶은 모두 각자의 몫으로 쉽게 나눌 수 있는 것이 아닌 듯하다. 다정한 화자인 시동생은, 깊이 숨어 보이지 않는 형수의 '손톱'을 볼 수 있다. '손톱의 희미한 반달'에서 질환인 '무좀'과 '외로움'을 읽어 낸다. 마음만 건넬 뿐 해 줄 수 있는 것이 없다.「반지」에서 연인에게 반지를 끼워 주며 "그 손에 내 마음 입힌 반지를 끼워 보네. // 우리 삶 푼수만 한 황금 두 돈 반지"의 일성은 배타적인 손의 친밀성과 그들이 처한 현실적 상황을 웅변한다.

'발'은 어떠한가. '발'은 우리를 어디에나 갈 수 있게 실어 나르는 중요한 감각기관이다. '발'은 '다리' 혹은 '신발'로 달리 불리며 등장한다. 이우걸에게 '발'은 매우 각별하다. 영혼과 육체의 구분이 의미 없는, "묵묵히 한생의 무게를 / 감당해 온 / 신뢰밖엔."(「발에게」)이라며 칭송하는 특별한 존재이다. 그럼에도 불구하고 '발'은 갈 수 있는 곳과 갈 수 없는 곳이 정해져 있어 자유롭지 못하다. 이러한 '발'의 거처는 공동체의 의미와 주체의 존재 감각을 환기한다.

2
이따금 엽서에다 누나는 소식을 쓴다
성한 그, 다리로는 밟지 못할 고향 땅에
어머니 추우실까 봐 털옷도 짜 보낸다.

—「우리 누나」부분

아무나 이곳에 와서
신발을 벗지 못한다

영육의 문신을 온몸에 나눠 새기며

꿈꾸는
사람들끼리만
백성이 되는
나라.

―「방 1」 전문

「우리 누나」, 「방 1」 두 편의 시에서 볼 수 있듯이 '발'은 자유롭지 못하다. 무슨 까닭일까. 「우리 누나」의 '우리 누나'는 성한 다리로는 고향 땅을 밟을 수 없다고 한다. 고향은 누나에게 닫힌 공간이다. 이는 누나의 선택이기보다는 암묵적인 고향의 배제 논리를 내면화한 것이라고 해석할 수 있다. 무슨 사연인지 알 수 없다. 다만 누나의 사적이고 수치스러운 일과 연관된 것이 아닌가 짐작될 뿐이다.[6]

고향은 이중적이다. 보통의 경우 고향은 '장소'(place)로 안전과 애정을 느낄 수 있는 고요한 중심이다. 그러나 '우리 누나'에게 '고향'은 간섭과 사시적 시선을 견뎌야 하는 곳일 뿐이다. 누나는 개방과 자유의 공간(space)을 찾아 떠난 것이라 볼 수 있다.[7] 모든 것이 노출되고 익명성이 보장되지 않은 채 개인사에 예외를 두지 않은 고향에서는 실존적

---

6 '우리 누나'는 이우걸 시인 친구의 누나이다. "6·25 이후 양공주가 된 누나를 가진 동생이 우리반 학생이었던 기억을 되살려 써 본 것이다." 261. 이우걸, 『풍경의 해석』, 동학사, 2021.
7 Yi-Fu Tuan, 구동회·심승희 역, 『공간과 장소』, 대윤출판사, 1995, 25쪽.

외부성[8] 만 확인할 뿐이다.

「방 1」의 논리는 더욱 폐쇄적이다. '영육의 문신'을 '온몸'에 나눠 새기며 (같은) 꿈을 꾸는 사람들끼리 '백성'만이 들 수 있는 공간이 '방'이다. 이 좁디좁은 논리를 가진 '방'에 머물 수 있는 사람만이 '백성'이니, 방이 곧 나라이다. '아무나'는 '신발'을 벗지 못하니 감히 근처에 얼씬할 이유가 없다. 금지와 배제, 선택적 허용의 공간이 '고향'이고 '방 1'이다.

그런데 금지와 배제의 공간은 '고향'과 '방 1'에만 그치지 않는다. 넘나들 수 없는 공간은 우리 마음이 만드는 거리이기도 하다. 기다려도 발길 닿지 않는 공간이 고향이기도 하고 한 방에 누운 식구라도 발을 들일 수 없는 금을 긋는 공간이 집이다. 고향에 "섬처럼" 농사일하는 (「형님」) 형님과 '자궁암'을 앓으며 '폐선'처럼 그늘져 있는 형수님이 계신다. 왕래가 잦았다면 이토록 쓸쓸하지도, 병의 치료 시기를 놓치지도 않았을 것이라는 인상을 받는다.

    몇 번을 건설하고 또 몇 번을 파괴해 온

    산마루 꼭대기에는 바람뿐인 집이 한 채

    절망과 희망이 누워

---

8 에드워드 렐프, 김덕현·심승희 역, 『장소와 장소상실』, 논형, 2005, 119쪽.

서로 다른

꿈을 지핀다.

— 「식구」 전문

「식구」를 보면 「방 1」이 품은 폐쇄적 동일시 논리가 순진하고 눈물겹게 느껴질 정도이다. 「식구」에서 산마루 꼭대기에 지어진 한 채 뿐인 집은 바람 소리만 들린다. 산마루 꼭대기 집을 찾는 이가 누가 있을까. 오고 가는 이가 없는 이 집의 외로움은 식구들에게서 더욱 짙다. "절망과 희망이 누워 / 서로 다른 / 꿈을 지핀다."는 무엇인가. 식구들은 서로 다르다. 한 집에 있으나 그들은 서로를 이해할 수 없다. 서로 다른 꿈을 이루기에(이루기 위해) 꿈을 공유할 수 없는 듯 하다. 그들은 서로의 공간에 갇혀 왕래가 없다. 식구도 없고 집도 보이지 않는다.

2-3. 입과 귀 : 자기 성찰과 감각의 갱신

무엇보다 '입'(입술)과 '귀'는 성찰의 장으로 드러난다. 말하고 듣고, 듣고 말하는 감각기관인 입과 귀는 긴밀하게 연결되는 수신, 소통체계인 까닭일까 서로의 진정에 도달하지 못하는 입과 귀는 생생한 고통을 토로한다.

먼저 「입술」은 복잡한 표정 속 다양한 의미로 읽힌다. 먹고 마시고 말하는 감각처인 '입'은 성애적 공간이자 욕망의 근원이고, 죄를 짓고 반성하는 언어의 도가니이다.

유채꽃밭에선 나비들이 놀고 있다.

뜬 가슴 부산한 흰 구름의 나들이

그대의 작은 입술이

물기에 젖고 있다.
—「입술 2」 전문

너를 키우는 건 불굴의 남근일까
수초 우거진 긴 밤의 덩굴 사이로
굶주린 사내들은 와서
홍등을 물어뜯는다.
—「항구」 부분

사뭇 대조적인 위 두 편의 시는 입술이 처한 유동적 자세를 역설한다. 「입술 2」는 낭만적 연애의 폭주하는 기쁨을 담고 있다. 「항구」는 매춘의 배설적 성애를 다룬다. 「입술 2」에서 노오란 '유채 꽃밭'을 봄 풍경으로 하여 유희와 환희의 몸짓이 펼쳐진다. 나비의 가슴은 뜬구름처럼 가볍고 날갯짓은 한없이 부드러울 것이다. 나비의 목표는 '그대' '작은 입술'의 반응을 향한다. 물기에 젖어 드는 작은 입술은 익어 가는 봄처럼 몽환적이다.

반면 「항구」는 어떤가. '항구'는 본능의 배설적 공간이다. '남근'을 가진 '굶주린 사내'들이 우거진 수초 덩굴을 헤치고 '홍등'을 물어뜯는다. 수초水草는 여성 성기의 외피적 모양새임을 상상하기 어렵지 않다. 그들이 물어뜯는 것이 여인의 성이 아니라 홍등이라는 표현은 기이하다. '홍등'은 매매춘의 유흥가와 인격성과 관계성이 전혀 존재하지 않는 파괴적이고 파편적破片的인 섹슈얼리티를 말한다. 환멸을 남길 뿐이다.

「겨울 항구」는 "어둠의 사슬에 묶여 포구에 갇힌 선박들"이 머무는 황량한 현실로 '오리무중의 내일'을 닮았다. 주변의 '여인숙 하수구'는 '병든 낭만'을 방류하고 있다. 이러한 대비적 현상을 통해 시인이 지향하는 것은 치열한 관계욕망이다.

> 그리움의 살결이 짐승처럼 만나서
>
> 피 흘리며 짜내는 파도 같은 사랑이여
>
> 밤마다 네 소리 때문에
>
> 달이 하나 뜨곤 한다.
>
> ―「사랑 노래」부분

이우걸에게 '사랑'이란 진정한 영육의 결합이다. 너와 나의 만남은 뜨겁고 새로운 감각의 장을 함께 하는 것이다. "그리움의 살결"이 전제되어야 한다. 서로에 대한 갈망이 '짐승'처럼 만날 때, '피 흘리며 짜내는 파도' 같은 사랑을 부를 수 있다. '파도—소리—달'의 이음은 몽환적인 충만함이다.

이토록 직접적이고 예민한 관계의 감각기관인 입(입술)을 향한 이우걸의 삼가와 근심은 깊다. 무엇보다 '입'이 자신에게는 성실을, 타자에게는 진정을 담보하는 도구로 한정되길 원한다. "마른 낮달처럼 내 가슴에 떠 있는 것아 / 너를 피리 불어 이 세상을 속인 죄로 / 숨겨 둔 퍼어런 멍울만 / 한밤에 아려 온다."(「입술 1」)에서 보듯이 입술은 '마른 낮달'의 창백한 기만으로 언제든 죄를 범할 수 있다. '입'은 진정한 관계, 증언을 위해 복무해야 한다고 다짐한다.

무책임한 침묵도 비판의 대상이다. '달콤한 침묵'은 쉽게 취하여 빠져 들 수 있는 "뱃놀이 같은 마약"(「입술 5」)이라고 경계한다. "천 근의 무게를 빙자해 / 내가 채우는 쇠통 하나"(「입술 6」)에서 나서지 못하는 비겁함을 꾸짖고 있다. 입술은 진정성을 위한 고백을 가능하게 하는 도구이다. 그래서 입술은 이마 위 돌처럼 언제고 고해성사를 마련한다. "젖은 담요를 깔고 잠은 지금 누워 있다 / 오늘 밤 그가 맞이할 영혼의 고해성사 / 아파트 베란다에 걸린 / 빨래들이 푸석거린다."(「입술 3」)는 불면의 밤처럼 진지하다. 「자정에 이 닦기」에서 시인은 "상대편을 해치고 비계 덩일 무찌르는 / 내 수성獸性의 입안을 깨끗이 씻기 위해 / 밤마다 나는 이빨을 닦아야 하는 걸까."라며 하루를 마감하고 내일을 다짐하는 시간에 '수성'을 씻어낼 이빨을 살핀다. 진정한 관계 맺기를 위한 자기 수신修身, 성찰의 시간이 치열하다.

시인은 이명의 고통, '귀울음'의 대속代贖을 통해 감각을 갱신하고

자 한다.⁹ "설은 밥알 같은, 떫은 풋감 같은 / 그런 과거사를 귀는 알고 있다 / 그것이 울음이 되어 / 스스로를 닫으려 한다"(「이명 4」)에서 '이명'을 고백한다. 이명은 '설은 밥알' '떫은 풋감' 같은 말을 제대로 듣지도, 해독하지도 못한 까닭에 이것이 '귀울음'으로 퍼지며 문을 막은 것이다. 과거사이나, '이명'은 멈추지 않는다. 여러 편의 시에서 '귀' '귀울음' '이명'으로 등장하고 화자는 고통을 호소하며 뒤척인다.

'이명'이 깊을수록 들음의 방향은 선명해진다. 다행으로 처방도 얻었다. "마음이 길을 잃어서 / 오래전에 병든 귀"(「귀」)에서 '귀울음'의 증상과 대안이 간파된다. '이명'은 자연의 비경, 생의 진경을 알고 싶어 뒤척이던 지난 열망을 되찾으라는 타전이었다.

생의 언덕바지엔 목쉰 파도가 산다

파도는 사연 많은 생채기의 울음들이다

그 소리 다 읽고 싶어

귀는 늘 잠이 없었다

— 「이명 3」 전문

---

9 정미숙, 「물 위에서 노래하다 — 이우걸 『이명』(천년의 시작, 2023)」, 『시작』, 2023년 여름, 통권 84호, 148쪽.

「이명 3」에서 '귀'는 '생채기의 울음들'을 다 읽고 싶어 잠들 수 없다. 화자가 앓고 있는 신열은 듣고 싶은 것을 잘 들을 수 없어 애타는 몸부림이다. 귀울음은 바르게 듣고, 뜨겁게 느끼고자 하는 의지이다. 다시 말하면 경청傾聽의 의지 표방이다. 경청은 진실된 바의 주체화로 이해되는 고행적 실천이다. 경청은 개인으로 하여금 사람들이 말하는 진실을 확인하게 해주고 진실을 확신할 수 있게 해준다. 이럴 때 귀(청각)는 모든 것 가운데 가장 정념적이고 다른 어떤 감각보다도 이성(logos)을 더 잘 받아들이는 감각[10]이라는 사실을 새길 필요가 있다.

　　들으려 하지 않는 귀,

　　들을 수도 없는 귀,

　　이미 편 갈린 귀,

　　서로 닫아 버린 귀,

　　마음이 길을 잃어서

　　오래전에 병든 귀

　　　　　　　　　　　　―「귀」전문

10　미셸 푸코, 심세광 옮김, 『주체의 해석학』, 동문선, 2007, 360~361쪽.

제대로 듣고 말한다는 '이명'의 주제 의식과 그대로 연결된다. 나의 체험과 감각을 통하여 세상이 들어오고 해석되는 것이 아닌가. 시인의 몸은 그 자체로 하나의 감각기관이다. 하나의 귀이거나 눈이고, 뇌이다. 한통속인 몸의 오류를 넘는 방법은 욕망의 주체인 나에 대한 비판적 성찰과 갱신 의지의 지속이다.

3. 감각 너머, 이해와 소통의 지평

이우걸은 생생한 감각을 활용하여 타자의 이해와 세상의 해석에 이르고자 하였으나 몸이 분리되어 있듯이 나뉜 간극을 메우기는 어려웠다. 이에 이우걸은 가시태적인 감각 너머 비가시태의 영역인 내면의 감각 시학을 도모한다. 이는 보이고 보여지는 존재의 한계, 이해 불가능성의 협로를 벗어나고자 하는 시도이다. 현상학은 현전에 대한 사유가 아니며 부재에 대한 사유도 아니다. 현상학은 충만하고 완전한 현전도 아니고 순수한 부재도 아니며 항상 '은연한 현시'이자 '비—현시'인 지평구조에 대한 사유이다. 현상학은 드러냄이라는 방법을 통해서 감추어진 의미를 의미작용과 목적이라는 이중의 방향성[11]에서 살필 수 있는 것이다. 여기에서, 「맹인」과 「봄」 그리고 「숙제」에 활용된 읽기, 듣기, 그리기의 방식을 다시 살펴보는 것이 유용할 듯하다.

---

[11] 피에르 테브나즈, 김동규 옮김, 『현상학이란 무엇인가』, 그린비, 2011, 63쪽.

맹인은 사물을 손으로 읽는다
손은 그가 지닌 세계의 창이다
마음이 길을 잃으면
쓸쓸한 오독誤讀도 있는….

눈 뜬 우리는
또 얼마나 맹인인가
보고도 만지고도
읽지 못한 세상을
빈 하늘 뜬구름인 양
하염없이 바라보는.

—「맹인」 전문

「맹인」의 '맹인'은 치명적인 사람이다. 시력을 잃었으니 감각의 절반을 잃었다고 해도 과언이 아니다. 바라보는 눈빛을 느낄 수 없어 자신을 깊이 알 수도 없다. 맹인이 지문指紋을 통해 읽는 것은 세상이 허락한 최소한의 지문地文이다. '맹인'이 '손'의 감각으로 빛을 끌어내는 애타는 한 길 여정도 '마음'이 결정한다는 사실은 큰 울림을 준다. '맹인'의 목숨줄 같은 한 길 여정도 마음이 길을 잃으면 오독이 따른다는 진실은 눈뜬 우리가 새겨야 할 마음가짐이어야 한다. 어둠의 세계에서 맹인은 자신의 손끝에서 심오한 빛을 찾는다. 맹인은 마음을 세워 보아야 한다는 것을 알기에, 맹인일 수 없다.

「맹인」은 읽을수록 눈이 밝아지고 시야가 넓어지는 시이다. 우리가 알고 보는 것이 진실이 아니고 진리가 아님을 이토록 명쾌하게 짚을 수가 있을까. "눈 뜬 우리는 / 또 얼마나 맹인인가 / 보고도 만지고도 / 읽지 못한 세상을 / 빈 하늘 뜬구름인 양 / 하염없이 바라보는."은 날카로운 풍자이다. 맹인이 아닌 우리는, 보고 만진 세상을 전부라고 믿는 진정한 맹인이다. 마음의 빛에 닿지 못한 까닭일까. 통탄할 일은 자각조차 하지 못한다는 점에 있다. 자기 갱신의 감각을 통한 전환적 사유만이 전반에 깔린 관계의 타자성을 극복할 수 있을 것이다.

수피樹皮속엔 어둠을 쫓는

물소리가 요란하다

그것들이 상처에 닿으면

죽창 같은 잎을 내민다

어혈 진 가슴을 푸는

이 화해의 영토 위에서.

—「봄」전문

「봄」은 처절한 모순으로 우리를 겨눈다. '봄'을 보는 화자의 시선도 분열적이고 '그것들'의 기세는 전투적이다. 화자는 '수피 속'을 보고

'어둠을 쫓는 물소리'를 듣고 있다. 어둠을 뚫고 생명이 펼치는 전쟁의 함성을 듣는다. 화자의 혜안이다. 봄의 생명과 화해는 그저 주어지는 것이 아니다. 죽창竹槍은 물릴 수 없는 생명의 권리 장전章典/裝塡이다. 우리는 세상을 향해 '죽창 같은 잎'을 내민 봄을 보며 저항과 순응의 생명에 경외심을 갖지 않을 수 없다. 화자는 우매를 가장한 느긋한 시선 대비로 현상 너머, 진정한 여정을 제시한다.

「맹인」과 「봄」은 우리가 볼 수 없는, 쉽게 감지할 수 없는 심원한 생명의 감각 지대가 약동하고 있음을 깨닫게 한다. 함부로 엿볼 수도 넘볼 수도 없다는 생명, 타자의 세계에 대한 경외감은 지금 이곳의 자세를 교정하게 한다.

> 바닥난 우물 깊숙이 두레박을 드리우듯
> 아버지의 발을 그린다
> 조심조심 그린다
> 세상의 짐이 무거워 잠에 빠진 그 발을…
>
> 한 번도 다정스레 안아 준 적 없었지만
> 한 번도 다정스레 불러 준 적 없었지만
> 새벽에 불을 켜 놓고
> 아이는 발을 그린다
>
> —「숙제」 전문

마침내, 이우걸은 전율하는 세계에 내몰리며 마음속 깊이 묻어 두었던 '아버지'를 끌어올리려 한다. "바닥난 우물 깊숙이 두레박을 드리우듯 / 아버지의 발을 그린다"에서 읽을 수 있듯이 이제 '아버지'는 우리들의 든든한 '두꺼비집'이 아니다. 그저 깊숙한 '심연'일 뿐이다. 왜 시인은 '아버지의 발'을 그리려 하는가. '바닥난 우물' '깊숙이' '두레박을 드리우듯'은 두렵고 막막한 시간을 말한다. 우물에 닿는 더딘 시간과 닿을 수 있을지조차 막막한 시간을 견뎌야 한다. '발'은 이우걸이 영육의 구분 없이 신뢰를 갖는, 가장 소중하게 생각하고 허물없이 여기는 곳이다.

「숙제」의 '아이'는 아이와 어른의 구별을 지났다. 아버지의 발을 '세상의 짐이 무거워 잠에 빠진 그 발을'이라고 말할 수 있는 사람은 아버지를 이해하기 시작한 아버지의 시간을 사는 성장한 시인이라고 생각된다. 그러나 아버지의 깊이를 알기란 얼마나 힘든 것인가. "한 번도 다정스레 안아 준 적 없었지만 / 한 번도 다정스레 불러 준 적 없었지만"에서 아버지에 대한 원망과 절망 사이에서 분열하는 시인은 여전히 내면 아이의 시간을 지니고 있다. 아버지의 발을 정확히 그리기 위해서는 각인된 아버지상을 지우고 다시, 그려야 한다. 그래서, 원망과 갈망의 그늘을 걷으며 "새벽에 불을 켜 놓고 / 아이는 발을 그린다"는 깊은 울림을 갖는다. 언제나 무의식의 그늘에 숨어 있던 아버지 혹은 아버지라는 상처를 제대로 바라보고 그린다는 것은 현실에 대한 직시이고 아버지에 대한 이해이고 도달이다. 마침내, 긴 두려움의 시간을 지나 화자는 '아버지'의 타자성에 이르는 시적 직관에 닿은 것이다.[12]

---

[12] 미셸 콜로, 정선아 옮김, 『현대시와 지평구조』, 문학과 지성사, 2003, 19쪽.

이우걸의 「휴대폰」

박진임

　기술 문명의 발달로 인하여 현대인의 삶은 더욱 편리하고 풍요로워졌다. 그러나 다른 한편으로 그 기술 문명의 산물들은 인간을 기계에 의존하게 만들어 기계가 없이 독자적인 삶을 영위하는 것을 어렵게 만들었다. 문명의 발전이 오히려 삶을 어렵게 만들었다고 볼 수 있다. 직접적이고 물리적인 만남이 없이도 연락과 정보 교환이 가능하게 된 이후 가상 공간을 통하여 인간의 모방 욕망이 더욱 강화되었다. 마찬가지로 다양한 기계의 발명이 인간 소외 현상을 가속화하게 되었다. 타자라는 존재와 직접 만나 마음을 나누는 것은 인간에게 정서적 위안을 가져다 준다. 반면, 기계에 의존하면서 간접적으로 이루어지는 만남은 그러한 정서적 기능을 수행하기 어렵다.
　휴대폰은 인간 소외를 불러오는 문명의 이기들 중에서도 대표적인 사물이라 할 수 있다. 휴대폰이 등장하면서 지구상의 무수한 개인들이 그 기계를 지니고 다니게 되었다. 연락과 소통이 이전에 비해 매우 용이한 시대가 시작된 셈이다. 그러나 그 휴대폰 때문에 오히려 사람들은 정서적으로 더 궁핍해진 형국이다. 만나야 할 사람을 덜 만나게 되고 연락을 기대할 때 연락해 주지 않는 타자에 대해 실망감을 갖게 되었다. 휴대폰은 그 밖에도 개인들로 하여금 보다 복합적인 여러 가지 감정을 경험하게 하는데, 결국 그 감정의 복합체는 개인을 불안하게 만들고 있다. 그 불안감은 정체를 분명히 알 수 없는 막연한 불안감이다. 왜 불안하게 느끼는지 그리고 어떻게 안정감을 회복할 수 있을지 알기 어렵기 때문이다. 한국시에서 휴대폰의 발명이 재촉한, 현대인의 삶의 불안을 그린 텍스트 중 대표적인 것으로 이우걸 시인의 「휴대폰」을 들 수 있다.

> 쉽게 열리지만 쉽게 열 수 없고
> 쉽게 닫히지만 쉽게 닫을 수 없는
> 금속성 음성을 가진
> 휴대폰은 오늘의 표정.
>
> 돌아보면 황량한 이 세상 모퉁이에서
> 어쩌다 손잡고 가는, 마음 못 준 길동무처럼
> 닫아도 또 열어 봐도
> 먼저 닿는 불안이여.
>
> —「휴대폰」 전문

이우걸 시인은 휴대폰의 등장이 초래한 세상의 변화상을 표현하고 있다. "휴대폰은 오늘의 표정"이라는 구절을 통해 볼 수 있듯이 휴대폰이 지닌 속성들은 현대인의 삶의 양상을 다양한 각도에서 조명하고 있다. 시인은 그 음성을 "금속성"이라고 표현하였다. 나무나 물과 같은 자연의 물상들이 사람들에게 안정감을 주는 것과는 달리, 휴대폰을 구성하는 물질인 플라스틱과 금속은 정서적 안정감을 주는 물질이라고 보기 어렵다. 나무나 물과 같은 자연의 물상들이 사람들에게 안정감을 주는 것과는 다르다. 휴대폰은 타자의 음성을 전달하는 기계인데 그 기계를 통과하여 전달되는 타자의 음성 역시 금속성일 수밖에 없다. 정서적 친밀감을 그런 음성에서 기대하기는 어려울 것이다.

"쉽게 열리지만 쉽게 열 수 없고 / 쉽게 닫히지만 쉽게 닫을 수 없는"이란 구절은 휴대폰이 매개하는 금속성 음성과 적절한 짝을 이루는 표현이다. 이우걸 시인이 시적 소재로 삼은 휴대폰은 90년대에 사용되던 초기 형태의 것임을 짐작할 수 있다. 열고 닫으며 사용하는 형태의 휴대폰인 것이다. 그런 휴대폰을 여는 것은 쉽고 그것을 닫는 것도 결코 어려운 일은 아니다.

그러나 이 구절에서 '열다'의 의미는 중의적이다. 한편으로는 휴대폰을 연다는 의미를 지니고 있고 다른 한편으로는 그 휴대폰으로 인해 연결되는 대상, 즉 타자의 마음을 연다는 것을 의미한다. 전자, 즉 휴대폰을 여는 것은 쉽지만 그 휴대폰 사용자의 마음을 열기란 쉽지 않다. '닫다'의 경우에 있어서도 마찬가지이다. 전달되어야 할 내용이 전달된 다음 휴대폰을 닫으면 그 통신은 종결된다. 그러나 휴대폰을 닫은 이후에도 그 행동과 함께 타자를 향해 열었던 마음조차 바로 닫히는 것은 아니다. 그러므로 현대 사회에서 사람과 사람이 소통하는 일이 한편으로는 너무 쉽고 한편으로는 너무 복잡하고 어려워졌다고 할 수 있다. 어쩌면 현대 시대는 휴대폰으로 인하여 연락의 기회를 열고 닫는 것이 너무 쉬워졌기에 오히려 그 용이성에 비례하여 마음을 주고받기 어려워진 시대라고 볼 수 있다. "어쩌다 손잡고 가는, 마음 못 준 길동무처럼"이라는 구절은 그러한 단절과 모순의 인간관계를 선명하게 보여 준다. 길동무는 마음과 마음을 함께 나누어 가진 동무여야 한다. 겉으로 보기에 손을 잡고 가고 있으므로 그 두 사람은 마음도 함께 나누고 있는 게 자연스러울 것이다. 그러나 사실은 그렇지 못하여 마음은 나누지 못한 채 다정한 길동무가 취할 만한 자세만 따라 하기도 한다. 현대 사회에서는 사람과 사람 사이의 관계를 맺는 일이 이전에 비하여 더욱 어려워졌기 때문이다. 오히려 혼자 길을 갈 때에나 서로 거리를 둔 채 떨어져 갈 때 느낄 만한 고독감보다도 손만 잡고 마음은 닫은 그런 상태에서 개인이 경험하는 고독감은 한결 더할 것이다. 홀로 길을 가는 자에게는 고독은 당연한 것이다. 타자와 거리를 둔 상태에서도 고립감을 기대하기는 어렵지 않다. 그러나 텍스트에는 그런 고독감을 기대하기 어려운 상황이 전개되어 있다. 손잡고 가는 친구가 있는 것으로 그려져 있기 때문이다. 그럼에도 불구하고, 시적 화자는 손잡고 가는 길동무로부터 마음이 오가는 것을 느끼지 못하고 있을 때의 고독감을 노래하고 있다. 현대인의 고독과 소외는 바로 그와 같이 모순적인, 표리부동의 인간관계에 근원을 두고 있다는 점을 지적하는 셈이다.

그리하여 휴대폰의 등장으로 인하여 현대인이 경험하게 되는 다양한 심리적 현상들은 결국은 불안으로 귀결된다. 쉽게 열었는데 쉽게 열리지 않고, 쉽게 닫았는데 쉽게 닫히지 않는다면 그리고 손잡고 가면서도 마음 못 준 동무를 발견한다면 그런 대상 앞에서 주체가 불안감을 느끼게 될 것은 당연하다. 열어도 불안하고 닫아도 불안하다. 결국 시인은 휴대폰이 제일 먼저 가져다주는 감각은 '불안'이라고 단언한다. "먼저 닿는 불안"은 휴대폰을 연 상태에서도 닫은 상태에서도 마찬가지로 작동하고 있는 것이다. 휴대폰이 불러온 인간 소외의 문제를 재현하고 있는 이 텍스트는 자본주의 체제의 등장이라는 현대 사회의 특징을 재현하는 시라고 볼 수 있다. 자본주의의 생리는 생산과 소비를 부단히 요구한다. 과학과 기술의 발달은 더욱 새로운 상품을 생산하도록 하고 개인들은 더 빠른 속도로 그 상품들을 소비한다. 이우걸 시인의 텍스트는 그처럼 문명의 이기가 초래한 인간 소외와 불안 의식을 표현하고 있다.

편장자구법篇章字句法으로 보는 이우걸의 시작법
시집 『이명』에 나타나는 체질적 지향성

이형우

1. 들어가는 말

 편장자구篇章字句는 동북아 고대 산문작법이다. 글에는 한편을 통괄하는 원리인 편법이 있고, 단락을 구성하는 장법이 있으며, 문장과 어휘를 단련하는 구법과 자법이 있다. 편법篇法은 글의 작동하는 체계다. 작품의 설계도다. 시조로 말하면 주제에 따라 제목을 달고, 그것을 단시조로 쓸 것인가 연시조로 쓸 것인가, 엇시조냐 사설시조냐에 대한 선택부터 시작한다. 그 다음은 화자를 세워야 하고, 그의 지휘 아래 초중종장을 어떤 방식으로 이어가며, 어떤 형식으로 배치할 것인가를 구상한다. 편법篇法의 핵심은 응집성凝集性이다. 계획이 치밀할수록 완성도 높은 작품으로 나온다. 그것이 작제법, 화자 유형, 어조, 작품 형식이다.
 장법章法은 산문의 문단에 해당한다. 각 문단에는 한 주제가 있고,

그것을 조화롭게 이어간다. 시조의 각 장章이 여기에 해당한다. 특히 시조의 장법章法은 어휘 하나 선택에 따라 성격이 확연히 달라진다. 그래서 장법을 제대로 완성하기 위해서는 자법子法과 구법句法이 선행돼야 한다. 자법子法은 어휘 하나, 조사 하나, 어미 하나가 지니는 특성을 극대화한다. 형태소 하나가 지니는 힘이 얼마나 큰가를 확인하는 절차다. 한 단어가 놓이고, 여기에 조사나 어미가 결합하면 다음에 오는 어휘군들이 정해진다. 여기서 하나만 잘 못 놓이면 글 전체가 이상해진다. 전후 관계를 설정하는 자법字法은 환유의 원리다. 자법은 체언과 조사, 어간과 어미의 결합으로 1차 완성된다. 어절과 어절의 결합이 구법句法이다. 구법은 연결성이 중요하다. 어떤 관계를 설정한 것인가에 대한 고민이 따른다. 하나만 더해도 넘치고 하나만 빼도 모자란다. 이를 종합하면 편법의 완성은 자법에서 시작한다. 시조는 이러한 완벽성을 추구하는 대표적인 장르다.

 이 글은 편장자구법篇章字句法으로 『이명』에 나타나는 이우걸의 시작법을 먼저 살핀다. 이를 바탕으로 시간 공간 인식에 나타나는 시적 지향성을 살핀다. 시공은 인간이 세상을 인식하는 네 차원으로 펼쳐진다. 그것은 개체적, 가문적, 사회적, 우주적 지향성이다. 관성이고 기울기고, 편향이다. 이로 인해 인간은 했던 말 했던 행동을 반복하며 산다. 좋게 말하면 그 사람의 정체성일 수도 있다. 그래서 인간은 대부분 변하지 않는다. 습관적 동물에서 벗어나기 힘든다. 그러나 관성(기울기)은 세상을 향한 시선이고, 가치관이다. 타성인 동시에 개성이다. 개성은 그 사람을 돋보이게 하고, 타성은 그 사람을 예사롭게 한다. 이러한 모순을 극복하고 더 뜻깊은 삶, 창의적인 삶을 위해서는 지피지기知彼知己보다 먼저 지기지피知己知彼해야 한다. 나를 알아야 나를 극복할 수 있고 남을 알아야 그를 대처할 수가 있다. 그것이 건강한 삶, 조화로운 세상을 만든다. 예술 작품 역시 그런 인간적 면모가 확연히 드러난다.

이우걸은 1973년 『현대시학』으로 등단한 이후, 시적 일가를 제대로 이룬 우리 시조계의 중추다. 지금까지 그의 시조는 "단시조의 절제된 변이 정도를 늘 담담하게 유지하면서 시세계를 전개시킨다."[1]는 전제 하에 모더니티를 조명한 연구, "자본주의 사회에 대한 부조리에 대한 시적 대응"[2], 서정성과 현대성,[3] 전쟁과 국가 권력과 이데올로기의 폭력성과 연관지은 연구,[4] 자연관 연구[5] 등이 있다. 그 외의 논의로는 『이우걸 시조 연구』[6]에 다양한 평론이 있다. 이 글은 이런 진중한 논의 위에 이우걸의 시작법이라는 현미경적 시선 하나를 보탠다. 그 텍스트로 시집 『이명』(2023, 천년의 시작)을 택했다.

---

1 엄경희, 「이우걸 시조에 내포된 모더니티의 일면」, 『한국언어문화』 제49집, 2012, 292쪽.
2 우은진, 「이우걸 시조에 나타난 현실 인식과 존재론적 성찰」, 『배달말』 60, 2017, 217쪽.
3 우은진, 「이우걸 시조에 대한 고찰」, 『시조학논총』 제46집, 2017, 98~115쪽.
4 이영탁, 「이우걸 시조에 나타난 폭력성 연구」, 『사림어문연구』 제27집, 2019, 108~140쪽.
5 곽효환, 「이우걸 시조에 나타난 자연 연구」, 『한국시학연구』 제66호, 2021, 13~29쪽.
6 엄경희 엮음, 『이우걸 시조 연구』, 태학사, 2013.

2. 편법篇法으로 보는 시작법

2.1. 작제법作題法

시집『이명』에는 총 62수의 시가 실려 있다. 총 5부로 이뤄져 있으며 1부에 12수, 2부에 13수, 3부에 13수, 4부에 13수, 5부에 11수가 실려 있다. 그 뒤에 정과리의 해설이 첨부되어 있다. 각 부를 구성한 특별한 원칙은 보이지 않는다. 작품의 제목은 1어절이 47수(76%), 2어절이 8수[7](13%), 3어절이 7수[8](11%)다. 종합하면 '명사 종결' 제목이 53수(85%), '명사+조사' 종결 제목이 8수[9](13%) 동사 종결이 1수[10](2%)다. 크게 보면 명사 종결 제목이 61수다. 결론적으로『이명』의 작제법은 거의가 명사 종결이고, 1어절이 지배적이며, 간단 명료하다.

시집 제목은 시인의 무의식을 추출할 수 있는 좋은 단서다. 제목 읽기가 중요한 이유다. 제목 첫 어절은 '거' 2회,[11] '귀' 2회,[12] '나' 2회,[13] '비' 2회,[14] '이' 2회,[15] '자' 2회[16]만 중복된다. 62 제목의 첫 어절을 자

---

[7] 「작은 중국집」, 「추억의 마산항」, 「해변의 모텔」, 「귀뚜라미 바다」, 「기억의 향기」, 「바람의 노래」, 「부분에 대하여」, 「사계의 노래」.
[8] 「나의 노트북 시대」, 「대구, 대구 사람들」, 「숲으로 된 성벽」, 「어느 날 아침」, 「와이퍼 혹은, 와이프」, 「커피 자판기 앞에서」, 「흙을 위한 연가」.
[9] 「거울에게」, 「겨울나무들」, 「상선병원에서」, 「잎들」, 「자매들」, 「장모님께」, 「대구, 대구 사람들」, 「커피 자판기 앞에서」.
[10] 「부분에 대하여」.
[11] 「거미」, 「거울에게」.
[12] 「귀」, 「귀뚜라미 바다」.
[13] 「나무」, 「나의 노트북 시대」.
[14] 「비」, 「비밀」.

모음으로 나누면, 파열음 계열(ㄱ, ㄷ, ㅂ)의 자음으로 시작하는 경우가 25회[17](40%) 마찰음(ㅅ, ㅎ) 계열은 9회[18](15%), 파찰음(ㅈ, ㅊ) 계열이 7회[19](11%), 유성음 중 비음(ㄴ, ㅁ) 계열은 10회[20](16%), 유음(ㄹ) 계열은 1회[21]다. 모음으로 시작하는 제목은 총 10회(16%)다. 양성모음(오/아)이 2회[22](3%), 음성모음(오/우)이 4회[23](6%), 중성모음(이)이 4회[24](6%)다. 이런 현상을 종합하면 자음 중에서는 파열음 계열이 절반 가까이(48%)를 차지한다. 여기에다 시집 첫 어절의 모음 중 양성모음이 28수(45%), 음성모음이 23수(37%), 중성모음이 11수(18%)인 점을 감안하면 시집 『이명』의 작제법作題法은 가볍고 밝은 소리(파열음/양성모음)에 중점을 두고 있다.

시집 『이명』의 제목에는 모두 81어휘가 83회 나온다. 명사 74(76회), 대명사 1회,[25] 용언 4회,[26] 관형사 1회,[27] 부사 1회[28]다. 명사 중에서는

---

15 「이명·2」, 「이명·3」.
16 「자매들」, 「자화상」.
17 '가, 개, 거2, 겨, 공, 국, 귀2, 기, 카, 커/대, 덕, 돌, 디/바, 발, 벤, 별, 봄, 부, 비2, 빗'.
18 '사, 상, 서, 소, 숲, 시, 하, 해, 흙'.
19 '자2, 작, 장, 초, 추, 치'.
20 '나2, 낙, 노, 눈, 마, 말, 무, 문, 물'.
21 '라'.
22 '안, 와'.
23 '어, 억, 열, 유'.
24 '이2, 인, 잎'.
25 '나의'.
26 '대하여, 된, 위한, 작은'.
27 '어느'.
28 '혹은'.

'노래'와 '대구'가 두 번씩 나오는 게 특징이다. 이 중 문화어가 20어휘(총 21회 사용)[29] 나온다. '빗살무늬토기', '성벽'에서 '노트북', '라벨', '국어사전' 등의 정신적 추구 영역과 '상선병원', '서운암', '중국집', '모텔', '벤치' 등 몸 관련 영역, '유리창', '열쇠', '와이퍼', '마스크' 등 대타적 화자로서의 관계망, '카페라테', '커피 자판기', '자화상', '눈사람' 등 대자적 화자로서의 공간이 다양하게 펼쳐져 있다. 관념어는 16어휘[30]가 17회 사용되고 있다. '노래', '연가', '별사別辭'가 '말'의 구체 현상이고, '앞, 시대, 공감, 기억, 추억' 등은 말 이전의, 말로 잡은 과거다. 언어는 질서를 세우고 세상을 유지하고 이어가게 하는 원동력이다. 여기서 드러나는 이우걸은 관념적이고, 주변에 관심 두고 있으며, 평범하고 소탈한 사람이다. 그의 시는 여기에 대한 반어요 역설이다.

공간·자연 관련어가 13어휘,[31] 시간어가 9어휘,[32] '몸(인연)' 관련어가 7어휘[33](8회 사용), 동식물이 6어휘,[34] 지명이 대구 2회, 마산항 1회, 인칭은 '나'가 1회 나온다. 우주적 시공을 일괄하는 어휘는 '사계'다. 그것이 '봄비, 가을, 낙엽, 겨울 나무'라는 살마들의 세상으로 드러난

---

29 '빗살무늬토기, 성벽, 시계, 거울, 노트북, 라벨, 국어사전, 상선병원, 서운암, 중국집, 모텔, 유리창, 벤치, 열쇠, 와이퍼, 마스크, 카페라테, 커피 자판기, 자화상, 눈사람'.
30 '앞, 시대, 인생, 공감, 기억, 추억, 말, 노래 2, 연가, 별사別辭, 비밀, 무게, 치통, 향기, 문상, 부분'.
31 '덕암산, 비, 소낙비, 안개비, 바람, 숲, 흙, 발자국, 물, 하류, 돌섬, 해변, 바다'.
32 '사계, 날[日], 초승달, 아침, 노을, 봄비, 가을, 낙엽, 겨울나무'.
33 '사람들, 자매, 장모님, 와이프, 디스크, 귀, 이명(2회)'.
34 '나무, 억새, 잎, 개양귀비꽃, 거미, 귀뚜라미'.

다. 그의 사계에는 여름이 없다. 하루도 '아침'과 저녁('노을'), 밤('초승달')은 있되 대낮이 없다. 공간은 하늘의 요소인 '비, 소낙비, 안개비, 바람'과 땅의 요소인 '흙, 발자국, 물, 하류, 돌섬, 해변, 바다' 등이 '덕암산, 숲'을 압도하고 있다. 이우걸의 삼재三才에는 관념으로서의 하늘과 현실로서의 땅이 대립요소로 작동하고 있다. 그래서 그의 노래는 중간자적 요소, 매개와 소통의 통로가 제대로 작동하지 않는 현실에 대한 안타까움이다.

그것이 용언에서는 관계와 상태와 크기로, 수식언에서는 불투명과 선택으로 구체화한다. 그는 전체를 알려고 하는 그곳이 바로 '사지'라 한다. '나의 둔감'이 난세를 건너오게 했다고 고마워 한다(「부분에 대하여」). 막연한 화해, 추상적인 전체에 대한 동경은 우리가 깨야 하는 환상이다. 그래서 우리가 '부분'을 더 이해하는 일이 중요하다. 또한 평범함의 위대함, 익숙함의 특별함을 깨치라 한다. "혈육 같은 온기를 머금고 있", "자라서 떠나거나 죽어서 돌아오거나" "웃음도 울음도 삼킨 채 / 그 자리에 있"는 땅에 대한 각성이 그것이다. 시류에 따라 열고 닫는 작은 중국집의 소중함, 빗소리를 따라가다가 빗소리에 묻혀버린(간힌) 와이퍼와 와이프의 대비가 가져오는 애정과 소음의 상관성, 세월의 무상함, 소멸의 아픔을 그려낸다. 작제법으로 본 『이명』은 지극히 평범한 인간세의 절대음감과 상대음감 밝히기다.

2.2. 화자

인간은 위치에너지다. 나(화자)는 경천위지經天緯地의 한 지점이다. 상하라는 음양과 좌우라는 음양의 만남이다. 여기에서 위치에너지

4유형이 파생된다. 그것이 각각 세계(우주)적[=], 사회(역사)적[==], 당여(가족)적[==], 개체(내면)적[==] 차원이다. 이러한 위치에너지를 대표적으로 보여 주는 작품이 「자화상」이다.

> 먼 곳을 향해 가는 삼등 열차였다
> 누가 타고 내려도 그저 앞을 보면서
> 정해진 종점을 향해 쉬지 않고 달렸다
>
> 사변을 만나고, 기아에 허덕이고, 독재를 만나고, 시위에 휩싸이고
> 내 생이 스친 역들은
> 늘 그런 화염이었다
>
> 그러다 돌아보니 내가 안 보였다
> 다른 짐은 그대로인데 나는 어디에 있을까
> 맞은편 신호등 앞에
> 한 노인이 서 있었다
>
> ―「자화상」 전문

'삼등 열차'라는 빈부의 음양, 누가 타든 내리든 '그저 앞을 보면서' '정해진 종점 향해' 내달렸던 열정의 음양, 시대의 화염으로 물든 음양이 '내 생'의 이정표들, 내가 나로 살았지만 '내가 안 보'이는 지점으로 내몰아 버렸다. '다른 짐은 그대로인데' 나만 없다. 사회적 화자로서의 삶에 충실하다 개체적 화자를 잃어버렸다. 국민의 한 사람으

로, 가족의 일원으로 살다보니 나를 위한 삶을 잃어버렸다. 다 있는데 그는 어디로 갔을까? 두리번거리니 건너편 신호등 앞에 서 있는 한 노인이 있다. 무상한 세월 무량한 감정이 핏기없는 진술에 녹아 있다.

> '먼저 드시지요'
> 젊은이가 잔을 건넨다
> '아니, 시간 있는데?'
> 웃으며 받아 든 노인
> 십이월 남강휴게소 앞
> 우산 속의
> 온기 한 잔
>
> ―「커피 자판기 앞에서」 전문

 말 속에 그 사람이 있다. 말은 그 사람의 가치관이고 사는 방식이다. 화자는 왜 '먼저 드시지요'라는 젊은이의 한마디에 감동했을까? 별 거 아닌 걸, 그 정도에 혹해서, 대체 이게 무슨 시가 된다고 실으셨나? "우산 속의 / 온기 한 잔"이 제대로 전해지기는 할까 하고 반문하기 쉽다. 그러나 이 풍경 속에 화자의 절망이 보인다. 국가의 부름, 가족의 의무에 충실하며 산 세대와 자신만을 알고 사는 세대의 단절을 얼마나 크게 느끼고 있는지, 그에 얼마나 마음 많이 상했는지를 단적으로 보여 준다. 평소에 화가 많이 난 사람은 쉽사리 슬퍼한다. 반대로 평소에 슬픔 가득한 사람은 불시에 화를 낸다. 그 젊은이는 화자의 분신일 수도 있다는 점에서 자신과의 만남이고, 장유유서라는 불변의 예법이란 점에서 긍정적인 미래다. 화자는 젊은이의 그 한 마디에 믹스커피처럼 잡다한 감정들이 다 녹아버린다. 너도 녹고 나도 녹아 따뜻함이 남강의 강물로 흘러간다.

시집『이명』의 화자는 독특하다. 화자로 나눠야 하는 경계선이 애매하다. 일단 표면적 진술로 살피면 개체적 화자가 21수, 당여(가족)적 화자가 16수, 사회적 화자가 21수, 우주적 화자가 4수 정도다. 그러나 이런 구분이 별 의미가 없다. 생태계 자체가 우주여서 개체를 통해 섭리를 갈파하고, 주변을 통해 세상 이치를 추출하기에 그렇다. 그와 반대되게도 한다. 어쩌면 화자 4유형은『이명』에서는 의미가 없을 수도 있다. 그러나 일관된 관심사는 이웃과 세상이다. 그만큼 무의식을 타고 넘는 화자, 자기 속으로 함몰되는 화자는 하나도 없다. 시집『이명』의 화자들은 젊다. 그래서 이웃과 세상이 제대로 돌아가지 않음을 절망하고 안타까워 한다.

3. 장법章法으로 읽는 시작법

3.1. 형식

『이명』에는 단시조 21수(34%)다. 연시조 중에서는 3연이 24수(39%), 2연이 13수(21%)다, 4연이 3수, 7연이 1수다. 단시조의 형식도 초중종 3장의 기본 구조를 갖춘 작품은 1수다. 모든 형식을 통틀어서 기본 틀을 지키고 있는 작품은 11수[35]고 나머지는 모두가 변형이다. 이런 외형을 감상하는 것도『이명』읽는 즐거움 중의 하나다(편의

상 연처리를 행으로 간주한다).

2행시	3행시	4행시
와이퍼가 부지런히 빗소리를 걷어 낸다, 와이퍼가 빽빽거리며 빗소리를 따라간다 이윽고 빗소리 속에 와이퍼가 갇힌다	정성 다해 가꾸어도 알 수 없는 긴 여행을, 맹세한 두 남녀는 하나 되어 떠났다 그 사이 비, 바람 불고 한 사람은 길을 잃었다	가을이 내 무릎 위에 찬 손을 얹는다 가쁜 숨결과 외로움이 배어 있다 사는 게 다 그런 거라고 나도 가만 손을 얹는다
5행시	**6행시**	**7행시**
생명 있는 존재들은 그 무게를 모른다 영혼을 달 수 있는 저울이 이승엔 없다 스스로 만든 저울은 저울이 아니다	햇살 설핏하고 산 그리메 짙어지면 어미 닭 품을 향해 병아리 모이듯이 배들은 모이를 싣고 항구로 모여들었다	'먼저 드시지요' 젊은이가 잔을 건넨다 '아니, 시간 있는데?' 웃으며 받아 든 노인 십이월 남강휴게소 앞 우산 속의 온기 한 잔

위의 시편들에서 알 수 있듯이, 2행(연) 시는 초중장을 합치고 종장을 나누었다(「와이퍼, 혹은 와이프」). 3연시는 초중장을 합쳐 1행(연)으로 만들고 종장을 둘로 나누었다(「인생」). 4행(연)시는 초중장을 그

---

35 「어느날 아침」(단), 「소낙비」(2), 「자매들」(3), 「바람의 노래」(3), 「나의 노트북 시대」(3), 「귀뚜라미 바다」(3), 「빗살무늬 토기」(3), 「마스크」(3), 「대구, 대구 사람들」(4), 「사계의 노래」(4), 「작은 중국집」(7).

대로 두고 종장을 둘로 나눈 경우가 11수[36]로 가장 많다. 5행시는 초중장을 그대로 두고 종장을 셋으로 나눠 5행 처리한하기도 한다(「공감」,「노을」,「억새」). 중장을 그대로 두고 초장과 종장을 각각 둘로 나눠 5행 처리한 것(「무게」)도 있다. 6행(연)은 초중종장 모두를 각각 둘로 나눈 경우(「귀」)와 중장을 그대로 두고 초장을 2행으로 종장을 3행으로 나눈 경우(「추억의 마산항」)로 나뉜다. 7행은 조중장은 각각 2행씩, 종장은 3행씩 나누었다(「커피 자판기 앞에서」).

연시조 2수를 배열하는 방법도 단시조와 유사하다. 「소낙비」를 제외하면 2/4행, 3/4행, 4/4행, 4/5행, 5/5행, 5/6행과 연시조를 구분하지 않고 이은 6행(「발자국」)으로 나뉜다. 연시조 3수의 배열법도 마찬가지다. 평시조 세 수의 정형대로 나열한 시는 7수[37](29%)고 나머지 다양한 모습으로 나타난다. 4연시조 중에서는 「사계의 노래」와 7연시조 「작은 중국집」이 정형성을 띄고 있다. 살펴본 것처럼, 단시조든 연시조든 변형된 시형식이 압도적이다. 그래서 『이명』은 새로움을 담는 도구로서의 고민이 담겨 있는 시집이다.

3.2. 장章 생성법 - 열기(초장)

시집 『이명』에서 초장을 열어가는 방식은 '명사(대명사)+수사' 형

---

36 「봄비·3」,「별사」,「유리창」,「이명·2」,「치통」,「가을」,「비」,「억새」,「말」,「낙엽」,「상선병원에서」

37 「자매들」,「바람의 노래」,「나의 노트북 시대」,「빗살무늬토기」,「귀뚜라미 바다」,「디스크」,「거울에게」

식을 취하는 작품이 41수, 용언이 13수, 관형사가 4수,[38] 부사 2수,[39] 수사가 1수[40]다. 또 초장을 닫는 방식은 '있다/없다'가 18수,[41] '…ㄴ다' 9수,[42] '…이다'로 대표되는 '체언+조사' 조합이 9수,[43] 연결형 어미 8수,[44] 명사 종결 7수,[45] 상황제시 4수,[46] 가정(추측) 2수,[47] 의문형 2수,[48] 명령형 1수[49]다.

3.2. 장후 생성법 - 받기(중장)

중장은 초장을 받아서 대구(1수)를 취하거나 병립(1수), 반복 열거(4수)하거나, 초장을 받아 문장 완결(7수), 새로운 상황 제시(18수), 대조(4수), 상술(26수), 반문(1수)하는 양상이다. 이우걸의 중장 구성 방

---

38 「열쇠」, 「나의 노트북시대」, 「말」, 「발자국」
39 「빗살무늬토기」, 「커피 자판기 앞에서」
40 「잎들」.
41 「열쇠」, 「해변의 모텔」, 「유리창」, 「개량양귀비꽃」, 「가을」, 「작은 중국집」, 「이명·3」, 「마스크」, 「초승달」, 「돌섬」, 「벤치」, 「부분에 대하여」, 「말」, 「흙을 위한 연가」, 「나무」, 「디스크」, 「바람의 노래」, 「거울에게」.
42 「노을」, 「와이퍼 혹은 와이프」, 「이명·2」, 「무게」, 「귀뚜라미 바다」, 「커피 자판기 앞에서」, 「숲으로 된 성벽」, 「공감」, 「낙엽」.
43 「라벨」, 「자화상」, 「소낙비」, 「겨울나무들」, 「눈사람」, 「덕암산」, 「국어사전」, 「별사」, 「시계」.
44 「자매들」, 「카페라테」, 「나의 노트북 시대」, 「안개비」, 「대구, 대구 사람들」, 「사계의 노래」, 「추억의 마산항」, 「기억의 향기」.
45 「봄비 3」, 「귀」, 「억새」, 「인생」, 「문상」, 「비밀」, 「거미」.
46 「하류」, 「어느날 아침」, 「비」, 「발자국」.
47 「잎들」, 「상선병원에서」.
48 「장모님께」, 「치통」.
49 「서운암」.

식은 초장을 받아 상술하거나, 새국면을 제시하는 기법을 애용함을 알 수 있다. 이를 정리하면 아래와 같다.

상술 (강조)	「이명 3」, 「바람의 노래」, 「무게」, 「가을」, 「거울에게」, 「이명 4」, 「마스크」, 「인생」, 「초승달」, 「돌섬」, 「귀뚜라미 바다」, 「소낙비」, 「작은 중국집」, 「빗살무늬토기」, 「눈사람」, 「커피 자판기 앞에서」, 「비」, 「비밀」, 「부분에 대하여」, 「덕암산」, 「숲으로 된 성벽」, 「사계의 노래」, 「기억의 향기」, 「나무」, 「낙엽」, 「상선병원에서」
새국면	「열쇠」, 「라벨」, 「억새」, 「해변의 모텔」, 「별사」, 「유리창」, 「치통」, 「카페라테」, 「자화상」, 「벤치」, 「하류」, 「겨울나무들」, 「거미」, 「흙을 위한 연가」, 「서운암」, 「공감」, 「추억의 마산항」, 「발자국」
초장 완결	「자매들」, 「개양귀비꽃」, 「나의 노트북 시대」, 「물」, 「시계」, 「안개비」, 「대구, 대구 사람들」
반복 (열거)	「귀」, 「문상」, 「국어사전」, 「잎들」
대조	「와이퍼 혹은, 와이프」, 「장모님께」, 「말」, 「디스크」
대구	「봄비 3」
병립	「노을」
반문	「어느날 아침」

3.3. 장章 생성법 - 닫기(종장)

종장은 시조 전체의 완결이다. 『이명』의 단시조와 연시조 첫 수의 종장들은 상황이나 풍경을 제시하는 방식이 17수, 중장과 종장을 한 문장으로 완결하는 방식이 17수다. 이어서 강조(7수), 단정(6수), 중장 상술(6수), 화자의 느낌(5수), 비판(2수)과 병렬(1수)하는 어법을 구사하고 있다. 물론 연시조는 각 수마다 다르지만 이런 기법에서 벗어나지 않는다.

상황 (풍경)	「열쇠」,「해변의 모텔」,「별사」,「유리창」,「와이퍼 혹은 와이프」,「이명 3」,「치통」,「가을」,「카페라테」,「인생」,「나의 노트북 시대」,「물」,「작은 중국집」,「안개비」,「추억의 마산항」,「낙엽」,「상선병원에서」
중장 완결	「이명 4」,「마스크」,「초승달」,「돝섬」,「자화상」,「벤치」,「문상」,「겨울나무들」,「시계」,「부분에 대하여」,「말」,「거미」,「흙을 위한 연가」,「서운암」,「공감」,「사계의 노래」,「나무」
강조	「거울에게」,「어느 날 아침」,「소낙비」,「비」,「비밀」,「국어사전」,「디스크」
단정	「억새」,「바람의 노래」,「개양귀비꽃」,「무게」,「빗살무늬토기」,「덕암산」
상술	「장모님께」,「하류」,「눈사람」,「대구, 대구 사람들」,「숲으로 된 성벽」,「기억의 향기」
감상 感傷	「봄비 3」,「노을」,「자매들」,「라벨」,「커피 자판기 앞에서」
비판 (반문)	「귀」,「발자국」
병렬	「잎들」

이를 바탕으로 『이명』의 단시조와 연시조 첫 수들의 장법章法은 의미론적으로 ① A-A′-A″, ② A-A′-B, ③ A-B-B′, ④ A-B-C, ⑤ A-B-A′라는 5유형이 존재한다. 이는 음절 음운 단위의 유사성과 무관하다. 같은 내용을 담고 있는 경우를 A-A′나 B-B′로 표기한다. 예를 들면 「봄비 3」은 모주나 향수의 원관념이 봄비기에 초장과 중장을 A-A′로 종장은 다른 이야기라서 B로 표기했다. 「귀」는 초·중·종장 모두가 상위 개념인 '귀'에 대한 언급이러서 A-A′-A″ 유형으로 분류했다. 그러나 「별사」처럼 같은 상위 개념이라고 해도 서술 대상이 다

르면(시간 경과/공간이동) 다른 항목으로 나누었다. 이런 방식으로 나눈 갈래는 아래와 같다.

A-A'-A"	「귀」, 「귀뚜라미 바다」, 「눈사람」, 「사계의 노래」, 「열쇠」 (5)
A-A'-B	「가을」, 「국어사전」, 「노을」, 「봄비 3」, 「비」, 「이명 3」, 「작은 중국집」 (7)
A-B-B'	「거울에게」, 「겨울나무들」, 「디스크」, 「라벨」, 「빗살무늬토기」, 「어느날 아침」, 「억새」, 「자매들」, 「장모님께」, 「치통」, 「허리」 (11)
A-B-C	「개양귀비꽃」, 「거미」, 「공감」, 「기억의 향기」, 「나무」, 「나의 노트북 시대」, 「낙엽」, 「대구, 대구 사람들」, 「덕암산」, 「돝섬」, 「마스크」, 「말」, 「무게」, 「문상」, 「물」, 「바람의 노래」, 「발자국」, 「벤치」, 「별사」, 「비밀」, 「상선병원에서」, 「서운암」, 「소낙비」, 「숲으로 된 성벽」, 「시계」, 「안개비」, 「와이퍼 혹은, 와이프」, 「유리창」, 「이명 4」, 「인생」, 「잎들」, 「자화상」, 「초승달」, 「추억의 마산항」, 「카페라테」, 「커피 자판기 앞에서」, 「하류」, 「해변의 모텔」, 「흙을 위한 연가」 (39)
A-B-A'	「부분에 대하여」 (1)

4. 자구법字句法으로 보는 시작법

4.1. 『이명』의 어휘(체언)

시집 『이명』에는 체언(명사/대명사/수사)이 684, 용언(동사/형용사)이 433, 수식언(관형사/부사)이 93, 총 1210어휘(기본형)가 나온다. 이것들이 결합하고 변형하여 시 본문에 2419 용례(중복 포함)로 드러난다. 체언 중 빈출 어휘를 정리하면 아래와 같다.

것	바람	나	때	수[의]	하나	길	집
21	17	14	14	14	14	11	10
날ㅂ	내	물	비	귀	그것	그녀	울음
9	9	9	9	8	8	8	8

『이명』의 시어 중에서 의존 명사 '것'과 '수'가 압도적으로 많다. 이는 일반적으로 '것'은 사물, 일, 현상 따위를 추상적으로 이르는 말이다. '-는/은 것이다'는 말하는 이의 확신, 결정, 결심 따위를 나타낸다. '-ㄹ/을 것이다'는 말하는 이의 전망이나 추측, 또는 주관적 소신 따위를 나타낸다. '-ㄹ/을 것'은 명령이나 시킴을 나타낸다. 『이명』에서는 것이 '게, 건, 걸, 것, 것이, 것도, 것만, 것은, 것을, 것이다, 걸까, 거라고' 등의 변형으로 나타난다. 의존 명사 '수'는 어떤 일을 할 만한 능력이나 어떤 일이 일어날 가능성을 나타낸다. 그러나 '수식언 + 것/수' 구조는 문장이 길어진다. 어감이 거칠다. 그래서 시적 여운이 덜할 위험이 있다.

인칭대명서 '나'는 '내'와 합하면 23회 나온다. 여기에 비해 '너'는 4회에 그친다. '나'와 '너'의 관계는 압도적인 '나'의 우위다. 제목처럼 내 귀에만 들리는 소리를 너에게 전달해 주기 바쁘다. 반면, 3인칭은 '그'가 6회, '그녀'가 8회, '그들'이 2회 총 16회 나온다. 객관적인 대상에게는 마음이 열려 있음을 알 수 있다. '물'과 '비'가 각각 9회씩 18회 나온다. 반면 '땅'과 '흙'은 각각 4회, 2회에 그친다.

신체 용어도 귀가 8회로 제일 많으나 두 작품에 7회 몰려 있어 별 의미가 없다. 눈(4), 입(4), 몸(4), 온몸(2)의 분포를 보인다. 시집『이명』

에는 '코'라는 낱말이 없다. 시집 전체에 몸 관련 53단어(주요 체언군 어휘사전 참조) 중에서 '냄새'라는 말까지 없다는 사실이 특이하다. 그래서 시집 『이명』은 눈과 입으로 하는 사유라 볼 수 있다. 널리 보되 그 한계를 미각으로 보완하고 있다고 볼 수 있다. 그러나, 입은 가장 정확하지만 가장 주관적이다. 그래서 '울음이 8회, 웃음이 2회 나올 정도로 차갑다.

'때'(14)와 '날'(9)과 '시간'(4)이 지칭하는 시간어가 27회 나온다. 계절어도 '봄(2) : 여름(3) : 가을(6) : 겨울(1)' 분포다. 시제도 '어제(2) : 오늘(4) : 내일(2)'과, '새벽(3) : 아침(1) : 밤(6)'이다. '바람[風]'은 17회 나오지만 비는 3회에 그친다. '길'은 9수에서 11번 나온다. 그러나 빈도수로 분석하는 데는 한계가 크다. 아래 '주요 체언군 어휘 사전'으로 판단할 일이다.

주요 체언군 어휘 사전

몸	살[皮], 몸, 온몸, 몸매, 몸짓, 얼굴, 민낯, 귀, 눈[目], 눈물, 어금니, 입, 혀, 목, 목청, 고개, 무릎, 손, 손길, 손뼉, 등, 땀, 가슴, 허리, 맨발, 걸음마, 뒷모습 [27] 꿈, 넋, 마음, 말[言], 맥脈, 명命, 목숨, 불면, 숨, 숨결, 신음, 애, 애교, 어혈, 영육靈肉, 영혼, 욕망, 욕심, 웃음, 음성, 입말, 잠, 체온, 추억, 콧대, 품 [26]
가족	슬하, 가솔, 가정, 남매, 누나, 동생, 딸내미, 막내, 식구, 아내, 아들, 어머니, 어미, 언니, 자식, 장남, 처, 핏줄, 혈육 [19]
사람	가시나, 곡비哭婢, 과수寡守, 군인, 남[他], 남녀, 남자, 남편, 노인, 모유, 발자국, 불화, 사내, 생애, 소녀, 아이, 어른, 여인, 여자, 이영도, 이웃, 이호우, 인간, 젊은이, 정상배, 친구, 향비, 혼인 [28]

시간	일반	과거, 과거사, 그날, 그해, 나이, 날[日], 내일, 년年, 누천년, 동안, 뒤[時], 때, 마지막, 무렵, 미동, 방금, 세월, 순간, 순식간, 시간, 어제, 언제, 오늘, 오래전, 요즘, 이제, 일찍, 잠시, 전前, 지금, 초사흘, 한때, 한세상, 후後, 후년 [35]
	계절	봄, 여름, 가을, 가을밤, 단풍잎, 겨울, 설한雪寒, 얼음, 초설 [9]
	일년	오월, 팔월, 시월 [3]
	하루	종일, 하루, 새벽, 아침, 노을, 석양, 어둠, 오후, 밤, 밤새 [10]
공간	일반	기슭, 길, 길모퉁이, 길목, 곳, 곳곳, 난장, 마을, 선로, 소로小路, 상류, 앞바다, 자리, 지상, 천지, 현장, 박토, 땅, 언덕바지 [19]
	근원 近遠	곁, 근처, 너머, 여기, 종점, 종착지, 한구석 [7]
	전후 前後	뒤, 맞은편, 사방, 앞 [4]
	내외 內外	안, 밖, 속, 그중, 중심 [5]
	상하 上下	상류, 중류, 아래, 위, 하늘가 [5]
	장소	서울역, 섬, 남강휴게소, 소읍, 시장, 지구, 대구, 러시아, 마산, 우크라이나 [10]
자연	계절	가뭄, 장마, 홍엽, 서리, 눈[雪], 눈길[雪], 눈보라, 눈비, 백설 [9]
	천天	구름, 낙조, 달, 바람[風], 비, 비바람. 빗줄기, 소낙비, 실비[雨], 안개비, 우레, 태양, 하늘, 해, 햇볕, 햇살, 허공 [17]
	지地	흙, 굴, 먼지, 봉오리, 산山, 아지랑이, 이슬, 안개, 징검돌 [9]
	동식물	가시, 갈대, 고목, 단풍, 국화꽃, 나무, 나무, 나뭇잎, 낙엽, 달래, 병아리, 선인장, 수목, 숲, 씨, 양귀비꽃, 열매, 옻, 잎, 장미, 풀[草], 풋감 [21]
	물	강, 강물, 강변, 모래톱, 물, 파도, 해안선 호수 [8]

문화	의식주	집, 3등, 5호실, CCTV, TV, 가등, 가사, 가스, 거실, 거울, 국화빵, 그릇, 꼬마전등, 난간, 냄비, 노트북, 마개, 마스크, 모주, 밥알, 본적本籍, 빈소, 소품, 술잔, 승능, 스탠드, 여행, 열쇠, 와이퍼, 외식, 우산, 원피스, 유니폼, 의자, 이사, 자장면, 잔, 장경, 쟁반, 저울, 전화번호, 조위금, 지우산, 차창, 창, 창밖, 칼끝, 커튼, 타월, 택배, 퇴근, 하이힐, 향수, 화분, 휴지통 [55]
	집필	갈필, 국어, 국어사전, 낙관, 독서, 사전, 서점, 시, 시어, 원고, 작품, 시인, 시집, 책, 파지 [15]
	공연	노래, 떼창, 발라드, 시트콤 [4]
	사회	객, 거리, 겨레, 경기장, 공항, 구조선, 기계, 기차, 나라, 깃발, 다방, 동네, 독재, 뒷골목, 로봇, 마담, 민초, 민화, 메일, 바이러스, 밧줄, 방패, 배, 벤치, 병사, 보호벽, 봉투, 부비트랩, 빗살무늬토기, 상소문, 선사, 성城, 수공업, 수문장, 시위, 신호등, 심전도, 역, 역사, 열차, 우체통, 요양병원, 유람선, 입석, 입원, 자본, 전리품, 전장, 절寺, 조각, 조국, 조상, 종업원, 주방장, 주인, 중국집, 책사, 첨병, 축분祝盆, 코로나, 콜레라, 쿠데타, 페비, 프런트, 표, 하행선, 학교, 항구, 혈연, 형벌, 호객꾼, 화염, 회사 [73]

4.1. 『이명』의 어휘(용언)

용언은 총 433어휘를 1005회 활용했다. 빈출 어휘는 아래와 같다.

없다	있다[보]	있다	같다	하다[보]	내리다	듣다	가다[본]
52	39	37	23	14	13	13	12

살다	않다	아니다	알다	오다	위하다	보다	하다[본]
12	12	11	11	11	11	10	9

가장 빈도수가 높은 단어는 '없다'로 52회 나온다. 보조용언 '있다'가 39회, 본용언 '보다'가 37회다. 본용언으로 따지면 '없다'와 '있다'는 '52 : 37'로 부재를 강조하고 있다. 그러나, 보조용언 '있다'가 앞 용언의 행동이나 변화가 끝난 상태를 지속하거나, 진행행이 계속 되고 있거나, 그 결과가 지속되고 있다는 점까지 감안하면 '52 : 76'으로 뒤집히기도 한다. 다른 낱말들이 따라 올 수 없다는 사실은, 그만큼 시집 『이명』은 존재론적 사유에 기초하고 있음을 알 수 있다. 본용언 '하다'가 9회, 본용언 '않다'가 12회 나오면서 부정적인 기류가 약간 강하다. 하지만 '하다'와 '못하다'의 '9 : 4', 보조용언 '하다'와 본용언 '위하다'까지 합치면 '하다'가 '않다'를 압도한다. 또 '같다'가 23회 나오는데 비해 '다르다'는 단 한 번도 나오지 않는다. 유사한 어휘는 관형사 '다른'이 있을 뿐이다. '많다'(9)에 대비되는 '적다'는 없다. 이를 통틀어 보면 시집 『이명』은 존재론적, 긍정적, 동일성의 사유를 많이 담고 있는 시집임을 알 수 있다.

'가다'는 본용언이 12회, '오다'는 본용언이 11회로 엇비슷하다. 그러나 보조용언 '가다'가 9회, 보조용언 '오다'가 3회. 이는 '말하는 이, 또는 말하는 이가 정하는 어떤 기준점에서 멀어지면서 앞말이 뜻하는 행동이나 상태'에 더 비중을 두고 있음을 알 수 있다. 또 '알다'와 '모르다'는 '11 : 7'로 기울어 있고, '살다'(12)와 '죽다'(1)는 압도적으로 생존에의 본능이 강함을 알려준다. 그 터전의 불안함이 '울다'(6)와 '웃다'(1)의 비율로 나타난다. '맑다'(7) : '흐리다'(5), '떠나다'(6) : '남다'(6)는 엇비슷하다. '크다'(2)와 '작다'(2)는 대등하지만 별 관심사가 아님도 알 수 있다. 이처럼 용언으로 살피는 자법字法은 화자의 무의식을 적나라하게 드러내는 작업이다. 수식언을 선택하는 이유도 마찬가지다.

5. 시공 인식으로 아우르는 시적 지향성

5.1. 시간 인식

시간 인식은 관계 속에서 일어난다. 평소에는 무의식적으로 지내다가 감정(애로희락哀怒喜樂)을 통해 시간을 느낀다. 의식이나 자각은 몸의 사건이다. 몸은 환경의 지배를 받고, 환경은 시간이라는 이름으로 몸을 지배한다. 여기에는 '머물고 싶은 시간과 그러고 싶지 않은 시간'이 상충한다. 우리는 그 항목을 매 순간 선택하고 처리하면서 살아간다. 순간 선택은 은유고, 그것이 생성하는 관계망은 환유다.

    와이퍼가 부지런히 빗소리를 걷어 낸다. 와이퍼가 뻑뻑거리며 빗소리를 따라간다

    이윽고 빗소리 속에 와이퍼가 갇힌다

                                  —「와이퍼 혹은, 와이프」전문

시간은 전후前後에서 일어나는 사건이다. 여기서 애로희락哀怒喜樂이 따르고 그것이 완급으로 나타난다. 애로희락哀怒喜樂은 방향성이 있다. 방향이 높낮이를 만들고 완급緩急은 박자(강약强弱)와 장단을

만든다. 완緩은 약박弱拍으로, 에두름으로, 길게[長] 나타난다. 급[急]은 강박强拍으로, 직설로, 짧게[短] 나타난다.

차는 달리고 비가 내린다. 얼마 오지 않았을 땐 와이퍼가 빽빽거리는 소리가 들린다. 부지런히 빗줄기와 승부를 벌린다. 급하게, 강박으로, 짧은 구간을 되풀이하며 용을 쓴다. 그러나 빗줄기가 거세질수록 마찰력은 줄어든다. 어느새 빗줄기에 그 소리가 잠식되어 버렸다. 존재감마저 사라져 버렸다. 급박한 리듬은 묻혀 버렸다. 안간힘 다 하는 모습이 애처롭다. 거기에 아내의 모습이 겹친다. 와이퍼와 와이프, 한 음운 차이다. 화자를 위해 헌신하고, 세월의 빗줄기에 갇혀서, 이제는 유야무야有耶無耶 된 아내다. 그러나 아내의 빽빽거리는 소리는 화자를 지켜주기 위한 길라잡이였다. 현실감 없는 화자를 지탱하게한 중심추였다. 이제 그 아내가 세월 속에 갇혀 버렸다. 아내의 잔소리가 있어 화자는 존재했다. 아내의 부재는 곧 화자의 부재다. 빽빽은 헌신의 의성어. 와이퍼만으로 와이프를 노래했다. 슬픔을 저렇게 노래한 경지가 새삼스럽다.

이우걸의 「팽이」를 기억하는 사람들은 『이명』이 참 밋밋했을 수도 있다. 두 눈 부릅뜨고 현실과 직시하던 당찬 그 화자가 간절했을 수도 있다. 그러나 「와이퍼 혹은, 와이프」가 그런 의문에 대한 충분한 답이 되지 않을까 싶다. 우리 시조가 나아가야 할 기법의 표본이다. 진한 감동은 어디서 오는가를 제대로 보여 준다. 그래서 이 한 편으로도 『이명』은 충분하다. 세월은 흘렀고, 어투도 바뀐다. 『이명』은 그런 경계선을 넘었선 징검다리다. 성패는 지금부터다.

『이명』의 시간은 대부분 완만하게 흘러간다. 감정이 배제된 작품이

「나무」와 「가을」과 「말」 정도다. 노기를 띤 작품이 4수,[50] 몸이 유쾌함이 3수,[51] 기쁨을 담은 작품이 16수,[52] 나머지 36수가 슬픈 정서를 담고 있다. 「서운암」에서 보이는 격한 분노, 「노을」에서 보이는 비통함을 제외하면 하나같이 잔잔한 호흡법이다. 『이명』의 시간은 대부분의 감정들이 완만하게 흘러간다.

5.2. 공간인식

『동의수세보원東醫壽世保元』의 공간은 상하上下를 중심으로 좌우가 펼쳐진다. 상하는 대동大同 공간과 각립各立 공간이다. 전자는 누구에게나 공평한(천시天時-세회世會-인륜人倫-지방地方) 관념적 공간이고, 후자는 사람마다 다른(사무事務-교우交遇-당여黨與-거처居處) 실제적 공간이다. 좌左는 나만의 공간이고 우右는 사회적 공간이다. 내 공간은 나의 지행知行이 통하는 곳, 내 뜻대로 실행할 수 있는 곳이지만 사회적 공간은 재록財祿의 상대성이 작용하는 곳, 내 맘대로 움직일 수가 없다. 삶 속에서의 공간은 나와 사회가 대립, 갈등, 타협, 조화를 이루는 곳이다. 삶은 이 두 공간의 관계에서 결정된다. 여기에는 ① 개인 절대 공간, ② 개인 우위 공간, ③ 대립 공간, ④ 조화 타협 공간, ⑤ 외부 우위 공간, ⑥ 외부 절대 공간으로 나뉜다. 시집 『이명』의 공간은

---

50 「물」, 「어느 날 아침」, 「거울에게」, 「마스크」.
51 「커피 자판기」, 「서운암」, 「공감」.
52 「겨울나무들」, 「대구, 대구 사람들」, 「덕암산」, 「돌섬」, 「바람의 노래」, 「벤치」, 「빗살 무늬토기」, 「사계의 노래」, 「소낙비」, 「숲으로 된 성벽」, 「자매들」, 「작은 중국집」, 「추억의 마산항」, 「카페라테」, 「하류」, 「흙을 위한 연가」.

조화와 타협의 공간이 23수로 가장 많고 그 다음이 사회 우위 공간 22수다. 개인과 사회가 대립하는 공간은 7수, 외부 절대 공간 6수, 개인 우위 3수, 개인 절대공간 1수로 나타난다. 이렇게 보면, 『이명』의 화자들은 사회화 된 삶을 충실히 이루고 있음이 드러난다. 세상 속에서 세상과 함께 부딪치고, 타협하고, 우주의 질서에 복종하는 모습들이 연연하다. 이를 표로 나타내면 아래와 같다.

공간 양상

개인 절대	개인 우위	대립	조화 타협	사회 우위	사회 절대
무게	시계	억새	노을	말	서운암
	장모님께	라벨	나무	대구, 대구사람들	가을
	이명 4	열쇠	낙엽	흙을 위한 연가	문상
		어느날 아침	잎들	물	인생
		유리창	숲으로 된 성벽	거울에게	상선병원에서
		디스크	덕암산	마스크	소낙비
		귀	이명 3	치통	
			돌섬	나의 노트북시대	
			기억의 향기	와이퍼 혹은…	
			겨울나무들	개양귀비꽃	
			사계의 노래	눈사람	

			비	별사別辭	
			공감	자화상	
			바람의 노래	거미	
			벤치	안개비	
			빗살무늬토기	발자국	
			봄비 3	부분에 대하여	
			하류	국어사전	
			커피 자판기…	귀뚜라미 바다	
			자매들	비밀	
			작은 중국집	해변의 모텔	
			추억의 마산항	초승달	
			카페라테		

6. 나가는 말

편법으로 살펴본 『이명』은 단시조가 21수(34%)다. 연시조 중에서는 3연 시가 24수(39%), 2연이 13수(21%)다, 4연이 3수, 7연이 1수다. 단시조의 형식도 초중종 3장의 기본 구조를 갖춘 작품은 1수다. 모든 형식을 통틀어서 기본 틀을 지키고 있는 작품은 11수고 나머지는 모두가 변형이다. 제목은 1어절이 47수(76%), '명사 종결' 제목이 53수(85%)를 차지한다. 제목의 첫 어절은 파열음 계열(ㄱ, ㄷ, ㅂ)의 자음으로 시작하는 경우가 25회(40%), 마찰음(ㅅ, ㅎ) 계열은 9회(15%), 비음(ㄴ, ㅁ) 계열은 10회(16%)다. 모음으로 시작하는 제목은 총 10회(16%)다. 양성모음(오/아)이 2회(3%), 음성모음(오/우)이 4회(6%), 중성모음(이)이 4회(6%)다. 시집『이명』의 작제법作題法은 가볍고 밝은 소리(파열음/양성모음)에 중점을 두고 있다. 제목 어휘도 문화어가 20어휘(총 21회 사용), 관념어는 16어휘가 17회 사용되고 있다. 이우걸의 삼재三才에는 관념으로서의 하늘과 현실로서의 땅이 대립요소로 작동하고 있다. 그래서 그의 노래는 중간자적 요소, 매개와 소통의 통로가 제대로 작동하지 않는 현실에 대한 안타까움이다.

　편법으로 살핀 화자는 표면적 진술로 살피면 개체적 화자가 21수, 당여(가족)적 화자가 16수, 사회적 화자가 21수, 우주적 화자가 4수 정도다. 그러나 이런 구분이 별 의미가 없다. 생태계 자체가 우주여서 개체를 통해 섭리를 갈파하고, 주변을 통해 세상 이치를 추출하기에 그렇다. 그래서 이우걸의 일관된 관심사는 이웃과 세상이다. 그만큼 무의식을 타고 넘는 화자, 자기 속으로 함몰되는 화자는 하나도 없다.

　장법으로 살펴본『이명』은, 초장을 열어가는 방식이 '명사(대명사)+수사' 형식을 취하는 작품이 41수로 가장 많고, 초장을 닫는 방식은 '있다/없다'가 18수로 주류를 이룬다. 중장은 초장을 받아 상술하거나, 새 국면을 제시하는 기법을 애용함을 알 수 있다. 종장을 구성하는 방식은 상황이나 풍경을 제시가 17수, 중장과 종장을 한 문장으로 완결 17수다. 연시조도 이런 기법에서 벗어나지 않는다. 이를 바탕으로『이명』의 단시조와 연시조 첫 수들의 장법章法은 의미론적으로 ① A-A′-A″, ② A-A′-B, ③ A-B-B′, ④ A-B-C, ⑤ A-B-A′라는 5유형이 존재한다.
 자구법字句法으로 살피면, 시집 『이명』에는 총 1210어휘(기본형)가 나온다. 체언(명사/대명사/수사)이 684, 용언(동사/형용사)이 433, 수식언(관형사/부사)이 93어휘다. 이것들이 결합하고 변형하여 시 본문에 2419용례(중복 포함)로 드러난다.
 시어 중에서 체언은 의존 명사 '것'(21), '수'(14)가 압도적 비중을 차지한다. 그다음이 '바람'(17)이다. 인칭대명사는 1인칭 23회, 2인칭 4회, 3인칭이 총 16회 나온다. 또 '물'과 '비'가 각각 9회씩 18회 나온다. 반면 '땅'과 '흙'은 각각 4회, 2회에 그친다. 시집 『이명』에는 '코'라는 낱말이 없다. 시집 전체에 몸 관련 53단어('주요 체언군 어휘사전' 참조) 중에서 '냄새'라는 말까지 없다는 사실이 특이하다. 용언에서 가장 빈도수가 높은 낱말은 '없다'(52회)다. 본용언 '있다'가 37회다. 여기에 보조용언까지 합하면 분포도가 '52 : 76'으로 바뀐다. '가다(12) : 오다(11)', '알다(11) : 모르다(7)', '맑다(7) : 흐리다(5)', '떠나다(6) : 남다(6)', '크다(2) : 작다(2)'에 비해 '살다(12) : 죽다(1)'의 대비가 강렬하다. '울다(6) : 웃다(1)'도 그렇다. 용언을 통해 드러나는 『이명』은 존재론적, 긍정적, 동일성의 사유가 지배적임을 알 수 있다. 그것이 완만한 시간 인식으로, 사회화 된 공간으로 이어져 있다. 세상과 함께 부딪치고, 타협하고, 우주의 질서에 복종하는 모습들이다.
 한 시인을 제대로 알기 위해서는 그의 작품이, 그의 시집이 각기 어떻게 다르고[同而異], 서로 다른 작품을 관통하는 맥락[異而似]은 무엇인지를 밝혀야 함이 연구의 기본이다. 『이명』을 제대로 읽기 위해서는 이우걸을 적분하고 또 미분해야 한다. 부분과 전체를 동시 고찰해야 한다. 모든 작품은 나름대로 구성 원칙이 있다. 음악의 화음(chord)이 곡 전체의 흐름을 형성하는 것처럼, 한 작품의 질서와 힘을 부여하는 것이 활법活法이다. 모든 작품이 지닌 정형화된(기승전결) 틀이 정법正法이다.[53] 이것이 곧 체질적 지향성이다. 사회든 작가든 다양성(활법活法) 속의 불변성(정법正法)이 표리表裏 관계를 형성한다. 문학의 체질적 지향성은 정법과 활법을 통하여 작가가 세상을 만나는 방식이고, 작품이 존립하는 구조이며, 독자가 작품을 만나는 출구다. 작품은 작가에서 나왔으나 나름대로 격을 지니며 존재한다. 독서 행위 역시 활법과 정법의 상관성을 파악하는 행위다. 등단 50년, 이우걸이 이 땅에 세운 업적을 새삼 체화해야 할 시점이다.

---

53 정민,『고전문장론과 연암박지원』, 태학사, 2010, 68~69쪽.

참고 문헌

기본자료

이우걸, 『이명』, 천년의시작, 2023.
이우걸, 『풍경의 해석』, 동학사, 2021.
이우걸, 『이우걸 시조 전집』, 태학사, 2013.
이우걸, 『질문의 품위』, 작가, 2010.
이우걸, 『우수의 지평』, 동학사, 1989.
이제마, 『동의수세보원東醫壽世保元』.

단행본

정민, 『고전문장론과 연암박지원』, 태학사, 2010,
엄경희 엮음, 『이우걸 시조 연구』, 태학사, 2013.

논문 및 기타 자료

엄경희, 「이우걸 시조에 내포된 모더니티의 일면」, 『한국언어문화』 제49집, 2012, 289~313쪽.
우은진, 「이우걸 시조에 나타난 현실 인식과 존재론적 성찰」, 『배달말』 60, 2017, 197~220쪽.
유순덕, 「이우걸 시조에 대한 고찰」, 『시조학논총』 제46집, 2017, 91~125쪽.
이영탁, 「이우걸 시조에 나타난 폭력성 연구」, 『사림어문연구』 제27집, 2019, 105~142쪽.
곽효환, 「이우걸 시조에 나타난 자연 연구」, 『한국시학연구』 제66호, 2021, 13~29쪽.
정미숙, 「물 위에서 노래하다」, 계간 『시작』, 2023, 148~160쪽.

'너머'와 '그늘'을 바라보는
균형 잡힌 시선과 '이명'의 시학

이우걸 시집 『이명』을 중심으로

손진은

1. 건너편을 아우르는 시선

이우걸은 일단 심상과 필력으로 시조단을 압도한다. 이는 미학적 형상화 능력이 무엇이며, 시조는 어떻게 써야 하는지에 대한 전범으로 작용한다. 이 글은 서정과 현실의 조화 너머 초월적인 미학을 추구하는 그의 시조에 나타나는 깊이의 울림, 만상을 껴안고 보듬는 시선 속에 담긴 '이명' 의식을 살펴보기 위함이다.

먼저 이우걸 시조의 스펙트럼을 살피는 잣대로 '시선'의 문제를 언급하면서 서두를 시작한다. 기실 시선의 문제는 표면적으로 시조를 읽으면 여간해서는 알아차리기 어려운 부분이지만, 시조를 형성하는 가장 중요한 거점이면서 우리 시조의 앞길을 여는 열쇠로도 작용할 수 있다고 판단하기 때문이다.

지상의 모든 나무는
수행 중인 선사들이다
태양을 걸쳤다가 노을 속에 서 있다가
이제는 나목이 되어
눈보라를 입고 계시다

세찬 비바람인들 편한 시간이었으랴
꽃에서 열매로, 녹음에서 단풍으로
한세상 가파른 길을
끝없이
보여 주시니

―「겨울나무들」 전문

 일견 '겨울나무'에 대한 묘사와 깨달음으로 된 시편으로 읽을 수 있다. 대부분의 서정시들이 그런 양상을 띠고 있기도 하다. 첫째 수는 지상의 나무를 대상으로 시가 전개된다. 겨울나무는 선사로 비유된다. 첫째 수의 중심 동사는 '입다'라는 술어이다. 겨울나무는 태양을 '걸치고' 노을을 '입고', 마침내 눈보라를 '입고' 계신다. 우리가 항용 외피라고 부르는 것들을 초월하고 얽매임이 없이 우주의 일부로 자신의 몸을 가리는 존재라는 뜻이다. '개체'와 '외부' 간의 차별 없는 넘나듦. 이 한 수만으로도 이 시는 뚜렷하다. 그러나 시인은 한 곳만을 보지 않는다.
 둘째 수는 반대편의 시선으로 대상을 바라보는 관점으로 시가 전개된다. 말하자면 시선이 역전되는 것이다. "세찬 비바람인들 편한 시간이었으랴"라는 구절 속 '세찬 비바람'은 그것을 내려보낸 하늘의 애잔한 마음을 대신한다. 꽃 → 열매, 녹음 → 단풍으로 가는 길 속에 때로 '세찬 비바람'을 보내 한 세상이 가파르다는 것을 끝없이 보여 주고 일깨워 주는 하늘 뜻이 있으니 말이다. 시인은 나무의 마음뿐만 아니라 하늘의 마음에까지 닿아서 이런 시선을 확보한 것이다. 여기서 '나무'라 했지만 시인의 감각과 의도가 닿는 곳은 인간을 포함한 생명 일반임은 물론이다.

이것이 견자의 시선이다. 한 방향을 바라보는 듯하다가도 반대편 그 너머의 원숙하고 균형 잡힌 시선으로 양편 모두의 눈으로 대상을 바라보는 평형감각을 유지하는 것이다. 단수인 아래 작품에도 시인의 광활한 시선은 두 가지를 다 아우른다.

> 병든 지구를 업은 하늘이 노랗다
> 밤새 뒤척여도 묘안이 없었을까
> 그중에 인간이 제일 해결 못 할 과제였을까
>
> ―「어느 날 아침」 전문

"병든 지구를 업은 하늘이 노랗다"에서 '업은'이라는 서술어가 절묘하다. 하늘은 고치기 어려운 병든 자식, 지구를 업은 엄마의 마음으로 밤새 뒤척인다. 시인의 눈은 '병든 지구'라는 대상과 이를 업은 '하늘'을 동시에 바라보고 있는 것이다. 연이어 아무리 뒤척여도 뚜렷한 묘안이 떠오르지 않는 것까지도 읽고 보는 것에 이른다. 내가 건강한 지구를 낳아주었는데 어떻게 이 회복 불능의 모양이 되었다는 말인가? 노랗게 수심 어린 표정을 한 어머니 하늘이, 마침내 "제일 해결 못 할 과제"로 인간을 떠올리는 지점에 이르면 하늘은 인간 생명까지도 안스러워하면서 제발 인간이 그걸 깨닫기를 바라는 시인의 생태 인식이 들어 있는 것이다. 결국 이 작품은 오늘의 지구가 당하고 있는 이 파국이 인간으로 말미암았다는, 묵시론적 생태 의식을 보여 주는 시로 화하고 있는 것이다.

이우걸 시조는 말하자면 대상과 그 너머. 지상의 것과 하늘의 것이 "손뼉을 치다 보면 허공에도 길이 생"기듯 "서로 얼굴을 / 비춰 보는"(「공감」) 건너편을 아우르는 균형 잡힌 시선을 갖추고 있는 것이다. 이 시선부터가 이 시대에 창작되는 대부분의 시조들과의 차별성이다. 자연과 우주에 대한 깨달음과 성찰이 담긴 이러한 미의식을 시인이 말한 용어로 '초월적인 미학의 형상화'(시집 『모자』 '시인의 말')라고도 할 수 있지만, 시인이 편편마다 의도하고 있는 '이명' 의식이 작용된 결과이기도 하다. 이는 뒤에서 상술하기로 한다.

시인은 현실을 바라볼 때는 한결같이 낮은 자세를 유지한다.

2. 낮은 곳, 그늘과 상처를 가진 이들에 대한 애정

'낮은 곳'에 대한 관심은 등단 이후 시인이 줄곧 가져온 시작의 태도이지만, 시간이 지날수록 예지가 더해져 깊은 통찰을 가진 특징을 보인다. 그러면서도 역사성과 시간성까지를 함유한다.

1
우연히 마주 앉아 너를 살펴본다
막 깨어난 아이처럼 얼굴이 볼그레하다
빗금이 머금고 있는 굴곡진 삶도 보인다

갈퀴 같은 손으로 강과 들을 헤매던
설한雪寒의 세월 속에서 태어난 지혜여
정착의 꿈이 빚어낸 또 하나의 발명이여

2
우리 삶의 뒷골목에는 늘 그늘이 살고 있다
그것들의 어딘가에는 빗살무늬가 새겨진다
격랑을 이겨 낸 자의 뜨거운 심전도 같은

—「빗살무늬토기」 전문

  1의 첫째 수가 토기와 마주해서 본 얼굴이라면, 둘째 수는 상상력의 작동으로 형상화된 것이다. 빗살무늬토기는 신석기시대를 대표하는 토기로 점토와 모래, 조갯가루가 섞여 불그레한 모습을 띤다. 우연한 기회에 빗살무늬토기를 마주하게 된 화자는 그 실감을 "막 깨어난 아이"의 볼그레한 얼굴로 읽는다. 그러다 이내 시인은 점점 아이가 자라 빗금이 그어지기까지의 굴곡진 삶으로 이어간다. 볼그레한 어린 것이 점차 상처와 수심(빗금)을 가진 영혼으로 나이를 먹게 되는 것이다. 결국 시인은 토기의 형상을 통해 한 사람의 생을 그리고 있다. 둘째 수는 빗금의 내력과 역사성을 형상화한다. 토기는 인간의 직립 보행이 만들어 낸 진화의 흔적으로 정착 생활의 시작을 알리는 유물이다. "갈퀴 같은 손으로 강과 들을 헤매던" 시절을 넘어 두 발로 서서 걷게 된 인간은, 두 손을 자유롭게 사용하게 되면서, 집에서 기다리는 식솔들을 위해 무언가를 들고 가야 했던 것이다. 이때부터 가족을 책임져야 하는, 빗금으로 나타나는 상처와 그늘을 가진 '가장'(모계 사회이었던 당시는 어머니가 가장이었다.)의 유구한 역사가 시작되었음을 시인은 은연중 암시하고 있다.

2는 오늘 이곳 평범하고 낮은 이들의 삶 속에 드리운 그늘의 무늬를 예각적으로 응축하여 그리고 있다. 우리의 삶의 배면(뒷골목)에는 보이지 않는 그늘이 살고 있다. 그 그늘에 빗살처럼 서서히 금이 가는 게 우리 생이다. 랭보의 말처럼 상처 없는 영혼은 없는 것이다. 그러나 그 빗금, 상처가 오히려 "격랑을 이겨 낸 자의 뜨거운 심전도"라는 절정의 감각과 함께, 삶을 추동하는 역동적인 에너지로 기능한다는 역설적이고 빛나는 결구에 이른다.

시인은 빗살무늬토기를 통해 낮은 곳, 삶의 굴곡을 가진 서민들의 원류를 상상력과 역사성, 그리고 현재성으로 이어가며 그늘과 상처의 아름다움을 눈부시게 발굴하고 조명해 낸다. 그러면서 상처와 그늘을 가진 삶들을 어루만지고 배려할 줄 알아야 한다고 깨우친다. 시인의 이런 의식은 '하류'의 생이 가진 가치를 보듬어 안기에 이른다.

이곳에는 언제나 민낯이 편하다
중류 같은 욕심도 없다 애써 오르려 하지 않는다

징검돌 사이로 흐르는
그저 온유한 물만 있을 뿐

우연히 얻어진 덕성이 아니다
만상이 홍엽을 입고 마음 펄럭여도
거칠게 스쳐 간 어제를 술잔에 담아 마실 뿐

맑으면 맑은 대로 흐리면 흐린 대로
상류 같은 비전도 없다 애써 오르려 하지 않는다
징검돌 사이로 흐르는
그저 온유한 물만 있을 뿐

―「하류」 전문

첫째 수와 셋째 수에서 유사어구의 반복이 특징적인 '하류'는, 낮은 곳에서 "온유한 물처럼" 살아가는 이들의 거소居所이며 삶을 상징한다. 그곳에서는 꾸미지 않고 가식 없이 타고난 살결 "민낯이 편하다"고 그들의 삶을 긍정한다. 거기에는 중산층으로 상징되는 '중류'에 대한 욕심도 없고 "상류 같은 비전도 없다." 또 물살 거친 그곳을 애써 오르려 하지도 않는다. 그것은 누군가를 짓밟고 나아가야 하는 삶이기 때문이다. 일견 그것은 무력한 삶처럼 보일지 모른다. 그러나 그곳에는 징검돌 사이로 흐르는 "온유한 물", 더불어 사는 수평적 소망과 인정이 언제나 따뜻하게 흐르고 있다. '온유한 물'이라는 덕성은 우연히 얻어진 게 아니라 그곳에서 나고 자라며 경험한 이들의 지혜에 의하여 형성된 것이다. 그리하여 그들은 대자연 속의 "만상이 홍엽을 입고" 덩달아 그들 마음을 펄럭이게 하여 싸움의 의지를 불러일으켜도, 그저 잔잔하게 "거칠게 스쳐 간 어제"라는 뼈아픔을 그저 술잔에 담아 해소하며 흘러가는 법을 알고 있다. 그곳에는 "맑으면 맑은 대로 흐리면 흐린 대로" 자족하며 더불어 살아가는 온화한 사람들의 순명 의식이 대대로 흐르고 있는 것이다. 사람들의 구김 없는 삶을 어루만지는 온유한 물, 나직한 평화와 사랑이 깃들어 있는 곳이 하류다.

낮은 곳에 흐르는 '온유한 물' 그것의 구체적인 형상화는 다음 시편에서 훨씬 명랑한 톤으로 발견할 수 있다.

우리 집 근처에는 중국집이 하나 있어요
시트콤 소품같이 아담하고 이쁜 집
그곳엔 유니폼이 고운 종업원이 몇 있고요

실비 오던 어느 날 아내와 오랜만에
지우산 함께 쓰고 그 집에 들렀어요
그리고 오래전에 먹어 본 자장면을 시켰지요

조금 지나 눈에 익은 자장면 두 그릇과
방금 튀긴 탕수육을 쟁반에 담아 왔어요
우리는 옛 얘기 나누며 그릇들을 비웠지요

그러던 어느 날 그 집 문이 닫혔어요

이웃에게 물었더니 주방장 수술했대요
그 후로 산책 나가면 그 집 앞을 가보곤 했죠

다시 그 집 문이 열린 건 그해 가을이었지요
반짝반짝 애교 많은 꼬마전등 스무 개가
오세요 손을 흔들며 눈물처럼 켜 있었어요

코로나 바이러스로, 주방장 입원으로
닫혔다 열렸다 하는 우리 동네 작은 중국집
큰 욕심 없이 살아도 세상살이 힘든가 봐요

그래도 부담없이 즐길 수 있는 외식 집
언제나 상기돼 있는 정 많은 우체통처럼
이 작은 중국집하고 늘 같이 살고 싶어요

—「작은 중국집」 전문

산전수전 다 겪은 연치年齒에도 이런 작고 여린 것들을 좋아하는 순정이 있다는 걸 알게 하는 작품이다. 아니 그 순정이 오늘의 시조단을 이끌어 온 힘이 아니었을까? 통통 튀는 묘사는 재미있고 흥겹고 잔잔하지만 짠하다. "아담하고 이쁜 집", "유니폼이 고운 종업원" 같은 존재들의 이미지도 작은 것들의 아름다움을 북돋우지만, 거기에 화답해 "실비 오는 어느 날 아내와" "지우산 함께 쓰고 그 집에 들"른 화자의 천진하기까지 한 행동이 작은 중국집의 수채화 같은 풍경과 맞아떨어지는 점에 이 작품이 묘미가 있다. 그게 순정이다. 그러다 "코로나 바이러스로, 주방장 입원으로" 중국집 문이 닫히면 화자가 같이 걱정하는 그런 들숨 날숨이 이 낮은 곳을 위무하기도 한다. 시인의 판단, "큰 욕심 없이 살아도 세상살이 힘든가 봐요"에 나타나듯 세상은 그리 호락호락하지가 않다. 이 작품의 절정은 "반짝반짝 애교 많은 꼬마전등 스무 개가 / 오세요 손을 흔들며 눈물처럼 켜 있었어요"에 있다. 어떻게 이런 소리를 듣는 귀를 가지고 있을까? 화자의 꿈과 현실의 경계면에서 반짝거리는 꼬마 전등은 작은 그곳에 사는 사람들의 다정과 연민의 모드이면서, 숱한 고생 앞에서도 순함과 명랑을 잃지 않는 서민들의 생이 가지는 슬기와 갸륵함, 최선을 다하는 삶의 아름다움이다. 나아가 이런 사람들의 삶을 품을 줄 안다. 그러기에 시인은 그들과 눈높이를 맞추는 데 그치지 않고 동일시 의식을 느끼고 있다. 셋째 수 종장 "옛 얘기 나누며 그릇들을 비웠지요"는 우리도 그런 시절을 겪었다는 말, 그게 바로 우리의 자화상이라는 말과도 다르지 않다. 그것을 믿기에 시인은 다정하고 명랑하고 "정 많은 우체통처럼" 언제나 상기되어 "이 작은 중국집하고 늘 같이 살고 싶어" 하는 것이다.

    결국 한결같이 낮은 자세를 유지하며 타자를 대하는 태도는 자신을 돌아볼 때도 적용되고 있음을 우리는 알 수 있다. 시인의 마음 깊은 곳에서는 자신을 '하류'라 생각하는 의식이 깃들어 있는 것이다.

> 먼 곳을 향해 가는 삼등 열차였다
> 누가 타고 내려도 그저 앞을 보면서
> 정해진 종점을 향해 쉬지 않고 달렸다

사변을 만나고, 기아에 허덕이고, 독재를 만나고, 시위에 휩싸이고
내 생이 스친 역들은
늘 그런 화염이었다

그러다 돌아보니 내가 안 보였다
다른 짐은 그대로인데 나는 어디에 있을까
맞은편 신호등 앞에
한 노인이 서 있었다

―「자화상」 전문

  자신의 생의 이력을 "먼 곳을 향해 가는 삼등 열차"로 보는 통찰은, 우선 심상에서 여타 시인들의 '자화상'들을 압도한다. 작품 전체가 삼등 열차의 진행에 초점을 맞추어 진행되는 것이 시에 긴장과 탄력을 부여하기 때문이다. 화자는 자신의 지난날을 심지어 타자의 '태어남과 죽음'(타고 내림)조차 신경을 쓰지 못할 정도로 생의 종점을 향해 앞만 보고 달리는 것이었다 선언한다. 그도 그럴 것이, "내 생이 스친 역들" 생의 고비마다 한국 전쟁, 긴 땡볕과 가뭄의 보릿고개, 4·19, 5·16 그리고 89년 대통령 직선제라는 "그런 화염"의 무늬, 그 연속으로 이뤄진 세월을 겪었으니 말이다. 그런 화염도 이제 어느 정도 진정되었다 생각하는 어느 날 돌아보니 내가 안 보였다고 그는 서술한다. 세월이 흘러도 지워지지 않는 생의 매듭 같은 무거움이라는 "다른 짐은 그대로인데" 정작 내가 없다는 것이다. 앞만 보고 달리다 보니 가장 소중한 나, 진정한 '자아'를 잃어버리고 살았다는 자괴감. 그 자괴

감은 "맞은편 신호등 앞에 / 한 노인이 서 있었다"는 마지막 수 종장의 환영幻影 같이 보이는 자기 객관화에서 정점을 이룬다. '한 노인'은 시대 현실에 영향을 받으며 옆도 돌아볼 틈 없이 살다 보니 인생이 그렇게 다 가버렸음을 암시하는 '나'의 객관적 상관물이다. 수많은 화염의 생을 살아온 세월을 기억하며 '맞은편'에서 이쪽을 바라보는 '나'를 그려 내고 있는 것이다. 이는 바로 서두에서 언급한, 너머의 원숙하고 균형 잡힌 시선으로 대상을 바라보는 평형감각이다. 생의 후반부에 자신의 지난날을 돌아보며 쓴 이 작품은 그런 면에서 시인의 자화상이면서, 같은 시대를 살아온 동년배들의 그것을 대신 말해주기도 한다는 점에서 보편성을 아우르고 있다.

「자화상」의 그 노인은 12월 남강휴게소 앞 커피 자판기 앞에서 커피를 받아든 '노인'으로 이어진다.

'먼저 드시지요'
젊은이가 잔을 건넨다
'아니, 시간 있는데?'
웃으며 받아 든 노인
십이월 남강휴게소 앞
우산 속의
온기 한 잔

—「커피 자판기 앞에서」 전문

시인은 젊은이와 노인의 대화 속에서 지금 진정 우리가 나누어야 할 것은 수줍은 듯 마음을 열며 내미는 자판기 커피 한 잔, "웃으며 받아 든" "온기 한 잔"이라 말한다. 그 '온기'는 번들거리는 백 마디 말에서는 찾아볼 수 없는 응축된 마음의 표현이다. 그것은 소통을 어렵게 하는 번다한 말을 무화시키는 역할을 한다. 시인의 '이명' 연작은 이런 의식에서 출발한다.

3. 이명, 소통으로 가는 자아 성장의 서사

'이명'이라는 제목으로 나타나는 시편은 시집 『이명』에서 「이명 3」, 「이명 4」 두 편이다. 그러나 시인은 이미 2010년 11월, 「이명」이라는 제하에 작품을 발표했으며, 이번 시집에도 「귀」라는 작품이 있는 걸 보면 그는 귀의 가장 중요한 속성인, '들음'이라는 대상과 나 사이의 소통의 감각과 정신에 참 민감한 시인이다. 그에게 '이명'은 듣기 위한 귀울음이며, 잠들지 않고 만상에 다가가 그들의 소리를 헤아려 읽고 나누려는 자세인 것이다. 이쯤에서 우리는 '이명'은 동일한 제목의 시편들뿐만 아니라, 시집 전체 시편들에 스며 있는 감각과 정신이라는 것을 생각할 필요가 있다. 당겨서 말하면 '귀'는 사물을 향해 부풀어 오르는, 사물을 껴안고 품어 안는 마음인데, 모든 시편들에 그 흔적들이 보인다. 그것이 시인으로 하여금 동명의 시집 제목을 쓰게 한 이유가 된다.

먼저 소통 부재의 상황이 개인보다는 사회적으로 실현되는 시편인 「귀」를 살펴보기로 한다.

들으려 하지 않는 귀,

들을 수도 없는 귀,

이미 편 갈린 귀,

서로 닫아 버린 귀,

마음이 길을 잃어서

오래전에 병든 귀

—「귀」 전문

　들으려 하지 않을 뿐만 아니라 들을 수도 없게 되었다는 말은 소통의 부재로 우리 사회의 병증이 깊었다는 말이다. 귀가 가져야 할 덕성인 타자의 소리를 헤아리는 마음을 상실한 상태를 시인은 "마음이 길을 잃어서"라고 표현하고 있는데, "편 갈린", "서로 닫아 버린" 같은 표현을 볼 때 다분히 정치적 현실을 풍자하고 있기도 하다. 이 작품은 "오래전에 병든 귀"라는 말이 암시하듯이 소통 부재가 심화되어 소통이 실종된 현실을 그리고 있는데, 현실을 드러내는 시편은 대체로 구조가 단순한 게 특징이다. 그러나 이 시편은 강한 알레고리와 힘찬 리듬이 그 단순함을 상쇄한다. 자아는 현저히 '사회적 자아'의 모습을 띤다. 다음은 발표 연도가 가장 빠른 시편인데,「이명 4」와 같은 성격을 띠고 있어 살펴보기로 한다.

가려서 들을 수 없는 귀의 숙명이여

오늘은 문 닫아걸고 제 한恨의 소리로 운다

이 세상 마른 갈밭을

휩쓸고 가는 바람 소리

—「이명」 전문
(『현대시학』 2010년 11월호)

    시인은 "가려서 들을 수 없는 귀의 숙명"이라는 새로운 시각에서 '이명'을 읽기 시작한다. 말하자면 타자와의 관계성 속에서 이 시편이 발원했다는 것을 알 수 있다. 여기서 귀는 무엇이든 받아들고 어쩔 줄 모르고 쩔쩔매야 하는 모든 생의 은유로 읽힌다. 굴원屈原의 글에 나오는 허유처럼 더러운 소릴 들었다며 강물에 귀를 씻고 더 깊은 곳으로 숨을 수도 없는 현실에 사는 시인이 할 일은, 귀의 "문 닫아걸고 제 한恨의 소리로" 우는 일. 그때 귀의 슬픔이 '이명'이라는 것이다. 참으로 대가의 진수를 보여 주는 명명이 아닐 수 없다. 관계성이라는 말에서 드러나다시피 듣는 '귀'는 말하는 '입과 혀들'을 전제로 한다. 그들이 퍼나르는, 듣지 말아야 할 말을 들었으니 귀 혼자 늦은 밤내 "문 닫아걸고" 운다. 이 고독과 아픔을 삭이는 울음 소리는 "세상 마른 갈밭을

/ 휩쓸고 가는 바람 소리"처럼 음울하고 적적하고 스산하기 그지없다. 우리는 여기서 이것저것 마구 들어야 하는 소리들이 오히려 소통 부재를 초래하고 자아를 한없이 측은하게 하는 역설을 본다.

「이명 4」와 「이명 3」 두 편의 작품은 서로를 조응하면서 보완한다. 앞의 시가 과거와는 달리 쓸 데 없는 것들에 대해 귀를 닫는 정신과 행동을 담는 자아의 변화를 그리고 반면, 뒤의 시는 그 이후 생채기의 울음을 깨어서 듣게 되는 한층 더 성장된 자아의 서사를 담고 있기 때문이다.

  듣지 않으려고
  마개를 할 때가 있다
  많이 듣는 게 좋은 것만 아니어서
  들어도 못 들은 척하고
  돌아서야 할 때가 있다

  먼저 듣겠다며
  많이 듣겠다며
  곳곳에 귀를 대고 얻어 낸 소식을
  대단한 전리품인 양
  나눠 주던 때가 있었다

  설은 밥알 같은, 떫은 풋감 같은
  그런 과거사를 귀는 알고 있다

그것이 울음이 되어

스스로를 닫으려 한다

—「이명 4」 전문

생의 언덕바지엔 목쉰 파도가 산다

파도는 사연 많은 생채기의 울음들이다

그 소리 다 읽고 싶어

귀는 늘 잠이 없었다

—「이명 3」 전문

「이명 4」의 각 수를 시간 순서를 따라 나눠 보면 둘째 수를 먼저, 첫째 수를 그 다음, 셋째 수를 마지막으로 배열할 수 있다. 이렇게 순서를 나누는 것은 이 작품이 자아 성장의 서사를 담고 있기 때문이다. "먼저 듣겠다며" "곳곳에 귀를 대고 얻어 낸 소식"은 욕망이 작용한 결과인데, 그 중에는 순수하고 훈훈한 소식도 있었을 것이지만 결국은 험담과 뒷담화를 비롯한 여러 부정적인 양상으로 스스로를 갉아 먹는 일이 된다. 듣기를 통해 "대단한 전리품인 양" 나눠 주는 소식은 부풀려진 진실이기 쉽다. 그래서 많은 소식은 편견이 되거나 역으로 판단을 가로막는 장막이 되어 소통의 실종을 일으킨다. 하지만 아직 자아는 무수한 소식을 수집하려는 욕망을 버리지 못한다. 첫째 수에서 화자는 그 시절을 생각하며 주체적인 의지로 "듣지 않으려고 / 마개를" 하거나 "못 들은 척하고 / 돌아서야 할 때"를 판별한다. 이때 그런 행동이 거듭될수록 자아는 겸손해지고 성장한다. 셋째 수에 이르면 "설은 밥알 같은, 떫은 풋감 같은" 소식을 듣고 퍼 날랐던 아픈 "과거사"를 "울음이 되어" "<u>스스로를 닫으</u>"며 성찰하고 참회하는 자아로 상승하게 된다. 마음 속에 묻어둔 감정 덩어리를 건드린 것 같은 '이명'이다.

「이명 3」에 나타나는 "목쉰 파도"와 "생채기의 울음"을 굳이 파도로 한정하여 읽을 필요는 없을 것이다. "생의 언덕바지엔"이라는 구句가 앞에 놓여 수식을 하고 있기 때문이다. '생의 언덕바지'가 '생의 가파른 길'이라는 뜻을 가지고 있다면, 이 작품에서 '이명'은 인간을 포함한 만상의 "사연 많은 생채기의 울음"마저 다 들으려는 '귀의 의지'를 표상한다. '귀'는 만상의 많은 슬픔들을 보듬어 안으며 듣고 싶어한다. 수도자처럼 고독하고 정결하게 자연의 사물과 생물의 결을 그 속에 채우고, 때로는 잠을 잊고 깨어서 그 미세한 기척까지도 알아차리려 하고 있는 것이다.

위의 고찰을 통해 우리는 시적 자아는 「이명 4」, 「이명」에서 「이명 3」으로 성장하여 가고 있음을 알 수 있었다. 확실히 이우걸 시인의 작품은 하나의 시편 안에서도 시적 자아가 조금씩 변화하여 거듭나게 되는 장이 되는 개성적인 구조를 가지고 있을 뿐만 아니라, 시편들 사이에도 자아가 성장하는 서사를 담고 있어 독특한 아우라로 작용하고 있다.

'이명'은 이 장에서 다룬 시편들뿐만 아니라, 시집 대부분의 시편들을 관류하는 감각과 정신이다. 대상을 가슴으로 껴안고 품어 안는 마음인 '이명'의 정신을 다른 시편에 적용해 보기로 한다. 여기서는 지면 관계상 풍경 시편들만을 대상으로 한다.

    허공에 낙관 하나 무연한 듯 걸려 있다
    넋 잃은 폐비처럼 초사흘 밤 난간에 앉아
    누구도 풀어줄 수 없는
    누명을 애소하는 달

    고요하고 처연한 운명을 머금은 빛
    문명의 화살을 맞은 우리 신앙의 폐허 위에
    누천년 빌고 빌어 온
    뭇 소망이 스쳐 간다

—「초승달」 전문

거장 시인의 시선을 읽을 수 있는 작품이다. 일견 단순한 풍경일 수 있는 밤하늘의 초승달에서 초사흘 밤 난간에 앉은 넋 잃은 폐비를 읽어 내고, 그 폐비의 "누구도 풀어줄 수 없는 / 누명을 애소하는" 소리를 들어 내는 것이 또 다른 '이명'이다. 그런 심상의 발견은 사물을 통찰하고 새로운 소리를 들으려는 그의 독창적인 귀울음 '이명' 의식이 잡아 낸 감각과 정신의 산물이다. 시인은 합리성과 이성적 사유, 즉 "문명의 화살을 맞은 우리 신앙의 폐허"를 극복하고서야 겨우 들을 수 있는, "누천년 빌고 빌어 온 / 뭇 소망"의 음성으로 파악하고 있다

는 점에서 시인의 시선은 웅혼하면서도 독창적인 울림을 가지고 있
다. 이와는 반대편에 있는 나직하고 따뜻한 이명의 울림이 있는 작품
을 살펴보자.

    가을이 내 무릎 위에 찬 손을 얹는다

    가쁜 숨결과 외로움이 배어 있다

    사는 게 다 그런 거라고

    나도 가만 손을 얹는다
—「낙엽」 전문

  여기서 가을의 찬 손은 낙엽이다. 그 작고 여린 손 하나가 시적 화자 '나'와 말없이 깊은 마음을 주고받는다. 낙엽이 "내 무릎 위에 찬 손을 얹"자 "가쁜 숨결과 외로움이 배어 있"음을 알아차리는 나. 이번에는 화답하듯 "사는 게 다 그런 거라고" "나도 가만 손을 얹는다" 무슨 구구한 말이 없어도 여기에는 그 작은 자연 현상 하나에서 존재하는 모든 것은 온기를 나누어야 한다는 작은 인연의 소중함을 돌아보게 하는 힘이 있다. 생명 가진 것을 허투루 보지 않는, 생을 오래 산 자의 따뜻한 시선이 가닿은 '이명'이다.

    모주처럼 알싸한 달래 향기 한 잔

향수처럼 아련한 아지랑이 한 필

그대가 고개 넘으며

택배로 부치셨지요?

―「봄비 3」전문

　봄비에 묻어 온 "모주처럼 알싸한 달래 향기"가 "한 잔"이라고 한다. 그 비 끝에 생겨난 "향수처럼 아련한 아지랑이"가 "한 필"이라고 한다. 초중장에서 어느 것이 먼저랄 것도 없이 섞인 후각과 촉각과 시각에 물씬 취해 있을 때, 느닷없이 종장은 "그대가 고개 넘으며 / 택배로 부치셨지요?"라는 서사로 낚아채어 간다. "향비에게 향기는 그녀만의 비밀"(「비밀」)이라는 표현처럼 그대와의 연사戀事가 있으니 방금 고개 넘어가는 그대를 다시 그립게 하는 애틋한 마음을 '봄비'라는 작은 자연 현상 하나에서 잡아내는 '이명' 의식이 작동하고 있는 것이다.

4. '이명'에 이르는 이우걸 시학

　필자는 지금까지 이우걸 시인에게는 누구에게도 쉽게 발견할 수 없는 '건너편을 아우르는 시선'을 갖고 있고, 이 점이 오늘의 시조를 형성하는 가장 중요한 거점이며 우리 시조의 앞날을 여는 거멀못으로 작용할 것이라는 것을 밝혔다. 그러면서 낮은 곳, 상처와 그늘을 가진 생명들을 어루만지고 배려하는 정신이 더욱 깊어지고 있음도 확인할 수 있었다. 무엇보다도 이런 감각과 정신의 근저에는 인간을 포함한 생명 가진 모든 것, 모든 자연 현상과 생태위기를 겪는 지구에게까지 '귀'를 갖다 대어야 한다는 '이명'이라는 그만의 독특한 시학으로 완성시켜 나가고 있음을 세밀히 볼 수 있었다.

'이명'은 대상과 나 사이의 소통을 위한 울음이다. 무수한 말은 오히려 소통의 실종을 가져온다. '이명'은 듣기 위한 귀울음이며, 깨어 만상에 다가가 그들의 소리를 헤아리고 나누려는 감각과 정신인데, 그것은 나와 대상이 단독자로서 서로 대면할 때 가능한 것이다. '이명'은 시집 전체 시편들을 관류하여 스미고 흐르고 있다. '귀'는 사물을 껴안고 품어 안는 마음인데, 우리가 그런 것을 깨닫지 못하고 울지 않으니, 귀뚜라미가 "울음은 울어서 그 울음을 이기려는 것"(「귀뚜라미 바다」)인 듯 밤새도록 울어도 모자랄 것 같은 울음을 대신 울고 있다는 것이다.

이우걸의 '이명' 시학은 세상을 오래 산 자의 따뜻한 시선에서 나오는 깊이와 울림('낙엽')을 가지고 있다. 심상과 필력으로 시단을 압도하는 그의 작품이 '이명'으로 만개하고 있는 것이다.

四人 四色의 문학적 성과와 시조의 미래

이정환

1.

윤금초, 박시교, 이우걸, 유재영.

네 분 시인이 그동안 이룬 눈부신 적공을 또렷이 기억한다. 참으로 경이로운 일이다. 한평생 시조의 길을 걸었다. 아무나 할 수 있는 일이 아니다. 각자 적지 않은 시조집을 펴냈고, 합동시조집『네 사람의 얼굴』과『네 사람의 노래』를 엮었다. 그러므로 이번에 펴내는 자선 30편 총 120편으로 엮은『사인행』은 귀한 텍스트다. 또 한 번 시조 문단에 파장을 일으킬 것이다.『사인행』은 후학에게는 도전의식과 창작에 대한 냉철한 자성을 일깨우는 귀중한 텍스트가 되리라 믿는다.

2.

윤금초 시인은 1943년 전남 해남 출생이다. 1968년 『동아일보』 신춘문예 당선으로 등단했다.

그의 시조 세계는 다양한 면모를 지니고 있다. 선사시대의 모습, 고구려 유적에서 살핀 웅혼한 기상, 곤고한 민초들의 삶과 그 한 맺힌 죽음에 대한 위로, 엘니뇨 현상을 통한 현실비판, 회화와 조각 작품의 시적 재구성 등을 통해 시인은 자신의 관심을 확장하고 있다.[1]

또한 김동식은 공간 위에 일궈 놓은 다양한 시간 개념이 시인의 작품 세계에 고스란히 형상화되어 있다고 말하고 있다. 이어서 형식적·양식적 차원에서 시조 양식을 제한이나 구속이 아니라 변화와 실험을 가능하게 하는 공간으로 인식하고 있는 점에 주목한다. 무엇보다 사설시조의 호방하면서도 격렬한 리듬을 성공적으로 자신의 시적 주제와 결합시키고 있는 점을 눈여겨보고 있다. 작품 세계에 대한 이러한 몇 가지 견해는 주목된다. 윤금초 시인을 잘 꿰뚫어 보고 있기 때문이다. 그러므로 그의 시조 세계는 소소한 지류가 아니라 도도하게 흐르는 장강의 면모로서 그 빛을 발하고 있다. 아무나 쉬이 다가가지 못할 드넓고 높고 환한 경지다. 김동식은 덧붙여서 윤금초 시조가 보여 주는 주제와 형식에서의 다양성과 개방성은 시조가 현대시의 한 모델로 살아 있는

---

[1] 김동식, 「풀이의 의미론, 생성의 현상학」, 윤금초, 『땅끝』, 태학사, 2001.

문학 양식이 되어야 한다는 현대시조의 요청에 부응하고자 하는 노력의 소산으로 보고 있다. 그 일은 그의 문학 인생에서 줄기차고도 열정적인 다양성으로 부단히 지속되어 왔고, 작품으로 구현되어 널리 읽혀 왔다. 이 점이 그가 시조 문단에 끼친 공헌이다. 주옥편을 통해 한 전범을 펼쳐 보였고 그것은 단시조와 연시조, 사설시조에 이르기까지 방대하다. 그 형식 안에 다채로운 주제를 반영하는 일에 전력을 다해 왔다. 생명의 신비와 접맥된 에로스 담론 전개, 기후 환경 문제, 맛깔스러운 전라도 방언의 감칠 맛 나는 운용, 내면세계와 존재론적 성찰, 미술세계와의 내밀한 접맥과 교감, 그만의 시어 사전에 등재된 활기찬 언어들의 약동 등을 통해 시조 세계를 넓히고 깊이 파고들었다. 이번 『사인행』에는 단시조나 연시조보다 사설시조의 비중이 크다. 그 점을 주목할 필요가 있다. 즉 단시조나 연시조에도 힘썼지만, 사설시조 창작에 보다 심혈을 기울인 것이다. 이것은 시인 자신 속에서 들끓어 오르는 다양하고 다채로운 서사를 유장하고 질펀하게 풀어내는 방식으로서 가장 적절했기 때문이다.

　　가 이를까, 이를까 몰라
　　살도 뼈도 다 삭은 후엔

　　우리 손깍지 끼었던 그 바닷가
　　물안개 저리 피어오르는데,

　　어느 날

절명시 쓰듯

천일염이 될까 몰라

—「천일염」 전문

「천일염」을 읽는다. 천일염은 염전에서 바닷물을 끌어들여 햇볕과 바람으로 수분을 증발시켜 만든 소금이다. 천일제염에서 시상을 떠올려 "살, 뼈, 손깍지, 그 바닷가, 물안개, 절명시, 천일염"이라는 시어를 차례로 동원하여 구현한 극명한 사랑 시편이다. 이 사랑은 이성에 대한 것이면서 일평생 몸과 마음을 던져 이르고자 했던 시에의 헌사로 읽힌다. 그러므로 초장에서 "가 이를까, 이를까 몰라"라고 노래하고 있는 것이다. 넉넉히 가 이르기도 했겠지만, 아직도 더 닿고 싶은, 더 이르고 싶은 뜨거운 열망을 굳이 숨기지 않는다. 그것은 살도 뼈도 다 삭은 후일지라도 상관이 없다. 끝 모를 끝 간 데까지, 그 이상향까지 꿈꾸는 일이다. "우리 손깍지 끼었던 그 바닷가 / 물안개 저리 피어오르는데"라고 이어지는 중장은 호흡이 다소 길지만, 감칠맛 나게 읽힌다. 즉 입에 당기는 맛, 사람의 마음을 끌어당기는 힘이 있기 때문이다. 화자는 종장에서 절절한 이야기를 들려준다. "어느 날 / 절명시 쓰듯 / 천일염이 될까 몰라"라고. 절명시는 목숨이 끊어져 가면서 쓰는 시다. 죽음을 무릅쓰고서라도 천일염이 되고자 하는 이 처절한 열망이다. 소금은 짠맛이 나는 백색의 결정체로서 대표적인 조미료다. 양념·식품의 저장 등에 요긴하게 쓰인다. 음식을 부패하지 않게 한다.

그렇기에 「천일염」을 통해 시인은 불후의 명편 즉 영원불멸의 시를 희구하고 있다. 그 점이 「천일염」과 같은 절창을 쓰게 한 힘이 되었을 것이다.

3.

박시교 시인은 1945년 경북 봉화 출생이다. 1970년 『매일신문』 신춘문예 당선으로 등단했다.

그는 시어 면에서나 형식 면에서나 작위성을 배격하면서 시적 아름다움과 깊이를 동시에 추구하고 있다. 그의 시는 아프고 암담하고 막막한 일상 위에서 존재 확인과 초월을 노래하는 특징을 보여 준다. 이러한 보편적인 주제를 다루면서도 관습의 틀에 묶여 있지 않고, 우리 삶의 보편적인 문제뿐만 아니라 새로운 감각으로 기존의 정서를 확장시켜 나간다.[2]

손진은은 박시교 시인이 보여 준 보편적 정서의 개인적 굴절 과정 혹은 체험의 보편화 과정이 소재적 차원의 전통 계승이라기보다 역사와 동시대를 아우르는 전통의 창조적 계승이라는 점에서 높이 평가하고 있다. 그리고 존재의 근원적인 허무에 대한 성찰로 시적 관심을 요약하면서 허무의 적극적인 수용 방식이라고 단정한다. 또한 삶의 본질에 대한 통찰이 전제되어 있다는 점을 환기하고 있다.

---

[2] 손진은, 「삶의 근원 동력으로서의 허무」, 박시교, 『낙화』, 태학사, 2001.

초기작인「겨울 강」은 사람의 근원적인 문제에 시각을 집중하여 사뭇 도전적이고 활달한 시상 전개로 존재론적 성찰의 세계를 긴박감 있게 형상화하고 있다. 이러한 도저한 정신세계는 하나의 중요한 동력이 되어 이후의 작품 속에 면면히 이어진다. 실로「겨울 강」은 헌걸차고 웅혼한 흐름과 돌올한 정신의 세계의 한 표상이다. 어떠한 환난이나 역경도 일거에 거뜬히 물리치게 하는 역동적인 힘 즉 집약적인 주제 구현의 양상을 보인다. 선 굵은 흐름으로 진솔하고 담백하면서도 에너지가 넘친다. 그리고 손진은은 "허무를 사는 사람들"에 대한 논의를 하면서 그 허무를 수동적인 세계 인식으로서가 아니라 세계와 맞서 치열한 내면 싸움을 해나가는 과정을 통해 느끼는 능동적인 삶의 태도로서 간직하고 있다고 본다. 또한 박시교 시조에 나타나는 "자연"과 "너"가 하나로 만나는 지점을 살피면서 이 둘이 모두 화자인 "나"의 존재 전환의 계기를 마련해 주는 대상들이라고 말하고 있다.

봄에 하는 이별은 보다 현란할 일이다

그대 뒷모습 닮은 지는 꽃잎의 실루엣

사랑은 순간일지라도 그 상처는 깊다

가슴에 피어나는 그리움의 아지랑이

또 얼마의 세월 흘러야 까마득 지워질 것인가

눈물에 번져 보이는 수묵빛 네 그림자

가거라, 그래 가거라 너 떠나보내는 마음

어디 봄산인들 다 알고 푸르겠느냐

저렇듯 울어쌌는 뻐꾸긴들 다 알고 울겠느냐

봄에 하는 이별은 보다 현란할 일이다

하르르 하르르 무너져내리는 꽃잎처럼

그 무게 견딜 수 없는 고통 참 아름다워라

—「이별 노래」 전문

「이별 노래」 역시 절창이다. "봄에 하는 이별은 보다 현란할 일"이라는 첫 줄이 이미 모든 것을 말하고 있다. "현란"은 정신을 차리기 어려울 정도로 어수선하거나 눈이 부시도록 찬란한 것을 두고 하는 말인데 이별일진대 어찌 그럴 수가 있을까 싶지만 현실은 그렇다는 것이다. "그대 뒷모습 닮은 지는 꽃잎의 실루엣"으로 말미암아 "사랑은 순간일지라도 그 상처는 깊"기에 "그리움의 아지랑이"가 가슴에 피어난다. 그래서 "또 얼마의 세월 흘러야 까마득 지워질 것인가"라고 묻는다. 그런 중에도 "눈물에 번져 보이는 수묵빛 네 그림자"로 마음은 더욱 심란하여진다. 하여 "가거라, 그래 가거라"라고 보내는 일에 망설임이 없다. 물론 속은 전혀 그렇지가 않을 것이다. 다음으로 두 장이 눈길을 사로잡는다. "어디 봄산인들 다 알고 푸르겠느냐 / 저렇듯 울어쌌는 뻐꾸긴들 다 알고 울겠느냐"이다. 자연에 투영된 슬픔의 정조가 절묘하게 표현되어 가슴을 내리친다. 이러한 예사롭지 않은 미학적 성취로 인하여「이별 노래」는 끝나지 않을 사랑 노래로 온 세상을 떠돌면서 많은 이들의 심금을 울리게 될 것이다. 끝으로 "하르르 하르르 무너져내리는 꽃잎처럼 / 그 무게 견딜 수 없는 고통"이 참 아름답다는 결구를 되짚어 본다. 고통의 미학적 승화를 꾀한 화자의 속마음이 헤아려진다.

이렇듯 눈물겹도록 슬픈「이별 노래」를 통해 시인은 만인의 심금을 울린다. 서정시의 한 극치다.

4.

이우걸 시인은 1946년 경남 창녕 출생이다. 1973년『현대시학』추천 완료로 등단했다.

이우걸의 시조가 보여 주는 특성은 그 대상이 전통시조가 노래한 대상이 아니라는 것, 이 대상을 현대적 감각, 현대적 상상에 의해 노래한다는 점이다. 전통시조가 주로 대상으로 삼은 경우는 이른바 자연이다. 물론 이우걸의 시조에도 자연이 노래된다. 그러나 그는 자연보다는 문명을 대상으로 하고, 자연을 대상으로 할 때도 전통적인 인습적인 상

상력을 벗어난다.[3]

　이우걸 시인에 대한 이승훈의 이런 논의는 시조를 쓰는 이라면 누구나 깊이 인식하고 창작의 지표로 삼아야 할 것이다. 자연보다 문명, 자연이되 전통적인 상상력을 벗어난 창작 지향에 대한 시사점을 던지고 있기 때문이다. 또한 자연을 비극적으로 인식하고 이런 비극적 인식은 자연을 대상으로 하는 많은 시조에서 자연을 문명과 결합시키는 양상으로 발전하고 있다고 본다, 날카로운 시각이다. 시인은 자연을 노래하되 그 자연은 도시, 문명, 현실을 반영하고 현실과 결합하고 현실의 아픔으로 물든다고 평가하고 있다.
　대학 재학 시절 김춘수의 영향을 입은 바 있는 이우걸 시인의 미학적 성과 중 하나로 새로운 이미지의 발화와 다채로운 직조를 들 수 있다. 이것은 시대를 앞서가는 정신세계로부터 비롯된 것이다. 그렇기에 현대인들의 의식과 생활, 관계에 대한 복잡 미묘한 정서를 읽을 수 있다. 그리고 앞선 자각과 시도로 문명 비판과 노동자가 처한 구체적이고 절박한 삶을 형상화한 세계는 동시대 시인들보다 앞서 궁구하고 천착하면서 작품으로 보여 주었다는 점에서 높이 평가해야 할 것이다.
　특히「팽이」를 두고 이승훈은 이「팽이」는 고통을 건너가는, 그러니까 초월, 수직적 넘기가 아니라 수평적 건너기를 통해 그가 기다리는 아름다운 세계를 노래하고 있다고 말한다. 수직적 초월은 초월주의, 정

---

[3] 이승훈,「시조와 현대적 상상력」, 이우걸,『그대 보내려고 강가에 나온 날은』, 태학사, 2001.

신주의, 신비주의와 통하나 수평적 건너기는 그런 주의를 부정한다. 이런 부정이 마음에 든다고 하면서 팽이의 극한에는 접시꽃이 피어나는 점에 주목하고 있다. 그리고 중요한 것은 그의 시조가 보여 주는 상상력의 변증법 혹은 변증법적 상상이고, 이런 상상력이 보여 주는 현대성이라면서 자연에서 현실을 읽고, 현실에서 고통을 읽고, 마침내 고통에서 그의 이상, 이상으로서 자연을 읽는다고 밝히고 있다. 명쾌한 논리 전개다.

피면 지리라

지면 잊으리라

눈 감고 길어 올리는 그대 만장 그리움의 강

져서도 잊혀지지 않는

내 영혼의

자줏빛 상처.

— 「모란」 전문

잘 직조된 단시조는 오랜 여운을 가진다. 소우주의 창출이라고 할 수 있겠다. 예시한 「모란」과 더불어 「팽이」, 「어머니」와 같은 단시조들이다. 그동안 많은 시인이 모란을 노래한 바 있다. 그러나 김영랑의 「모란이 피기까지는」 이후로는 단연 「모란」이다. 모란은 미나리아재빗과의 낙엽 활엽 관목인데 목단이라고도 한다. 큼직하게 피는 자주색 꽃은 신비스럽다. "피면 지리라 / 지면 잊으리라"라는 초장부터 압도하고 있다, 피면 지는 것은 순리다. 이 세상 그 어떤 꽃도 이 진리를 거역하지 못한다. 그런데 미묘한 것은 "지면 잊으리라"라는 후구다. 지면 지는 것일 텐데 "잊으리라"라는 말을 놓아서 가슴팍을 쿵 하고 내리친다. 그렇지 그게 맞지 하고 이내 수긍을 하게 된다. 중장은 "눈 감고 길어 올리는 그대 만장 그리움의 강"이다. 만장은 죽은 사람을 슬퍼하여 지은 글로 장사 때 비단이나 종이에 적어서 기를 만들어 상여 뒤를 따른다. 만사輓詞, 만시輓詩다. 그러므로 중장은 이채로운 이미지로 말미암아 이 시조의 깊이를 더한다. 화자에게 모란은 "져서도 잊혀지지 않는 / 내 영혼의 / 자줏빛 상처."다. 그러니까 지고 나면 곧 잊어버리는 하잘것없는 존재가 아닌 것이다. 그 점이 종장에서 극명하게 드러나고 있다. 꽃은 언젠가 지고 말지만 이미 화자에게 자줏빛 상처가 된 것은 부인하지 못한다. 결구에서 "자줏빛 상처"라는 구절이 안겨주는 울림은 특별하다. 사물이나 정황에 부여한 의미 중에 이만큼 큰 반향을 일으키는 이미지도 드물 것이다.

  이우걸 시인은 자연을 문명과 결합시키는 작업을 통해 시대 상황의 육화와 변용에 힘을 기울이는 한편 서정시의 본질을 추구하는 일에도 남다른 성취를 보였다. 이러한 점이 그의 특장이다.

5.

유재영은 1948년 충남 천안 출생이다. 1970년 『풀과 별』과 1975년 『현대시학』에 시조를 발표하며 등단했다.

"감성의 섬세, 신경의 예리, 관조의 총혜를 갖춘 천상의 시인이다." 라고 한 것은 가람의 시조집에 대한 정지용의 발문의 일부분이다. 그 끝부분인 "관조의 총혜의 소산"은 바로 유재영에게 적용되어야 마땅할 터다. 그러므로 그는 시조를 읽는 즐거움을 주는 시인이다.[4]

신경림의 말처럼 유재영은 서정시의 본질 구현에 힘써 온 시인이다. 정갈하고 투명하며 쟁쟁 울리는 시편들이 그의 작품 세계의 주조를 이룬다. 시대 상황을 육화하는 일에도 적극적이었다. 이처럼 시조 세계가 폭넓다. 그러면서 신경림은 흔히 시조시인들은 현실을 외면하고 있다든가 시조가 시대착오적으로 음풍농월에 시종하는 바람에 독자로부터 외면 당하고 있다는 통념은 그에 관한 한 맞지 않다고 본다. 「광장의 사나이」, 「누이여, 아우여」, 「배면」, 「물총새에 관한 기억」 등을 두고 하는 말이다. 즉 무너지고 있는 어둠의 세력에 대한 증오와 새로운 세상에 대한 희망을 형상화하는 점이 특히 눈길을 끈다.

그리고 신경림은 대부분 그의 시는 아름답고, 아름다움은 스스로 힘

---

[4] 신경림, 「유재영의 시조를 읽는 즐거움」, 이지엽, 「물빛 그리움, 혹은 햇빛 따사로움의 길」, 유재영, 『햇빛시간』, 태학사, 2001.

을 지니고 있다고 보고 있다. 그러면서 유재영을 통해 시조를 읽는 즐거움을 새삼스럽게 맛보았다고 재삼 강조한다. 그와 함께 이 즐거움을 독자에게 전달하고 싶다는 희망을 드러낸다.

　이지엽은 목적시가 흔히 갖게 되는 생경함까지도 섬세한 서정성으로 잘 갈무리하고 있다고 본다. 즉 가장 중심되는 문제를 다루고 있으면서도 격조 높은 서정성을 유지하고 있는 점에 주목한다. 이렇듯 탄탄한 서정의 힘과 미세한 떨림을 통해 시조가 추상적이고 관념적이라는 한계를 극복하고, 꿈틀거리는 굵은 선과 굽이치는 맥박으로 새로운 경지를 개척하게 될 것으로 예견하고 있다.

　　중년의 나이 앞에 툭! 하고 떨어지는

　　신갈나무 열매 한 개 가만히 주워본다

　　화두란 바로 이런 것 쓸쓸한 화답 같은,

　　마른 꽃 흔들다가 혼자 가는 바람처럼

　　등 뒤로 들리는 가랑잎 밟는 소리

　　가벼운 이승의 한때 문득 느낀 허기여

　　　　　　　　　　　　　　　—「쓸쓸한 화답」 전문

「쓸쓸한 화답」은 마흔 살 안팎의 나이인 중년이 겪고 있는 계절 정서를 담담하고 정갈하게 그리고 있다. 피 끓는 젊음을 다 보내고 이제 웬만큼 내공이 쌓인 불혹의 나이 앞에 "툭! 하고 떨어지는 / 신갈나무 열매 한 개"를 주워서 살피다가 불현듯 "화두란 바로 이런 것 쓸쓸한 화답 같은"이라는 깨달음에 이른다. 흔히 시나 노래에 대해 맞받아 답하는 화답이라면 즐겁고 행복한 것이어야 마땅할진대 여기서는 그렇지가 않다. 화두는 이야기의 말머리 혹은 참선하는 이에게 도를 깨치게 하기 위해 내는 과제인데 무려 1700종류가 있다고 한다. 화자는 신갈나무 열매를 줍는 "쓸쓸한 화답"에서 삶의 화두를 발견한 것이다. 그래서 "마른 꽃 흔들다가 혼자 가는 바람처럼 / 등 뒤로 들리는 가랑잎 밟는 소리"를 통해 "가벼운 이승의 한때"에 허기를 느낀다. 이때 이 허기는 속이 비어 허전한 기운이며, 굶어서 몹시 배고픈 것이기도 하다.

이렇듯 「쓸쓸한 화답」은 결코 쓸쓸하지만 않는 삶의 설렘과 허전함이 간결한 두 수로 잔잔하게 직조하고 있다. 읽으면 읽을수록 시의 맛이 깊게 스미어들어 영혼이 맑아지는 느낌을 받는다. 시란 바로 이런 것이구나, 하고 깨닫게 하는 시편이다.

조남현은 유재영 시인을 두고 "스타일리스트"라고 말하고 있다. 멋을 중시하는 사람 또는 치장을 잘하는 사람이라는 뜻이니 시인에게 큰 상찬이다. 그는 "표현이 생명"이라는 시론을 견지하고 있기에 작품마다 예사롭지 않은 표현력을 늘 보여 준다. 언어 감각과 남다른 감수성이 이러한 경지에 이르는 동력이 되었을 것이다.

6.

 이상으로 네 분의 시조 세계를 살폈다. 이분들의 미학적 성과는 이미 적지 않은 연구자들에 의해 격에 걸맞은 평가를 받았다. 그러므로 후학들은 온고지신의 자세로 눈부신 적공에 대해 깊이 있는 조망의 시간을 가져볼 만하다. 옛것을 익히고 미루어 새것을 아는 기초를 다진 이후 또 다른 나의 새것 즉 "또 다른 목소리의 발현"을 위해 힘써야 할 터이므로.

 네 분의 귀한 문학적 성과 중 하나로 시조의 미래를 튼실하고 창창하게 만들었다는 점을 들 수 있을 것이다. 그동안 시조문단의 열정적인 구심점 역할을 하면서 후진을 음으로, 양으로 양성해 왔다. 또한 시조단체를 체계적이고 역동적으로 이끈 일도 작품의 성과와 더불어 높이 평가할 일이다. 시조에 갓 입문한 이들이 네 분의 시조 세계와 문학적 여정을 눈여겨 좇으면서, 자신의 창작 방향의 시금석으로 삼았으면 하는 바람 간절하다.

 지난 10월 10일 이후로 우리나라는 노벨문학상 수상자를 보유한 국가가 되었다. 노벨문학상이 문학작품 가치 척도의 절대적인 잣대는 아니지만, 한강 작가를 통해 한국문학이 세계적으로 상승할 발판이 마련되었으므로 한국문학의 정수인 시조가 크게 기지개를 켜고 세계 속으로 뻗어 나가야 할 기반을 다져야 할 때다. 그런 노력이 이곳저곳에서 요원의 불길처럼 솟아올랐으면 한다.

 그러기 위해서는 우리 시조가 더욱 치열하고 보다 냉철하게 시대적 요청에 능동적으로 대응하는 창작 활동을 감당해야 할 것이다.

향도처럼 네 분 시인의 시조 세계가 그 길을 잘 보여 주고 있다고 확신한다.

'길'의 미학

이우걸의 작품을 중심으로

손진은

1. 한국 현대시와 시조, 그리고 길

 길만큼 다양한 함의와 상징을 지닌 질료가 있을까? 시인치고 길을 노래하지 않은 사람은 없을 것이다. 대가급의 시인일수록 그 빈도는 높아진다. 윤동주와 신경림, 김명인, 그리고 기형도에 이르기까지 길은 그들에게 놓인 운명이요 주제였고 감각의 현장이었다.
 길은 앞서 지나간 이의 자국이면서 문명의 자국이다. 지혜와 문명이 발달함에 따라 보이지 않는 길이 있음을 알게 되었다. 사람의 길만큼 뚜렷하지는 않아도 숲과 들에는 여러 짐승들의 길이 있다. 집과 집을 이어주는 것은 다름 아닌 길이므로 여행은 길에서 우여곡절과 자초지종을 다 겪는데(이는 노산의 연시조「막대 가는 대로」의 여행시들에서 잘 드러난다), 그것은 그대로 마음 속에서 성장하는 길이 된다. 바다에는 물고기의 길이, 하늘에는 새의 길, 나무의 길이 있다. 이 길을 노래한 시편들도 있다. 예컨대, "여기에서 저기까지, 마디에서 마디까지 / 죽을 힘을 다해서 대나무가 달린다 / 바통을 으스러지게 손에 쥐고 달린다 // 한 마디 넘기고 또 한 마디 받으며 / 허공의 빈 트랙을 숨 가쁘게 이어 달리며 / 바통은 손아귀마다 철통같이 달아오른다 // 트랙이 몸을 엮어 숲으로 휘어질 때까지 / 몰아치는 바람 속을 뼈대로만 내달린다 / 마침내 창공을 가르며 바통을 던질 때까지"(박명숙,「대숲에서」) 시인은 허공 속의 길. 그 빈 트랙을 "마디에서 마디까지 죽을 힘을 다해서" 달리는 대나무에 주목한다. "한 마디 넘기고 또 한 마디 받"는 생의 단계를 거쳐 "바통을 으스러지게 손에 쥐고" 죽을 힘을 다해서 달리는 삶은 그 자체로 오늘날 대부분의 서민이나 대중의 삶과 궤를 같이한다. 어느 곳에서 출발하여 다른 곳에 이르는 과정은 사람이 벌이고 고투하는 일과 닮았다. 그 과정은 여러 측면에서 생명의 한살이이기도 하고 세대를 넘어가기도 한다. 사물과 생물에도 보이지 않는 길이 숨겨져 있음을 아는 눈도 있다. 이우걸이 바로 그런 시인이다.

2. 문제적 개인 '너'와 길의 결합과 변주, 그리고 시대

이우걸의 연시조「길」(『시문학』 1987년 12월호 발표작)은 앞서 진술한 모든 미학을 포괄하는 작품이다. 숨은 화자가 한 여성의 서사(이는 4번 첫째수 중장 "네가 딛는 스란치마 철쭉꽃 같은 사랑을 따라"에 확연하게 나타난다.)를 축으로 시를 전개하여 가고 있는 이 시에서, 시적 화자나 내적 인물인 어머니에게서 그 여성은 '너'라는 호칭으로 나타난다.

전체적으로는, 길의 미묘하고도 다채로운 의미망 속에서 농촌공동체에 머물러 있던 한 개인이 길을 따라 먼 곳으로 나가 삶을 일구고, 시대와 역사의 문제에 어떻게 부딪히고 있는지를 풍부한 이미지와 열린 상징, 그리고 미학적 긴장과 활달한 진술을 아우른 어법으로 다루고 있어 그 의의가 만만치 않다. 또 한 수 한 수가 미학적으로 독립적인 완결성을 가지면서도 열려 있고 이미지 면에서는 어떤 빼어난 시에 못지않은 심미적 감수성의 깊이와 언어미학을 거느린다. 이와 더불어 이야기 군데군데 서사와 서정을 창의적으로 결합하여 동적인 전개로 진행되어 가는 독특한 구조를 가지고 있다.

  전체 8번으로 짜여진 이 연작에서 2·3·4·6·7이 두 수, 1·5·8이 단수의 형식을 가진다. 시의 흐름을 위해 시인 나름의 계산의 결과이다. 아무래도 시의 구조와 길의 속성과의 연관성을 위한 고려도 작용되었으리라 본다. 길도 가다 보면 좁은 길도 넓은 길도 나오고, 가다가 끊어지고 이어지는 길도 있듯이 한 수, 혹은 두 수로만 이어지면 전체적으로 단순하고 시적 형식에 탄력을 잃을 수밖에 없다. 두 수는 이를 막기 위한 의도적 배분인데, 단수가 여백을 거느리고 있다면 두 수는 팽팽하게 긴장하는 형식으로 구성된다.

  이렇듯 여러 면에서 우리 시조사에서 유례가 없는 무게와 가치를 가지고 있는 작품임에도 김제현 등의 학자가 월평에서 두어 번 다루었을 뿐, 본격적인 평가는 아직 이루어지지 않고 있다. 필자는 이런 문제의식에서 이 글을 쓰게 되었다.

  편의상 번호순으로 논의를 전개하기로 한다.

1
풀밭에 누워 하늘을 바라본다
더 큰 이 세상의 일곱 색 꿈을 건너서
저 길이 헤쳐 갈 뜰의
내일을 생각해 본다.

한 젊은 여성이 지금 팔베개를 하고 토담집의 풀밭에 누워 자신의 눈에 들어온 "저 길"이 헤쳐 갈 "뜰의 내일"을 생각해 본다. 우리는 여기서 "뜰의 내일"이라는 표현에 유념해볼 필요가 있다. 길은 '뜰'을 헤치며 생겨난다. 길에는 풀이 자라지 못하기 때문이다. 길은 사람의 발자국과 바퀴의 시달림 때문에 '뜰'로 표상되는 풀을 키울 수 없다. 길은 사람의 발길과 문명의 이기가 만든, 자연과 가장 가까운 문명의 흔적이면서 자연과 문명의 경계, 문명의 영역을 알리는 표지가 된다.

여성은 "더 큰 이 세상의 일곱 색 꿈을 건너" 가고자 하는 문제적 개인으로 이 시의 축을 이룰 인물이다. 그는 이향을 꿈꾸고 있으며, 앞날을 설렘과 불안으로 자신의 앞날을 예견하고 있다. 그는 여성의 몸으로 농업공동체에서 그 삶의 방향을 바꾸어 건너 타관의 삶으로 진입하려 한다. 이 때 길은 터전을 옮기는 매개로서, 그 자체가 스스로 하나의 공간이면서 옮기기 위해 치러야 할 대가의 상관물로 존재한다.

그런 점에서 서사와 서정의 결합으로 이루어진 1은 이 연시조의 시작이면서 앞으로의 전개가 암시되고 예견되는 부분이라고 할 수 있다.

2
토담은 토담끼리 이마를 맞대던 곳
떠도는 빈 들 구름 같은 마음에게도
손잡아 방에 앉히던
옥양목 치마저고리.

네가 가고 싶은 낯선 도시에는
가슴에 못 박혀 남을 그리움이 있느냐
말없이 웃으며 밟을
달 그리메가 있느냐.

2는 두 수를 거느리고 있다. 첫째 수의 묘사와 호흡을 맞춰 그녀의 이향離鄉을 막는 목소리를 들려주려는 의도가 들어 있다. 순탄하게 흐르는 첫수에서 어머니의 대화를 등장시키는 둘째 수에 이르면 두 수는 팽팽하게 긴장하며 탄력을 형성한다.

첫수는 서정의 극치다. 종장 끝 구의 "옥양목 치마저고리"는 당연히 어머니의 제유다. 기실 "토담은 토담끼리 이마를 맞대던" 고향집은 나그네 같은 마음을 거두어들이는, "떠도는 빈 들 구름 같은 마음에게도 / 손잡아 방에 앉히"는 모성이 존재하는 안온하고 따뜻한 자족적 삶의 공간이다. 이는 1940년대 박목월의 "술 익는 마을마다 / 타는 저녁놀"(「나그네」)의 정서적 공간이면서, "큰누나 혼수 마련에 냅다 팔아먹어 버린, / 하지만 이십 리 길을 터벅터벅 걸어와서 / 달밤에 대문 앞에서 움모-하며 울던"(이종문, 「달밤」), 천지를 비추는 달이 그 집 사람들과 한 가족이었음을 몸으로 체득하게 했기에 먼 길을 걸어 기어코 돌아온 순한 동물 '소'의 거소에 해당한다.

둘째 수에서 어머니는, 삶의 방향을 바꾸어 다른 사람과 부대끼는 사회적 공간으로 진입하려 하는 딸 자식을 향해 "네가 가고 싶은 낯선 도시에는 / 가슴에 못 박혀 남을 그리움이 있느냐", "말없이 웃으며 밟을 / 달 그리메가 있느냐."고 타이르며 호소한다. 그것은 자족적 삶의 공간에서 다른 사람과 부대끼며 어울리는 사회적 공간으로 가려는 딸을 만류하는 숙연한 목소리다. 시인은 직접 화법을 구사하는 이 장면에서도 미학적 긴장과 함축, 어법의 세련을 등한하지 않는다. 이는 김동환의 「국경의 밤」에서 시작된 한국 장시 전통에서도, 정인보의 40수 연작 「자모사慈母詞」를 비롯한 연시조 계열에서도 찾아보기 힘든 미학이다.

우리는 여기서 험난한 과정을 예견하는 이 시의 인물들이 여성임을 주목할 필요가 있다. 그것은 헤쳐나가기 어려운 현실을 효과적으로 드러나게 하는 시인의 의도적인 선택이라는 생각이 든다.

첫째 수와 둘째 수에서 우리는 여기서 집의 공간이 길을 거느린다는 사실을 알 수 있다. 그 길은 자기가 살던 곳을 향한 본원적 끌림으로 이끄는 매개다. 힘들 때 항상 돌아올 수 있는 본원적 공간으로 돌아오게 하는 길. 구심성의 그 길은 "낯선 도시"를 향한 원심성의 길과 양가성의 힘으로 팽팽하게 길항하며 대치한다.

3
아무도 너의 가슴을 빗줄기라 하지 않았다
아무도 너의 발길을 바람이라 하지 않았다

그러나 네 안 깊이엔
비가 오고 바람이 불었다.

이미 떠나온 몸과 칼날 같은 눈빛과
고향 방에 걸어 두고 온 족자의 맹세들이
받아 쥔 차표에 실려
흔들리고 있었다.

　3의 첫수에서 길의 실체는 아직 드러나지 않은 채 미분화되어 있다. "아무도 너의 가슴을 빗줄기라 하지 않았다", "아무도 너의 발길을 바람이라 하지 않았다"의 수일한 진술, 그리고 반전되는 인식을 동반한 묘사의 탄력은 시조의 형식을 의식하지 않고 읽어도 바로 시가 되는 힘을 가진다. 자칫 시조가 격에 갇힐 때 언어는 자유가 아니라 지옥이 된다는 것을 시인은 이미 알고 있는 것이다. 자수율과 음보는 그것을 넘어서라고 존재하는 것이다. 길의 안쪽 깊이엔 비가 오고, 바람이 분다는 인식 속에서 우리는 앞으로 열어갈 미래가 얼마나 흔들리고(바람) 막막할지(빗줄기) 짐작할 수 있다. 여기서 시적 화자는 시적 진술을 통해 여성의 심리를 그리고 있는 것이다.
　이와는 방향을 달리하여 둘째 수에서는 '고향 방'과 '기차역'의 이미지가 대비되면서 바야흐로 떠나는 자의 착종된 의식이 선연히 드러난다. 화자의 몸과 마음은 단단한 무장을 하고 있었음에 틀림 없다. 이는 "이미 떠나온 몸", 주눅 들지 않으려는 "칼날 같은 눈빛"과 방에 걸어 두고 온 "족자의 맹세들"에 나타난다. "칼날 같은 눈빛"은 여성의 것이기도하면서 도시에서 만나는 메마른 사람들의 것이기도 하다. "족자의 맹세들"은 앞으로 어떻게 살겠다는 의지와 결심이 적혀 있었을 것이다. 하지만 기차역에서 "받아 쥔 차표에 실려" 그것들은 이미 흔들리고 있다는 것이다.

둘째 수에서는 '고향 방'과 '기차역'이라는 공간을 이동하여 드러나는 서사가 드러난다는 점이 첫째 수와 대비되지만 두 수는 흔들리는 자아의 양상을 드러내고 있다고 할 수 있다.

    4
    네가 치는 아코디언의 실핏줄 같은 음률을 따라
    네가 딛는 스란치마 철쭉꽃 같은 사랑을 따라
    미명의 내일을 향해
    또아리를
    트는 삶….

    대답할 수 없는 문이 되어 서 있었다
    얼굴을 보이지 않는 모종의 공포들을
    담담히 바라보면서
    걸인처럼 서 있었다.

4와 5에서는 길 이미지의 매혹이 빛난다. 길의 역동성과 미학적 울림이 유연하고 깊다는 것을 보여 준다. 시적 화자가 설정한 인물이 농촌 출신의 젊은 여성임을 "네가 딛는 스란치마 철쭉꽃 같은 사랑"이라는 구절에서 구체적으로 확인할 수 있다. 우선 4를 살펴보기로 한다.

4의 첫 수 초장과 중장은 화답하는 댓구다. 초장 "네가 치는 아코디언의 실핏줄 같은 음률을 따라"는 길이 늘었다 줄어들었다 하면서 겹주름을 내는 아코디언의 실핏줄 같은, 생멸이 거듭되는 음률의 울림을 드러내는 양상을 보이고 있다면, "네가 딛는 스란치마 철쭉꽃 같은 사랑을 따라"에서는 길이 입으면 발이 보이지 않을 만큼 폭이 넓고 긴 스란치마가 흙에 닿는 촉감, 혹은 피어나는 철쭉 같은 양상을 띤다. '아코디언'과 '스란치마'로 표상되는, 밝고 따뜻한 봄날 이미지로 어우러짐과 열림의 기대로 가는 삶은, 이 여성의 길이 이제 제법 성취와 보람을 일구어 가고 있음을 은연중에 암시한다. 그러나 그것은 아직 여전히 "미명의 내일을 향"한 "또아리를 / 트는 삶"일 수밖에 없다.

아니나 다를까, 길은 둘째 수에서는 '문'이라는 차단과 단절의 양상으로 그를 막아서며 서 있게 한다. 여전히 그는 실체를 드러내지 않는("얼굴을 보이지 않는") 공포들을 바라보면서 걸인처럼 서 있을 수밖에 없다. 캄캄하게 열리지 않는 문 앞에서 피를 흘리는 건 결국 그이다. 대상(길)이 사람을 밀어내는 형국이라고 할 수 있다. 우리는 시사에서 이미 그런 경우를 본 적이 있다. 바로 "돌과 돌과 돌이 연달아 / 길은 돌담을 끼고 갑니다. // 담은 쇠문을 굳게 닫아 / 길 위에 긴 그림자를 드리우고"(윤동주, 「길」) 그러나 윤동주의 시에서 문은 담에 달린 것으로 자아의 대상 진입을 막는다면 이우걸의 문은 길의 변용으로 드러나고 있다는 점이 확연이 다르고, 이우걸이 더 개성적이다.

5

유월에 너는 피어서 아카시아 향기가 된다
시월에 너는 시들어 낙엽 지는 언덕이 된다
한밤에 너는 깊어서
달빛 쌓인 호수가 된다.

5에 이르면 길의 모티프와 심상이 더욱 다채로워진다. 이미지는 계속 갱신되며 변주를 거듭한다. 여기서 이미 '너'는 길이 되고, 길은 '너'가 되어 길과 '너'는 구분이 없어진다. 길은 피고 지기를 반복하는 나무로 화한다. 놀랍지 아니한가. 길이 이런 변신을 할 수 있다는 것이. 이 부분은 한국 시조사를 관통해 보더라도 처음 보는 감각의 변신이요, 자연스런 감각의 유로이다. 초장 "유월에 너는 피어서 아카시아 향기가 된다"에서 길은 달콤한 후각 이미지로 피어나며 화창하고도 가벼워진다. 이것은 생명의 싱그러움과 아름다움이 풍기는 감각이다. 이는 아울러 '너'가 삶에서 이룩한 성취를 암시한다. 그러던 것이 시월이 되면 "시들어 낙엽 지는 언덕이 된다." 언뜻 조락의 기운인 듯하지만 "낙엽 지는 언덕"에서 암시되는 운치 있는 삶을 같은 영역이다. 유월의 아카시아 향기같이 달콤한 시절에 이어, 낙엽 지는 날의 운치가 쌓이는 그런 생명력 넘치는 행로를 반복한다는 것이다. 종장에 이르면 길의 변신이 더 놀랍다. 달빛 쌓인 호수로 모든 물상과 인간을 비추고 성찰하는 거울이 되는 것이다. 우리는 깊은 밤 문득, "달빛 쌓인 호수" 같은 생으로 낭만과 보람으로 충일한 생을 돌아보는 '너'의 길을 확인할 수 있다. 호수로 변신한 '너'와 길. 때로는 기쁘게, 때로는 물끄러미 반추하는 자아. 이 연시조의 가장 빛나는 부분이다. 모티프와 심상의 다채로운 변주에 인생론적 깊이가 더해진 5는 길의 입체성적인 변신과 더불어, 이 연시조가 시조사에 던지는 매혹이요 힘이다.

그러나 6에 이르면 '너'는 "포승에 묶"인 길 앞에서 겨울이라는 가혹한 시련을 만난다.

> 6
> 침묵의 눈발들이 희끗희끗 내려앉는 밤
> 마스트의 외로움과 구겨진 항구를 향해
> 길들은 포승에 묶인
> 죄인처럼 몸을 떤다.
>
> 알고 있다, 겨울이 가고
> 이 바다가 아름다운 날
> 원목을 잘라 내는 절단기의 서슬로
> 카리브 해안을 향해
> 달릴 수도 있는 너를.

6에서는 한껏 치켜 올랐던 '너'의 자아가 격한 움츠림을 동반한다. 4에 이은 두 번째 시련이다. 이 시는 이렇듯 명암을 달리하는 길의 굴곡을 역동적으로 드러낸다. 공간적으로 여전히 길은 '너'와 결합되어 있다. 이는 둘째 수 "달릴 수도 있는 너를"이라는 종장 두 번째 구에서 알 수 있다. 길은 어느새 "카리브 해안"으로 포상되는 먼 바다로 향하고 있는데, 이는 필연적으로 '너'의 이동과 시련을 동반한다. 풍경이나 서사, 공간의 면에서 시의 스케일은 이 연시조에서 가장 크게 확장된다. 그러나 '너'는 크게 위축되어 있는 것으로 드러난다.

첫째 수에서 침묵의 눈발들은 "희끗희끗 내려앉"고, 돛이 연결된 수직 기둥인 '마스트'는 외롭고, 항구는 구겨졌다. 들끓는 고뇌와 침묵을 삼키던 길은 마침내 "포승에 묶인 / 죄인처럼 몸을 떤다." 길과 포승에 묶인 죄인, 이런 비유 역사 우리 시사에서 처음 보는 장면이다. 물리적으로 보면 해빙을 기다리는 꽁꽁 언 바다이지만, 내면적으로는 암울한 시대적 역사적 상황으로 인해 더 나아가지 못하는 '너'의 시련을 말하고 있다. 여기서 포승줄은 70~80년대 우리의 시대 상황을 암시하고 있음은 물론이다. 이렇듯 이 연시조는 서정과 현실, 역사를 결합하는 구조를 가진다.

이런 맥락은 둘째 수에서 더 진전된다. 초장 "겨울이 가고 / 이 바다가 아름다운 날"은 해빙이라는 뜻과 함께 봄이 와서 역사가 인간을 해방한다는 함의를 수반한다. 억압이 크면 클수록 '너'의 자아는 "원목을 잘라 내는 절단기의 서슬로"라는 중장에서 드러나듯, 가장 강하고 날카로운 기세로 반발하며 새로운 길을 낼 것("카리브 해안을 향해 / 달릴 수도 있는 너를.")이라는 동적인 미학을 가지고 있다. 특히 "알고 있다," 라는 도치 구절을 앞에 배치한 것도 이런 도저한 낙관을 강하게 전달하려는 의도의 표시다.

그런 점에서 6은 극한의 하강과 상승을 거듭하는 길의 역동성이 가장 잘 드러난 부분이다.

7
잠든 인가의 대나무숲 가까이로
한 포기의 희망이 눈 뜨는 이른 새벽
길들은 스프링코트의 먼지를 털어 본다.
지나온 세월보다 더 많은 내일을
오늘 아침 신문이 말한 종양의 원인들을
넌 이제, 건강한 삶의
친구로 맞을 줄 안다.

7에서는 두 수를 이어붙인 형식적 변화가 시도된다. 그만큼 이 연시조는 다양한 시도로 미학적 완성을 꾀하고 있는 것이다. 큰 시련을 겪은 '너', 그리고 길도 한층 너그럽고 성숙된 모습으로 변모된다.

첫 수에서는 "잠든 인가의 대나무숲 가까이로 / 한 포기의 희망이 눈"을 뜬다 하며 '희망'이 주체가 되어 움직이는 미학을 시도한다. 이어 희망은 "이른 새벽"이라는 배경으로 물러나고, 길이 더 큰 주체가 되어 '스프링코트'라는 여성 운동화의 "먼지를 털어 본다."는 역발상이 이채롭다. 맑고 청아하고 밝은 이미지의 출현이다. 이렇듯 이 시에서 길의 모양은 유연하면서도 다채롭고 유연하고도 돌올하다.

둘째 수에서는 '너'의 자아의 여유와 품이 그만큼 커졌다는 것을 제시한다. '너'는 이제 과거보다는 창창한 미래를("지나온 세월보다 더 많은 내일을"), 이와 함께 매일 매체에서 보도되는 부패의 근저를("오늘 아침 신문이 말한 종양의 원인들을") 건강한 삶의 친구로 맞는, 균형감각을 갖고 대범하고 너그럽게 볼 수 있는 여유를 가졌다는 것이다. 1에서 나온, 뜰앞에 누워 "저 길이 헤쳐 갈 뜰의 / 내일을 생각해" 보던 '너'와는 확연히 대비가 되는, 자아의 성장이다.

> 8
> 저렇게 많은 지뢰와 꽃밭의 유혹 속으로
> 시대는 너를 내몰아 역사를 만들리라
> 또 다른 열매를 위해
> 감히 너를 던지리라.

8은 이 연시조의 대미大尾로, 영고성쇠榮枯盛衰를 거듭하는 길의 엄중한 깨우침을 전달한다. 여기서 우리는 시대와 개인과 길의 상관성을 읽을 수 있다. 말하자면 '내'가 길을 택하는 것이 아니라, 길이 나를 택한다는 엄연한 현실 말이다. 이는 운명도 마찬가지다. 운명이 나를 이끄는 거지 내가 운명을 이끌지 못한다. 윤동주가 그랬고 전태일이 그랬고, 조운이 그랬다. 길은 시대와 결합하여 개인을 내몰아 어떤 운명을 맡기기도 한다. 성장하고 소멸하며 다시 살아나는 길과 자아는 역사와 시대와 운명을 만나면서 거대하게 타오르기도 하고 소멸되기도 한다는 것이다.

대단원을 서사적으로 말하면서 이 연시조는 끝을 맺지만, 한 여성의 서사를 축으로 풍부한 상상력과 심미적 감수성, 현실 미학을 입체적으로 펼쳐낸 '길'의 여백은 오래도록 남는다.

3. 한국 현대 연시조의 전범으로서의 「길」

지금까지 세세히 살펴본 바와 같이 이우걸 연시조 「길」은 지금까지 시도된 한국 현대 연시조 작품 가운데 미학적 울림과 진폭이 크고 가장 강력한 서정적, 서사적 자장을 거느린 작품이라 판단된다.

1번에서 8번까지 총 13수에 달하는, 그리 길지 않은 작품이지만, 매번 다른 형식과 다른 진술을 통해 어떻게 구조가 수렴되고 주제의 진폭이 확장되며 녹아들 수 있는지, 현대 연시조는 그 형식과 내용이 어떻게 조화를 이루어야 하는지를, 때로는 미려하게 때로는 동적인 미학으로 보여 준 작품이다. 이 작품은 현대시적인 표현력과 시조의 형식이 행복하게 결합되면서, 어떻게 읽어도 시가 느껴지고 어떻게 읽어도 시조적 형식의 율려를 갖춘 우리 시대 연시조의 전범으로 기여할 것으로 판단된다.

현대시조의 전범

이숭원

1. 현대시조의 개성

　시조와 자유시가 구분되는 가장 중요한 특징은 정형성에 있다. 시조는 정형성을 양식의 생래적生來的·본질적 특성으로 삼기 때문에 정형성을 포기하면 그것은 시조가 아니다. 단형 정형시는 본질적으로 서정의 응축을 지향한다. 한순간의 서정을 간결한 형식으로 표현하는 것이 단형 정형시인 시조의 운명이다. 대상에서 촉발된 순간의 감흥을 고도의 직관으로 포착하여 간결한 형식으로 응축해 내는 데 성패를 가르는 시조의 운명이 걸려 있다.
　현대시조는 정형성과 함께 현대성도 갖추어야 한다. 현대성이란 말에는 소재나 주제의 현대성과 표현 방식의 현대성이란 의미가 함께 들어 있다. 현대적인 소재를 취하여 현대적 방법으로 표현한다는 뜻이다. 둘 중 하나라도 유지해야 현대시조라고 내세울 수 있다. 정형의 틀을 지키면서 개성적이고 독창적인 표현 방법을 구사하는 것은 여간 어려운 일이 아니다. 자유시 창작은 방법이나 의식의 새로움만 추구하면 되는데, 시조시인은 정형성을 살리면서 현대적 감각을 드러내야 하기에 훨씬 더 치열한 노력을 기울이지 않을 수 없다. 시조 정형성의 바탕 위에서 개성적 수사와 현대적 사유를 결합한 격조 높은 작품을 창조하는 것. 이것이 모든 현대시조시인이 마주하는 지상의 과제다.

이우걸 시인은 시조 형식과 현대적 인식의 결합이라는 긴요한 문제를 안고 오랜 세월 고투의 시간을 보냈다. 그는 치열한 시적 탐구의 과정을 통해 현대성과 정형성을 통합하는 높은 성취를 보였다. 그의 창조 작업이 더욱 귀하게 평가되는 것은, 시조의 정형성에 현대적 표현 미학을 조화롭게 결합했다는 점만이 아니라, 그러한 특징을 초기부터 현재까지 초지일관 여일하게 지속·발전시켜 왔다는 사실 때문이다. 그래서 이우걸 시조를 논할 때는 시조의 양식적 특성에 관한 이해와 그에 따르는 현대적 표현 미학에 관한 분석이 언제나 병행되어야 한다. 어떤 시조 작품에서 시조의 정형성이 제약이 아니라 오히려 현대성을 살리는 양질의 활력소가 된다는 점이 입증된다면, 그 작품은 현대시조의 전범을 넘어서서 현대시조 정상의 자리에 놓일 것이다.

2. 단형 시조의 서정 미학

시조의 핵심은 단시조에 있다. 단시조의 간결한 형식 속에 서정이 압축되어 있어야 시조로서의 맛이 살아난다. 단시조의 서정적 긴장을 체험하지 못한 시조 창작은 허사다. 이우걸의 첫 시조집 『지금은 누군가 와서』(1977) 앞부분에 명품 단시조가 배치된 것은 아름다운 일이다. 다음 두 편의 단시조는 이우걸 서정의 중핵을 가감 없이 보여주면서 이후 전개될 그의 창작 경로와 시조시인으로서 높은 위상을 충분히 예감하게 한다.

스쳐만 가도 신열 나는

내 마음은 검정 실밥

젖은 옷자락 기워 눈먼 수를 놓으면

등피에 쌓인 일력日歷만

행 밖에서 떨다 간다.

—「편지」전문

"검정 실밥"으로 비유된 그의 마음은 여리고 어둡다. 세상의 여파가 잠시 스쳐만 가도 신열이 날 정도다. 그만큼 섬약하고 상처받기 쉬운 내면이다. 검정 실밥으로 기우는 대상은 "젖은 옷자락"이다. 역시 밝지 않은 슬픔의 이미지가 착색되어 있다. 환한 저고리를 다듬는 것이 아니라 젖은 옷자락을 깁고 수를 놓는데 그것도 "눈먼 수"를 놓는다고 했다. 앞이 보이지 않는 암울한 상황에서 슬픔에 젖은 옷자락에 간신히 검은 실밥으로 수를 놓으니 그 작업이 제대로 구성될 것 같지 않다. 그러나 "스쳐만 가도 신열 나는" 예민한 감성으로 정성을 다해 수를 놓으니 실밥 사이에 스며든 마음의 결이 그 나름의 결실을 거둘 것 같다.

여기까지 옷자락을 기워 수를 놓는 장면을 표현했는데, 제목이 '편지'이니 사실은 마음을 담아 편지를 쓰는 과정을 바느질에 비유하여 표현한 것이다. 편지를 쓰든 수를 놓든, 화자의 정성에 보답이라도 하려는 듯 "등피에 쌓인 일력日歷만 / 행 밖에서 떨다 간다."라고 했다. 시간에 중첩된 사연들이 편지 행간에 모여든다는 뜻일 것이다. 검정 실밥으로 옷을 깁고 등잔을 밝힌 상황이니 지나간 옛 시절의 회상이다. 그러한 고전적 분위기가 시조의 서정에 어울린다. '등피'는 등불이 꺼지지 않도록 바람을 막기 위해 등에 씌우는 유리를 말한다. 석유가 연소한 그을음이 등피에 붙으면 불빛이 잘 나오도록 등피를 닦았다.

그런데 이 시에서는 등피에 일력이 쌓인다고 했다. 시간의 흐름이 쌓이고 세월이 쌓이는 것이다. 요컨대 화자는 편지를 쓰고 지우고 하며 많은 시간을 보낸 것이다. 말로 전하지 못한 안타까움이 시간의 흐름 속에 응축되어 있음을 짐작할 수 있다. 이처럼 이 시조는 단형 서정시의 압축성 속에서 전통적 형상을 비유의 매개로 하여 편지 쓰는 과정과 그 안에 담긴 안타까운 마음을 정갈하게 표현했다. 이우걸 초기 단형 서정 시조의 전형을 보여 준 작품이다.

은목서 잎사귀에도

달빛이 스며들었다

텅 빈 등의자여 잠이 든 가옥家屋이여

그대의

혈관 속으로

유황빛

말이 달린다.

─「파도」 전문

바로 이어 나오는 이 시는 달밤을 배경으로 했다. 은목서는 따뜻한 지역에서 생육하는 상록의 활엽수로 5미터 이상 높이 자란다. 은목서의 잎이 무성하고 끝에 돌기 같은 것이 돋아 있어 달빛이 비치면 정취가 독특하다. 달빛이 비치는 은목서 나무 밑에 등의자가 있고 거기 한 채의 집이 있다. 등의자는 비어 있고 가옥도 고적하다. 거기 달빛만 비치니 그윽한 정취가 고고하다. 이렇게 정밀한 정관의 형상을 보여 준 후 화자는 "그대의 / 혈관 속으로 / 유황빛 / 말이 달린다."라고 동작의 형상을 배치했다. 제목이 '파도'이니 시인은 고요 속에 작동하는 역동적 움직임을 파도라는 심상으로 표현한 것이다.

여기 나오는 '그대'가 깨어 있는지 잠들어 있는지는 알 수 없다. 시인이 주안점을 둔 것은 그대의 혈관 속에 유황빛 말이 달린다는 사실이다. 유황빛은 노란빛을 뜻하니 갈색의 말을 유황빛 말로 지칭할 수 있을 것이다. 그런데 혈관 속에 달리는 말은 세상에 존재하지 않는다. 초·중장에 해당하는 앞의 두 소절은 가시적 현상을 나타낸 것이지만 끝 소절은 상상의 소산이다. 혈관 속에 달리는 유황빛 말은 무엇인가? 이 장면은 하나의 이미지로 받아들여야 한다. 은목서 잎사귀에 스며든 달빛도 이미지요, 텅 빈 등의자나 잠이 든 가옥도 이미지다. 이 정적인 이미지와 대립하는 자리에 놓인 것이 그대의 혈관 속을 달리는 유황빛 말이라는 동적인 이미지다. 정과 동의 교차 속에 우리에게 전달되는 내용은 고요한 밤에도 잠들지 못하는 그대의 마음이요 정신이다. 혈관 속을 유황빛 말이 달리니 어떻게 고이 잠들 수 있겠는가? 그래서 제목이 '파도'다. 정적과 월광의 심야에도 잠들지 못하고 사색을 계속하는 그대의 내면을 파도로 표현한 것이다.

그대가 왜 고요한 심야에도 잠들지 않고 일렁이는 파도의 내면을 갖는지는 알 수 없다. 시인은 다만 상반된 두 유형의 이미지로 고요와 파동의 충돌을 묘사했다. 묘사 외에 아무 첨언을 하지 않았으니, 이미지만으로 시조가 성립하는 고도의 현대성을 창안했다. 시조 양식과 현대성의 결합이 전격적으로 완성된다. 이 역시 이우걸 단형 시조 미학의 선구적 성과라고 평가하지 않을 수 없다.

이러한 이우걸의 단형 서정시 창작은 이후에도 지속적으로 일관되게 이어진다. 세 번째 시조집 『저녁 이미지』(1988) 첫머리를 장식한

「팽이」가 대표적인 예이며, 다섯 번째 시집 『맹인』(2003)에 실린 다음 시편도 그 기류의 연속적 발화다.

벤치에 앉으면 누구나 신도가 된다

사제司祭는 없다

눈앞엔 바다뿐이다

초록을 찢어서 만든

불타는

경전의 바다

— 「버들리 2」 전문

'버들리'는 바다가 보이는 경상남도 어느 지역 지명일 것이다. 어느 위치에 있는가가 중요한 것이 아니라 시인이 바다를 어떻게 보았는가가 중요하다. 시인은 바다에 도취된 신도의 모습을 설정했다. 바다가 보이는 그곳 벤치에 앉으면 누구나 바다를 섬기는 신도가 되어 바다에 몰입할 수밖에 없다는 뜻이다. 바다와 신도를 이어줄 사제도 필요 없이 바로 두 존재가 소통할 수 있다. 초록 바다의 신神이 아무것도 가리지 않고 온몸을 드러내고 있는데 무슨 매개자가 필요할 것인가? 그래서 시인은 바다를 "초록을 찧어서 만든 / 불타는 / 경전의 바다"라고 했다. 바다와 육지를 모두 초록빛 풀을 찧어 만들었다는 뜻으로 자연의 산야와 산야 저편의 바다를 동일시하는 독특한 표현이다. '불타는 바다'라는 표현도 '불'과 '물'이라는 이질적 물질을 전격적으로 결합한 도전적 표현이다. 이러한 진취적 이미지를 동원하여 3장 12구의 간결한 시조 정형 율격으로 바다의 신비로운 아름다움과 신화적 상징성을 드러냈다. 이우걸의 이 시조를 통해 '버들리'라는 장소는 거룩한 신화적 원광을 두르게 된다.

이러한 단형 서정 시조의 흐름은 최근의 시작까지 지속되어 꽃을 피운다. 열 번째 시집 『이명』(2003)에 실린 작품이다.

모주처럼 알싸한 달래 향기 한 잔

향수처럼 아련한 아지랑이 한 필

그대가 고개 넘으며

택배로 부치셨지요?

―「봄비 3」전문

이 시조에는 서정의 품격에 유머의 향기도 포함되어 있다. 정명교는 이 작품에서 "시인의 민감한 감수성", "과거와 현재의 길항을 통한 시간대들의 긴장"을 보았는데, 그것도 서정의 독특한 구성 방법을 우회적으로 드러낸 설명이다.
  이 시에는 여러 가지 감각이 교차하고 있다. 제목이 '봄비'이니 이 시의 일차적 감각은 봄비 내리는 날의 시각이다. 지금 화자는 봄비를 통해 달래 향기를 느끼고 달래 향기를 통해 모주의 맛도 감득하고 있다. 거기에 더해 향수처럼 아련한 아지랑이 한 필의 감각까지 떠올린다. 달래 향기와 아지랑이가 피워 내는 감각은 복합적이고 다층적이다. 거기에는 현재의 느낌과 과거의 회상이 겹친다. "향수처럼 아련한"은 과거의 회상을 환기한다. 현재 다가오는 미각, 후각, 시각이 결합한 감각의 향연을 보며 화자는 짐짓 "그대가 고개 넘으며 / 택배로 부치셨지요?"라고 묻는다. '택배'라는 말은 '모주', '달래 향기', '아지랑이'와는 구별되는 현대의 용어다. 그대가 현대적 운송 수단인 택배를 이용해 현재의 향취와 과거의 추억을 내게 보냈느냐는 뜻이다.
  이 구절을 통해 아련한 과거의 시간이 현재 상황 속에 부조된다. 과거와 현재가 접속되면서 봄비의 정취에서 풍겨난 향수가 지금 이곳의 감각으로 다가온다. 시인이 노린 것은 이러한 감각의 전환이다. "고개 넘으며"가 고난을 암시할지 모른다는 추측은 부수적이다. 중요한 사실은 현재 택배로 배송된 감각의 향연이다. 이우걸의 단형 서정시조는 이러한 연금술적 변환을 지향한다. 여기서도 시조의 정형적 율격을 그대로 유지하면서 치열한 시적 탐구의 정신을 통해 현대성을 살리는 이우걸 시조의 특성을 확연히 파악할 수 있다.

3. 사회적 관심을 통한 사유의 확장

시조時調라는 명칭에는 '시절 노래'라는 뜻이 담겨 있다. 어떤 시간적 상황 속에서 그 시절의 사연과 감정을 노래했다는 뜻이다. 과거 수백 년 동안 시조를 통해 당쟁의 참화를 표현하기도 하고 시대의 변화상과 자연미의 무궁함을 노래하기도 하고 연정의 애달픔과 이별의 서러움을 토로하기도 했다. 이우걸의 시에도 생활과 시대의 단면이 반영되어 있다. 어떤 시는 풍자의 감각을 보이기도 하고 어떤 시는 자탄의 감정을 토로하기도 한다. 시절 노래의 기능에 맞게 현실의 상황이 수용된다.

이우걸은 우리가 사는 현실의 여러 국면에 눈길을 던지며 삶의 현장을 시조로 표현하려는 노력을 지속적으로 보여 주었다. 그러나 그의 시조는 어떤 경우에도 무리한 현실 비판이나 민중적 담론으로 이탈하는 일이 없다. 사회에서 소외된 사람들의 삶에 관심을 보이며 그들이 지닌 소중한 인간적 가치를 드러내거나 사회적 약자를 위해 노력한 의인들에 대해 세상 사람들이 정당한 인식을 가져 주기를 희망한다. 이러한 경향도 시조가 현대성을 획득하는 창조적 방식이라고 할 수 있다. 다음은 그러한 작품의 예다.

> 불면의 시대를 각으로 떠서 우는
> 부패한 시대를 모로 막아 우는
> 짜디짠 너의 이름을 소금이라 부르자.

마침내 굴욕뿐인 이승의 현관 앞에서
네가 걸어와야 했던 유혈의 가시밭길
이고 진 번뇌의 하늘 그 또한 얼마였으리.

이제는 지나간 역사의 창이라지만
어느 누가 염치없이 네 이름을 훔치려 하나
소금은 말하지 않아도 제 분량의 영혼이 있다.

—「소금」 전문

    이 시조는 네 번째 시집 『사전을 뒤적이며』(1996)에 실려 있는 작품이다. 첫째 수는 부패를 막는 소금의 이미지를 빌려 한 사람의 생애를 압축했다. 그 사람은 시대의 고통을 외면하지 않고 슬퍼했으며 부패한 현실에 맞서 정의를 위해 싸움을 벌였다. 그러나 그의 노력은 정당한 인정을 받지 못하고 그것으로 인해 오히려 더 큰 시련을 겪었다. 그러한 시련과 인고의 세월을 "굴욕뿐인 이승의 현관", "유혈의 가시밭길", "이고 진 번뇌의 하늘"로 표현했다. 둘째 수에서 그가 겪은 현실의 고통을 공감의 심정으로 표현했다.
    셋째 수는 시인의 분명한 사유와 인식이 독창적 화법으로 표현되었다. 시간이 지나면 한 사람의 치열한 정신과 그 분투의 과정이 역사의 한 장에 고정되고 과거의 사건으로 박제된다. 어느 시기에 이런 사람이 있었다더라 하는 회고의 담론으로 치부된다. 치열하게 살아 본 적 없는 방관자들은 콩이야 팥이야 따지면서 그 사람이 남긴 생애의 중량을 멋대로 평가하기도 한다. 때로는 그의 위업을 빌려 계승자로 자처하면서 현실적 이득을 꾀하는 무리도 생기고 또 한편으로는 그의 한계를 비판하면서 자신의 우월성을 강변하는 무리도 나온다. 이 모든 것이 역동적 삶을 과거의 담론 속에 묶어놓으려는 부당한 술책이다. 시인은 이것을 '이름을 훔치는 일'이라고 단언했다.

정말 바람직한 것은 그 사람처럼 스스로 전력투구하여 자신이 소금이 되는 일이다. 자신의 과업은 실천하지 않으면서 논평만 앞세우는 것은 비겁하고 비열한 일이다. 죽은 자는 말이 없다지만 소금의 역할을 한 사람에게는 그 소금이 막아낸 부패와 부식의 궤적이 뚜렷이 존재한다. 부패의 위기에서 벗어난 사람들이 체험한 자랑스러운 내력이 있다. 이것은 역사에 불멸의 소금으로 기록된다. 인간 역사의 판본에 영혼의 자취가 기록된다. 소금은 모두 "제 분량의 영혼이 있"는 것이다.

같은 시조집에 수록되어 있는 다음 작품도 현실의 부패를 눈여겨 지켜보면서 분노의 세월을 인고의 자세로 보낸 한 평범한 인간의 삶을 나타냈다. 그 사람도 제 분량의 영혼을 소금으로 남겼을 것이다.

    폭력의 정치들이 거리를 누빌 때도
    그는 말이 없었다 창밖의 풍경에 관해
    시간이 그런 인내를 그에게 가르쳤다.

    다만 의자 위에
    잠이 든 손님을 보며
    그는 생각했다 잊고 있던 그의 생을
    때로는 상처에 의해

가꾸어지는 영혼을.

거울 속으로 사라지는 푸른 날의 기억들
김씨의 손끝은 이제 조금씩 떨리지만
그 어떤 가면 앞에서도
의연히 가위를 든다.

— 「청산이발소 김 씨」 전문

　폭력의 정치를 인내와 침묵으로 보낸 한 사람. 그의 침묵과 인내를 무력한 수용이라고 볼 수도 있겠지만, 또 한편으로 보면 상처를 받으면서 그의 영혼은 더욱 승화되었다고 할 수 있다. 이제 나이 들어 분노도 비탄도 사라져 가고, 세월의 무게로 인해 손끝은 떨리고 시야도 흐려진다. 그러나 지금까지 변함없이 종사해 온 이발만은 눈을 감고서도 할 수 있다. 시대의 모순을 지켜보면서 삶의 상처를 안고 열심히 본업에 충실한 삶 자체가 자신의 부패를 막는 소금의 길이었다. 그래서 어떠한 허위와 가식 앞에서도 떳떳하게 자신의 진실을 드러낼 수 있다. 이것은 상처로 승화된 정결한 영혼의 표상이다.
　같은 시조집의 다음 작품은 시조의 정형률 속에서 '가고'라는 말을 의도적으로 중첩하여 언어유희의 차원에서 현실을 풍자했다.

언니는 미국 가고

오빠는 군에 가고

엄마는 장사 가고

아빠는 저승 가고

다 낡은 목조 가옥에서

나는 쉽게 꽃을 팔고.

― 「여인숙 2 - 김홍숙 전」 전문

　마치 장난을 벌이는 것처럼 '가고'라는 단어를 반복적으로 사용해서 가정사를 펼쳐냈는데, 정작 시에 담긴 내용은 한 가정의 파탄이요 한 개인의 파국이다. 장난처럼 시작한 시어 구사와 사건 전개가 낡은 여인숙에서 몸을 파는 불우한 결말로 뒤바뀌는 반전의 구조가 충격과 비감을 자아낸다.

　세월이 흐르고 흘러 일곱 번째 시조집 『주민등록증』(2013)을 낼 때 등단 40년이 되었다. 그러나 시조의 형식 속에 현대적 감성을 서정적으로 담아내는 일은 '청산이발소 김 씨'처럼 자신의 내부에 자연스럽게 육화되었기 때문에 시간의 흐름을 넘어서서 그 자질은 변함없이 이어진다. 그런 점에서 보면 '청산이발소 김 씨'는 시인 자신을 대상화한 것이라 할 수 있다. 그는 현대적 인간관계를 다음과 같이 표현했다.

횡선과 종선은 우연히 만났지만
그 순간 어쩔 수 없이 각도가 생겼다

각도는 원치 않았던
그들 내면의 상처였다.

그저 달무리처럼 둥글고 싶었을 뿐
빗금이 되어서라도 부딪히고 싶진 않았다
그러나 어쩔 수 없이
각도가 생겼다.

눈 감으면 각도는 칼날처럼 떠올랐다
그 칼날은 밤새도록 어둠을 물어뜯으며
아침이 닿을 때까지
파도치며 울곤 했다.

— 「관계」 전문

　인간과 인간이 만나 갈등과 분쟁이 생기는 것을 선과 선이 만나 각도를 만드는 현상에 비유했다. 갈등은 상처를 남기고 상처는 또 다른 분쟁을 야기하고 그것 때문에 인간은 불면의 밤을 보낸다. 갈등은 우연히 발생하는 것 같은데 거기서 생긴 상처는 다른 싸움의 원인이 되어 뚜렷한 각인을 남긴다. 달무리처럼 둥글고 은은하게 살고 싶었으나 인간은 끊임없이 물어뜯고 피를 흘리며 몸부림친다. 이것이 인간이 거쳐야 할 피할 수 없는 생의 운명인지도 모른다. 시인은 이러한 보편적 인간사의 곡절을 선과 각도의 비유로 함축적으로 표현했다. 넌지시 던져 놓고 많은 것을 함축하는 현대적 표현기법은 더욱 노련

해져 봉합의 흔적을 찾을 수 없는 수준에 이르렀다.

  같은 시집의 다음 작품도 가정주부가 필수적으로 사용하던 다리미를 매개로 해서 한 여인의 갑작스러운 죽음을 표현했다.

> 한 여인이 떠났습니다, 월요일 자정 무렵
> 아들, 딸은 멀리 있었고 아무도 몰랐습니다
> 가끔은 들렀다지만
> 온기라곤 없었습니다.
>
> 식은 다리미처럼 차게 굳어 있었습니다
> 그 다리밀 데우기 위해 퍼져 있던 코일들이
> 전원을 찾아 헤매다
> 지쳐 눈을 감았습니다.
>
> 한때는 뜨거운 다리미로 살았겠지요
> 웃음도 체온도 나눠 주던 얼굴이지만
> 전원을 잃어버리자
> 그만 눈을 감았습니다.
>
> —「다리미」전문

  이 시에는 여인의 죽음이 어떠한 정황에서 일어났는가를 알려 주는 몇 개의 표지가 있다. "월요일 자정 무렵"에 떠났다고 했는데, 월요일은 한 주가 시작되는 날이고 자정은 모두가 잠든 시간이다. 남들은 새롭게 한 주를 시작하는 날 한밤중에 온기도 없는 방에서 외롭게 세상을 떠난 것이다. 그 차갑고 외로운 죽음의 모습을 "식은 다리미처럼 차게 굳어 있었습니다"로 표현했다. 몸의 혈관이 막혀 세상을 떠났으니, 다리미를 데우던 코일이 지쳐 눈을 감은 것으로 표현했다. 한때는 웃음도 체온도 나누어 주면서 뜨거운 다리미처럼 활기차게 살았던 사람이 전원이 끊기면서 온기를 잃고 완전히 눈을 감은 것이다. 식은 다리미와 그 다리미를 애용하던 늙은 여인을 동일화하면서 삶과 죽음의 경계를 다리미로 형상화했다. 사회적 관계의 단절과 인간 존재의 외로움을 다리미라는 사물로 비유한 점에 발상의 새로움과 인간 탐구의 세밀함이 드러난다. 이로써 인간 탐구는 그의 시의 중요한 줄기를 형성한다.

4. 자아 탐구와 인생론의 지평

그의 일곱 번째 시조집 『주민등록증』(2013)의 표제작 「주민등록증」은 자화상의 창조를 통한 인생론의 개진으로 시인의 자아 탐구의 면모를 집약한 명작이다.

    가느다란 가지 끝에 새처럼 앉아 있었다
    가지들 흔들릴 때면 옮겨 가며 앉아 있었다
    옮겨 간 그 가지마다 너는 나와 함께 있었다.

이제 남은 반백과 희미해진 지문 앞에서
손 흔들 사이도 없이 빠져나간 시간 앞에서
나라고 외치는 너를 물끄러미 바라본다.

지상에서 나의 기거를 증명해 온 기록이여
숨 가쁘게 달려온 내 삶의 방향이여
수십 번 넘어지면서도 웃고 있는 얼굴이여.

—「주민등록증」전문

  자신의 모습을 "가느다란 가지 끝에 새처럼 앉아 있었다"로 표현한 것은 특이하면서도 정확한 표현이다. 인생의 경로는 가느다란 가지와 같고, 인간이란 그 가지 끝을 옮겨 다니는 새와 같다. 사람은 어느 곳을 가든 자기 신원을 밝히는 주민등록증을 갖고 다니니 주민등록증은 자신의 분신과도 같다. 그래서 증서에 인격을 부여해 '너'라고 했다. 발행된 지 오래된 주민등록증이라 사진도 지문도 희미해 보인다. 어느새 시간은 잘 가라고 "손 흔들 사이도 없이" 우리들 사이를 빠져나가 사라져 버리고 말았다. 희미해진 주민등록증 사진 속의 '나'가 이게 진짜 '나'라고 외치는 듯하다. 화자는 시간의 흐름을 절감하며 자신을 물끄러미 바라본다. 조용한 응시와 묵상의 시간이다. 결국은 이 증서 하나에 매달려 자신을 증명하느라고 분주히 움직여 온 것이다.
  숨 가쁘게 달려온 지난 삶을 돌아보니 고난의 길이 많았다. 그런데도 주민등록증 속의 사진은 처음 사진을 찍었을 때의 모습 그대로 아무 일 없다는 듯 웃고 있다. 세월의 흐름이 차단된 형상이다. "수십 번 넘어지면서도 웃고 있는 얼굴" 어쩌면 이것이 우리들의 본모습일지 모른다. 그 모습을 향해 우리 모두 달려가야 하는지 모른다. 이처럼 이 시는 주민등록증을 매개로 하여 자아 정체성을 확인하고 자신을 성찰하는 새로운 상징의 지점을 창조했다. 시조의 형식 속에 자아 탐구와 존재 발견이라는 현대적 주제를 형상화했다.

이런 성취가 하루아침에 이루어지는 것은 아니다. 과거로부터의 노력이 있었기에 가능하다. "수십 번 넘어지면서도 웃고 있는 얼굴"에 도달하기 위해서는 치열한 예술적 탐구의 과정이 필요하다. 그리고 자아 성찰에는 매개가 필요하다. 어떤 대상에서 의미를 발견해서 살아온 삶을 반추하고 자신을 성찰하게 된다. 그러한 과정이 자아 탐구와 존재 성찰로 이어진다. 세 번째 시조집『저녁 이미지』(1988)에 실린 다음 시는 박물관의 유물을 통해 자신의 존재를 성찰하는 선구적 사례로 제시할 수 있다.

좌정한 부처처럼 너는 웃고 있구나
전쟁이 스쳐 가고 한 왕조가 이지러지고
독 섞인 술을 권하던
그 음모의 밤도 갔건만.

기억의 잔해를 붙들고 살아 쓸쓸한 이름이여
다만 네, 있어 증언할 한 잔의 허무를 위해
우리는 무명의 도공

또 오늘을 새기는 걸까.

—「잔 - 박물관에서」전문

박물관에서 오래된 도자기를 보았다. 화자는 도자기를 '너'라고 지칭하며 좌정한 부처처럼 웃고 있다고 했다. 전폭적인 신뢰감과 애정의 표현이다. 그 잔을 배경으로 많은 일들이 지나갔으리라. 전쟁이 일어나기도 하고 왕조가 바뀌기도 하고 독 섞인 술을 먹이는 음모의 밤도 있었을 것이다. 이렇게 되면 잔은 좌정한 부처의 형상이 아니다. 희로애락의 내력을 관통한 역사의 증인으로 의미가 바뀐다. 그러나 지금 이 빈 잔이 하는 일은 아무것도 없다. 이 잔에 술 한 잔을 따라 먹는다 해도 아무 변화가 일어나지 않을 것이다. 그런 관점에서 보면 잔은 "기억의 잔해를 붙들고 살아" 남은 쓸쓸한 존재가 된다. 역사의 유물로 남은 빈 잔은 허무를 증언하는 듯하다.

우리는 그 잔을 바라보며 역사를 생각하고 우리의 삶을 떠올린다. 과거 이 잔을 빚은 도공은 아무 생각 없이 도자기를 만들었겠지만 우리는 각자 자신의 위치에서 도자기에 의미를 부여한다. 그리고 자기 자리에서 제각기 자신의 도자기를 빚고 있다. 그런 점에서 우리는 고독한 존재다. 그 도자기에 무엇을 새길지는 각자의 몫이다. 무엇을 새기느냐에 따라 무명의 도공이 되기도 하고 역사에 이름을 남기는 존재가 되기도 한다. 미래의 어느날 허무의 잔으로 우리를 맞이한다 해도 우리는 오늘 각자 자신의 몫을 묵묵히 각자의 잔에 새길 뿐이다.

이렇게 개인적 삶의 의미를 성찰한 시인은 좀 더 시야를 넓혀 생과 사가 교차하는 삶의 단면을 시조의 정형 양식 속에 담으려 했다. 시조라는 제한된 양식 속에서 삶의 넓은 국면을 다루는 것은 쉽지 않은 일이어서 시인은 어느 한 장면에 생의 축도를 새기는 압축과 암시의 방법을 구사했다. 압축과 암시의 구도를 조성하는 것은 시조의 양식적 특징에 잘 부합하는 일이기도 하다. 그러나 원심적으로 확산하는 생의 국면과 시조라는 구심적 정형의 형식이 결합하여 하나의 작품으로 승화하는 것은 쉬운 일이 아니다. 그 어려움을 뚫고 시인의 예술적 노력은 기대 이상의 성취를 보였다. 같은 시조집의 작품이다.

    그대의 블라우스가 바람에 나부끼고
    실비를 맞으며 우산들이 분주하고
    백화점 쇼윈도에는 닿지 않는 빗방울들.

    얼굴을 가리고 누군가가 들어가고
    산부인과 병원 가까이 서 있던 영구차 하나
    이승의 터널을 지나
    어디론가 가고 있고.

                                        —「오늘」전문

  시인의 시선은 비가 내리는 일상의 거리를 향하고 있다. 실비가 오는 가운데 우산을 쓴 사람들이 분주히 움직이고 블라우스를 바람에 나부끼며 거리를 걷는 여성이 있다. 거리에 비가 내리지만, 백화점 쇼윈도 유리창에는 빗방울이 닿지 않는다. 쇼윈도를 분기점으로 빗방울이 떨어지는 거리와 빗방울이 닿지 않는 실내로 나누어진다. 당연한 이 사실을 시인은 시의 한 행을 사용해 서술했다. 굳이 시의 소재가 될 것 같지 않은 일상의 삶을 시인은 가감 없이 보여 주었다. 지극히 평범한 일상의 단면을 보여 준 다음에 그것과 오버랩하여 시인은 삶과 죽음이 교차하는 국면을 다시 아무렇지 않은 듯 배치하여 무정한 인생사의 축도를 그려낸다.

그 백화점 안으로 누군가가 얼굴을 가리고 들어간다. 모두 자기 일을 하느라고 정신이 없다. 그런데 산부인과 병원 가까이 서 있던 영구차 하나가 운행을 시작한다. 산부인과는 산모들이 어린아이를 낳는 곳이다. 새로운 생명이 태어나는 장소가 산부인과인데 영구차가 무언가를 실어 나른다면 아이를 낳다 잘못된 산모일 가능성이 크다. 블라우스를 나부끼며 경쾌하게 거리를 걷는 여성이 있고, 우산을 쓰고 분주히 움직이는 사람들이 있는가 하면, 산부인과 병원에서 목숨을 잃고 영구차에 실려 이승의 터널을 지나 어디론가 가는 일도 있는 것이다. 무심한 가운데 한쪽에서는 생이 약동하고 그와 똑같은 순간에 한쪽에서는 생명이 소진하는 일이 발생한다. 이것이 인생이다.

시인은 '오늘'이라는 평범한 제목으로 무심한 어조를 택하여 생의 양면을 열어 보였다. 제목이 '오늘'이 아니라 '인생'이라도 된다는 듯이. 생사의 국면을 이렇게 무심하게 펼쳐 내는 데에는 상당한 절제의 정신이 필요하다. 여기 투입된 절제의 저력은 보통 이상의 것이다. 감정의 낭비를 막는 철저한 절제의 의지가 시행 사이에 응축되어 있다. 이러한 정신의 기상이 있었기에 「주민등록증」 같은 자기 발견에 이른 것이다.

세월이 흘러 최근의 시집 『이명』(2023)에 실린 「자화상」은 군더더기를 걷어낸 '자화상'이란 제목으로 자신의 또 다른 모습을 보여 준다.

먼 곳을 향해 가는 삼등 열차였다
누가 타고 내려도 그저 앞을 보면서
정해진 종점을 향해 쉬지 않고 달렸다

사변을 만나고, 기아에 허덕이고, 독재를 만나고, 시위에 휩싸이고
내 생이 스친 역들은
늘 그런 화염이었다

그러다 돌아보니 내가 안 보였다
다른 짐은 그대로인데 나는 어디에 있을까
맞은편 신호등 앞에
한 노인이 서 있었다

―「자화상」 전문

    70대 후반에 이른 자신의 모습은 낯선 노인의 형상이다. 편하게 지낸 적이 없고 삶의 저변을 걸어왔으니 자기 삶은 "삼등 열차"라고 했다. 잘 살기 위해 앞으로만 가라는 말을 따랐다. "그저 앞을 보면서 정해진 종점을 향해 쉬지 않고" 달린 것이 그의 인생이었다. 1946년에 태어나 철도 모르는 나이에 6·25 사변을 치르고 아시아 최저 빈곤국의 기아에 시달리고 여러 차례 독재를 거치면서 시위와 화염병에 휩싸인 그의 생은 시련의 연속이었다. 그야말로 "화염"의 세월을 살아온 것이다. 삼등 열차에 올라 열심히 앞만 보며 달려왔는데 다시 돌아보니 자기 모습이 보이지 않았다. 모든 것이 그대로인 것 같은데

"나는 어디에 있을까" 생각한다. 자아 탐구, 존재 발견의 새로운 출발이다.

"맞은편 신호등 앞에 / 한 노인이 서 있었다"라고 했다. 자기를 객관화하여 보려고 "맞은편 신호등"이라고 했다. 거기 있는 사람의 모습은 낯선 노인이다. 그는 낯선 노인이 된 것이다. 여기서 다시 자신의 실체를 찾으려는 뜨거운 출항이 기대될 만하다. 70의 연치를 떨치고 일어나 문학과 예술의 힘으로 전개되는 가열찬 탐구의 여정이 전개될 만하다. 그는 앞에서 본 「잔」에서 박물관의 도자기를 통해 자신을 성찰하는 작업을 벌인 것처럼 박물관의 빗살무늬토기를 보고 생의 의미를 탐구하고 있다.

    1
    우연히 마주 앉아 너를 살펴본다
    막 깨어난 아이처럼 얼굴이 볼그레하다
    빗금이 머금고 있는 굴곡진 삶도 보인다

    갈퀴 같은 손으로 강과 들을 헤매던
    설한雪寒의 세월 속에서 태어난 지혜여
    정착의 꿈이 빚어낸 또 하나의 발명이여

    2
    우리 삶의 뒷골목에는 늘 그늘이 살고 있다
    그것들의 어딘가에는 빗살무늬가 새겨진다

격랑을 이겨 낸 자의 뜨거운 심전도 같은

— 「빗살무늬토기」 전문

  1과 2로 나누어진 단락은 빗살무늬토기를 바라보는 시선과 삶의 이면을 성찰하는 시선의 차이를 나타낸다. 앞의 「잔」에서 도자기를 웃음을 띤 좌정한 부처로 보았던 것처럼 여기서는 "막 깨어난 아이처럼 얼굴이 볼그레"한 아이의 모습으로 그리고 있다. 대상에서 친근감과 다정함을 느끼는 것은 동등하다. 빗살무늬토기이니 토기 표면에 빗금의 무늬가 보이는데 그것을 굴곡진 삶의 궤적으로 보았다. 막 깨어난 아이와 굴곡진 삶의 거리는 꽤 큰데 그만큼 다양한 시각으로 토기를 보고 있음을 알 수 있다. 처음에는 막 깨어난 아이처럼 천진한 모습이었는데 가만히 들여다보니 삶의 내력이 보였다고 해석할 수도 있다.

  둘째 수에서는 여기서 더 나아가 고난의 역사를 서술했다. 토기를 만들고 사용하던 사람들이 겪은 고난의 삶이다. "갈퀴 같은 손으로 강과 들을 헤매던" 사람들이 어느 지역에 정착하여 토지를 일구게 되자 거기서 새로운 삶을 펼치기 위해 토기를 빚은 것이다. 토기를 빚다가 무언가 새롭게 해 보려고 빗살무늬도 넣었을 것이다. 시인은 그 토기를 "설한雪寒의 세월 속에서 태어난 지혜"라고 명명했다. 눈 내리는 추운 계절을 지나 정착의 꿈을 이루게 되자 지혜를 발휘하여 생활에 이로운 물품을 만들게 된 것이다.

  이렇게 1단락에서 토기의 내력을 서술한 다음에는 2단락에서 시선을 바꾸어 우리들 삶의 국면을 떠올려 빗살무늬와 관련지어 성찰하고 있다. 우리들도 앞의 사람들과 마찬가지로 갈퀴 같은 손으로 강과 들을 헤매며 설한의 세월을 살아왔다. 삶의 그늘은 과거에도 현재에도 드리워 있다. 삶의 그늘을 마주할 때 빗살무늬를 새기며 시련을 견뎌냈다. 정착의 정신으로 토기를 만들고 거기 무늬도 새겨 넣은 것이다. 시인은 삶의 그늘에 새겨진 빗살 무늬를 "격랑을 이겨 낸 자의 뜨거운 심전도"에 비유했다. 심전도는 우리 심장의 파동을 그래프로 기록한 양식이다. 현대시조답게 현대적 사물을 빌려 고전적 빗살무늬토기의 문양을 비유했다.

시상의 흐름은 "설한雪寒의 세월 속에서 태어난 지혜", "정착의 꿈이 빚어낸 또 하나의 발명", "격랑을 이겨 낸 자의 뜨거운 심전도"로 이어진다. 고난의 삶을 견뎌 내고 그것을 극복하기 위한 도구가 빗살무늬토기였다. 그것을 지혜로 삼으면 오늘의 그늘에도 대처할 수 있을 것이다. 중요한 것은 빗살무늬토기라는 사물을 대상으로 자아를 성찰하고 인생을 탐구한 상상적 전환의 과정이다. 어떤 추상의 차원에서 사색을 전개한 것이 아니라 구체적 형상을 통해 시인의 사유가 저절로 드러나게 했다. 이것이 시의 본질이며 이 본질을 현대적 이미지를 통해 구사했으니 현대시조다운 면모를 충분히 보여 주었다고 평가할 수 있다.

5. 맺음말

우리의 관심은 이우걸 시인의 시조가 현대시조로서의 특징을 잘 갖추고 있느냐에서 출발했다. 현대성이라는 수식어는 소재의 현대성과 표현 방식의 현대성이란 의미를 둘 다 내포한다. 현대적 소재를 취하거나 현대적 방법으로 표현해야 현대시조라고 할 수 있다. 이우걸은 초기부터 시조 정형성의 바탕 위에서 개성적 수사와 현대적 사유를 결합한 격조 높은 작품을 창조했다. 그뿐 아니라 그러한 특징을 초기로부터 현재까지 초지일관 여일하게 지속·발전시켜 왔다. 이 점은 매우 자랑스러운 일이다. 나는 그의 시조가 정형의 틀을 완전히 용해하여 정형성을 현대성 구현의 자양으로 자연스럽게 활용하기를 바라는 사람이다. 그의 시조는 우리의 희망을 충족시키는 방향으로 전개되었다.

그의 초기 단시조는 정형성과 서정성의 유려한 결합을 보여 주었다. 묘사의 기법과 새로운 이미지를 구사하여 시조 양식이 접근할 수 있는 고도의 현대성을 창안했다. 감각의 다채로운 변환을 통해 상상력의 연금술적 변환을 시도했다. 시조의 정형적 율격을 그대로 유지하면서 치열한 시적 탐구의 정신을 통해 현대성을 드러내려는 그의 노력은 유효한 결실을 거두었다.

또 한편으로 그의 시조는 사회적 관심을 통한 삶의 확장을 보여 주었다. 이우걸은 현실의 여러 국면에 비판의 눈길을 던지며 삶의 현장을 시조로 표현하려는 자각을 보여 주었다. 무리한 현실 비판이나 민중 담론으로 이탈하지 않으면서 사회에서 소외된 사람들의 삶에 관심을 보이며 그들이 지닌 소중한 인간적 가치를 드러내고 사회적 약자를 위해 노력한 의인들의 삶에 존경을 표시했다. 이러한 경향도 시조가 현대성을 획득하는 창조적 방식이라고 할 수 있다. 현실 상황을 직접적으로 드러내지 않고 암시와 비유라는 서정적 기법을 통해 현실에 대한 비판 의식을 환유했다. 넌지시 던져 놓고 많은 것을 함축하는 현대적 표현기법은 그의 시조를 더욱 원숙한 차원으로 이끌었다.

  서정성과 현실성의 결합을 통해 그의 시조는 자아 탐구와 인생론적 담론의 지평을 보여 주었다. 이러한 특징은 세 번째 시조집 『저녁 이미지』(1988)에서부터 나타나며, 일곱 번째 시조집 『주민등록증』(2013) 이후 더욱 두드러진 양상을 보인다. 그 시집의 표제작 「주민등록증」은 자화상의 창조를 통한 인생론의 개진으로 시인의 자아 탐구의 면모를 집약한 명작이다. 시조의 형식 속에 자아 탐구와 존재 발견이라는 현대적 주제를 형상화했기 때문이다. 열 번째 시집 『이명』(2023)에 실린 「자화상」은 군더더기를 걷어 낸 '자화상'이란 제목으로 자신의 또 다른 모습을 보여 주었다. 이제 시인은 예술가적 삶의 최정점에서 다시 자신의 실체를 찾으려는 뜨거운 출항을 시도할 만하다. 백세시대의 노장으로 자아 탐구의 가열찬 여정을 새롭게 펼칠 만하다.

  이처럼 이우걸의 시조는 정형성과 현대성의 결합이라는 현대시조의 중요한 과제를 원심력과 구심력의 조화를 이루면서 넓고 깊게 탐구하여 현대시조 창작의 전범을 이룩했다. 그런 특징이 어느 시기에 국한된 것이 아니라 초기부터 지금까지 50년 넘는 세월 동안 변함없이 지속되어 왔다는 사실이 더욱 중요하다. 이러한 성취를 한국 현대시조사의 쾌거라 불러도 지나친 말이 아닐 것이다. 아직 정신이 명쾌하고 근력이 강건하니 그의 탐구와 창조의 행로는 여일하게 전개될 것이다. 그의 기상이 넓고 푸르게 벋어가기를 바랄 뿐이다.

이우걸 연보
이우걸 시조 연구 서지
필자 소개

이우걸 연보

1946	• 경남 창녕군 부곡면 부곡리에서 한학자漢學者 부친 이광화 선생과 모친 차진순 여사 사이의 8남매 중 일곱째로 태어남.
1953	• 부곡초등학교에 입학했으나 팔 부상으로 자퇴함.
1954	• 부곡초등학교 재입학(1960년 졸업).
1960	• 부곡중학교 입학(1963년 졸업).
1963	• 밀양 세종고등학교 입학(1966년 졸업).
1967	• 경북대학교 사범대학 사회교육과 입학(역사 전공, 1974년 졸업). 이때 문우 서종택을 만남.
	• 육군 입대(원주·서울·증평·서산·태안 등에서 병영 생활을 함).
1970	• 육군 제대와 동시에 경북대학교에 복학.
1971	• 학보에 발표된 작품 「엽서」, 「코고무신」 등에 대한 김춘수 교수의 격려로 문학에 뜻을 굳힘.
1972	• 손병현·이동순·이현우 등과 동인지 『선실』을 창간하여 2집까지 펴냄.
	• 대구 '전원다실'에서 시화전을 가짐. 김춘수·권기호 교수의 격려가 큰 힘이 되었음.
	• 이해에 『월간문학』에 투고, 당선되었으나, 심사위원 이영도 선생의 권유로 이듬해 『현대시학』에 「이슬」, 「지환」, 「편지」, 「설야」, 「도리원 주변」 등의 작품으로 3회 추천을 받음.
1973	• 『현대시학』에 3회 추천으로 등단, 영남시조문학회 '낙강' 가입.
	• 동인지 『현대율現代律』 창간 멤버로 활약함. 이때 문우 박시교·유

	재영을 만남.
1974	• 충남 태안고등학교 교사로 부임.
1976	• 이광자와 결혼. 이해 아들 남중(南中)이 태어남.
1977	• 부친 송파 이광화 선생 타계.
	• 첫 시집『지금은 누군가 와서』(학문사) 출간.
1979	• 딸 혜진(惠眞)이 태어남.
1981	• 시집『빈 배에 앉아』(흐름사) 출간.
1982	• '마산시조문학회' 결성.
1983	• 윤금초·박시교·유재영 등과 사화집詞華集『네 사람의 얼굴』(문학과지성사)을 출간하고, 이 시집에 실린 작품「비」로 중앙일보사 제정 제2회 중앙시조대상 신인상을 유재영과 함께 수상함.
1984	• 시조평론집『현대시조의 쟁점』(나라) 출간.
1985	• 제8회 마산시 문화상(문학 부문)을 수상.
1988	• 시시집『저녁 이미지』(동학사) 출간.
1989	• 평론집『우수의 지평』(동학사) 출간.
	• '마산시조문학회'를 '경남시조문학회'로 개칭하고 회장이 됨.
	• 제8회 성파시조문학상, 제11회 정운시조문학상 수상.
1991	• 장석주와 함께『현대시조 28인선』(청하) 출간.
1992	• 모친 차진순 여사 타계.
	• 경남신문 신춘문예(손남옥) 심사위원이 됨.
1993	• 경남신문 신춘문예(진혜정) 심사위원이 됨.
1994	• 제33회 경상남도문화상(문학부문)을 수상.
1995	• 1980~90년대 괄목할 만한 시인의 사화집詞華集『다섯 빛깔의 언어 풍경』(동학사)을 윤금초와 함께 출간.
	• 제14회 중앙시조대상 수상.
	• 경남신문 신춘문예(이영필) 심사위원이 됨.
1996	• 마산문인협회 회장이 됨.
	• 시집『사전을 뒤적이며』(동학사) 출간.
1997	•『시조시학』제2대 주간이 됨.

1998	• 이행수 교수와 함께 시조산문집 『나는 아직도 안녕이라 말할 수 없다』(영언문화사) 출간.
	• 매일신문 신춘문예(조영두) 심사위원이 됨.
1999	• 매일신문 신춘문예(임성화) 심사위원이 됨.
2000	• 제10회 이호우시조문학상, 경남문학상 수상.
	• 시선집 『그대 보내려고 강가에 나온 날은』(대학사) 출간.
	• 매일신문 신춘문예(옥영숙), 경남신문 신춘문예(최영효) 심사위원이 됨.
2001	• 평론집 『젊은 시조문학 개성 읽기』(도서출판 작가) 출간.
	• 매일신문 신춘문예(송진환) 심사위원이 됨.
2002	• 제6회 경남시조문학상 수상.
	• 경남신문 신춘문예(서성자) 심사위원이 됨.
2003	• 반년간 문예지 『서정과 현실』(도서출판 작가) 창간호를 펴내고 편집인이 됨.
	• 시집 『맹인』(고요아침) 출간.
	• 밀양공고 교장으로 승진.
	• '경남문인협회' 회장으로 선출됨.
	• 제40회 한국문학상 수상.
	• 동아일보(유종인) 신춘문예 심사위원이 됨.
2004	• 진해고등학교 교장으로 부임함.
	• 시선집 『지상의 밤』(시선사) 출간.
	• 문예지 『서정과 현실』 2, 3호를 펴냄.
	• 동아일보 신춘문예(김미정), 중앙일보 신춘문예(정혜숙) 이호우·이영도시조문학상(박기섭, 김일연) 심사위원이 됨.
2005	• 『서정과 현실』 4, 5호 펴냄.
	• 이호우·이영도시조문학상(오승철, 박옥위), 중앙일보 신춘문예(정선주) 심사위원이 됨.
2006	• '오늘의 시조학회' 회장이 됨. '경남문인협회' 회장에 재선됨.
	• 김해대청고등학교 교장으로 부임.

	• 『서정과 현실』 6, 7호를 펴냄.
	• 중앙시조대상의 대상(김연동) 및 신인상(김세진), 경남신문 신춘문예 (이은정), 국제신문 신춘문예(김종훈) 심사위원이 됨.
2007	• '오늘의 시조시인회' 학회지 『오늘의 시조』를 창간하고 젊은시조 시인상을 제정, 시상(수상자: 문희숙, 서연정).
	• 『서정과 현실』 8, 9호를 펴냄.
	• 경상남도 밀양교육청 교육장으로 취임함.
	• 중앙시조대상의 대상(이승은) 및 신인상(우은숙), 경남신문 신춘문예 (김명희), 국제신문 신춘문예(이광) 심사위원이 됨.
	• 딸 혜진이 결혼함(사위 김태성).
2008	• '오늘의 시조시인회' 의장으로 재선됨.
	• 『서정과 현실』 10, 11호를 펴냄.
	• 제28회 가람시조문학상 수상.
	• 경남신문 신춘문예(이남순), 부산일보 신춘문예(이서원) 심사위원이 됨.
2009	• 밀양교육장을 끝으로 교직에서 퇴임함.
	• 시조집 『나를 운반해온 시간의 발자국이여』(천년의시작) 출간.
	• 경남신문 신춘문예(이정흠), 이호우·이영도시조문학상(문무학, 홍성란) 심사위원이 됨.
	• 『서정과 현실』 12, 13호를 펴냄.
2010	• 경남문학관 관장으로 취임함(2011년 퇴임).
	• 국제신문 신춘문예(오영민) 심사위원이 됨.
	• 『서정과 현실』 14, 15호를 펴냄.
	• 산문집 『질문의 품위』(도서출판 작가) 출간.
2011	• 김상옥시조문학상 수상.
	• 경남신문 신춘문예(김종영), 가람시조문학상(김연동, 김선화) 심사위원 이 됨.
	• 『서정과 현실』 16, 17호를 펴냄.
2012	• '한국시조시인협회' 이사장으로 취임하여 기관지 『시조미학』을

	창간함.
	• 윤금초·박시교·유재영 등과 사화집詞華集 『네 사람의 노래』(문학과 지성사) 출간.
	• 부산일보 신춘문예(황외순), 가람시조문학상(이지엽, 정희경), 이호우·이영도시조문학상(정해송, 심석정) 심사위원이 됨.
	• 『서정과 현실』 18, 19호를 펴냄.
2013	• 부산일보 시론 집필위원이 됨.
	• 경남신문 신춘문예(김주경) 심사위원이 됨.
	• 시조집 『주민등록증』(고요아침), 시조선집 『어쩌면 이것들은』(시인생각) 『이우걸 시조 전집』(태학사), 『이우걸 시조 연구』(엄경희 엮음, 태학사) 출간.
	• 『서정과 현실』 20, 21호를 펴냄.
2014	• 자랑스러운 세종인상 수상.
	• 경상일보 신춘문예(곽길선), 부산일보 신춘문예, 가람시조문학상(박기섭) 및 신인상(김남규) 심사위원이 됨.
	• 『한국시조시인협회 50년사』 발간.
	• 국제신문 '아침숲길' 집필.
	• 『서정과 현실』 22, 23호를 펴냄.
2015	• 제1회 백수문학상 수상.
	• 단시조집 『아직도 거기 있다』(서정시학) 출간.
	• 동아일보 신춘문예(김범렬), 부산일보 신춘문예(장계원), 가람시조문학상(서일옥) 및 신인상(한분옥) 심사위원이 됨.
	• 국제신문 '아침숲길' 집필.
	• 『서정과 현실』 24, 25호를 펴냄.
	• 화엄사에 시비 「화엄사」가 세워짐.
2016	• 이우걸문학관 개관.
	• 동아일보 신춘문예(정지윤), 부산일보 신춘문예(김연희), 이호우 이영도문학상(전연희) 및 신인상(이화우, 성국희), 노산시조문학상(유재영) 심사위원이 됨.

| | • 학교법인 세종학숙 이사장으로 취임함.
| | • 『이우걸대표작품선집』(도서출판 경남), 시조선집 『처음에는 당신이 나의 소금인 줄 알았습니다』(도서출판 창연) 출간.
| | • 『서정과 현실』 26, 27호를 펴냄.
| | • 경북 청도에 시비 「팽이」가 세워짐.
| | • 월간 『시와 표현』 9월호 표지 인물로 선정되어 특집이 실림.
| | • 『월간문학』 12월호에 '이 시대의 창작의 산실' 특집으로 실림.
| | • 한국시조시학회 동계학술대회에서 '이우걸 연구'를 주제로 학술발표대회가 개최됨.
| 2017 | • 한국시낭송문학상 수상.
| | • 동아일보 신춘문예(정진희), 국제신문 신춘문예(김장배) 심사위원이 됨.
| | • 제2대 노산시조문학상 운영위원장이 됨.
| | • 『한국시조시학』 6호에 고은희, 김민서, 이경철, 이순희의 논문이 게재됨.
| | • 유순덕이 한국시조학회 연구지 『시조학논총』 46집에 논문 「이우걸 시조에 대한 고찰」을 발표하고, 우은진이 배달말학회 연구지 배달말 60집에 「이우걸 시조에 나타난 현실인식과 존재론적 성찰」을 발표함.
| | • 『서정과 현실』 28, 29호를 펴냄.
| | • 제1회 이우걸문학관 시조낭송대회 개최.
| | • 『문학청춘』 가을호에 화보 및 집중 특집으로 소개됨.
| | • 진주화요문학회, 마산예총제에서 특강함.
| | • 서울시 주최, 한국문협 주관 '시가 있는 카페'에 초대되어 '단시의 마력'이란 제목으로 특강을 함.
| 2018 | • 동아일보 신춘문예(신준희), 국제신문 신춘문예(박경희) 심사위원이 됨.
| | • 연구서 『이우걸 시조 세계』(박정선 편, 태학사), 시조집 『모자』(시인동네) 출간.

	• 제2회 우포시조문학축제 개최, 설과 추석에 '커피 볶는 집'(부곡)에서 시화전 개최.
	• 마산문학관 주최「원로예술인 소장품 전시」에 참여.
	• 제6회 마산문학상 수상.
	• 신상조의「길 잃은 시학」(『문학선』 가을호), 이숭하의「이우걸의 시조 세계는 어떻게 형성되었는가」(『열린시학』 가을호), 김남규의「존재 저 편으로 대답하기 위해 질문하는 시인」(『시인동네』 12월호)이 발표됨.
	•『시조정신』(2월호) 기획특집 글로「현대시조 발전을 위한 몇 가지 과제」발표.
	•『마산문학』특집으로 시조 15편 발표.
	•『서정과 현실』30, 31호를 펴냄.
2019	• 동아일보 신춘문예(강대선) 심사위원이 됨.
	• 부산일보(10월 9일) '윤현주의 맛있는 인터뷰'(20면)에 전면 소개됨.
	• 시조 해설집『현대시조 산책』(시인동네) 출간.
	•『현대시학』592호에 여는 글(권두언)을 씀.
	•『서정과 현실』32, 33호를 펴냄.
2020	• 동아일보 신춘문예(정인숙), 경남신문 신춘문예(김하정) 심사위원이 됨.
	• 동아일보(9월 19일) '나민애의 시가 깃든 삶'에 작품「아침 식탁」이 소개됨.
	• 부산일보(10월 14일) '오늘을 여는 시'(김종미 집필)에 작품「잎들」이 소개됨.
	•『서정과 현실』34, 35호를 펴냄.
2021	• 동아일보 신춘문예(이윤훈), 부산일보 신춘문예(최정희) 심사위원이 됨.
	• 구지가문학상 초대 운영위원장으로 취임함.
	• 산문집(평론)『풍경의 해석』(동학사) 출간.
	•『서정과 현실』36, 37호를 펴냄.
	• 곽효환 교수가「이우걸 시조에 나타난 자연 연구」를『한국시학연

	구』 66호에 발표함.
2022	• 동아일보 신춘문예(김성애), 부산일보 신춘문예(전영임) 심사위원이 됨.
	• 유심작품상, 외솔시조문학상 수상.
	• 매일경제(4월 25일) '시가 있는 일요일'(허연 기자)에 작품「발견」이 소개됨.
	• 유튜브 채털 '시조튜브'에 출연하여 '시조를 말한다' 특강을 함.
	• 중앙일보(8월 29일)에 초대시조로「잎들」이 소개됨.
	• 우포시조문학관 세미나실에서 열린 '곽효환 시인 초청 시조 문학 강연회'에서「이우걸 시조에 나타난 자연 연구」발표함.
	• 『서정과 현실』 38, 39호를 펴냄.
2023	• 동아일보 신춘문예(김미경), 부산일보 신춘문예(김원화) 심사위원이 됨.
	• 시조집『이명』(시작시인선) 출간.
	• 중앙선데이(3월 4일)에『이명』이 소개됨.
	• 경남신문(2월 16일) 기획특집 기사 '경남 예술인을 담다(3)'에 소개됨.
	• 매일경제(2월 20일) '시가 있는 월요일'에 작품「기억의 향기」가 소개됨.
	• 여주시에서 간행하는 잡지『여주사람을 품다』에「봄비」가 권두시로 실림.
	• 우포문학관 주최로 열린 문학 강연회(9월 22일)에 정미숙 평론가가「이우걸, 감각의 현상학」을 발표함.
	• 『가히』가을호에 산문「만년의 양식」발표.
	• 『서정과현실』 40, 41호를 펴냄.
	• 이형우 교수의 논문「편장자구법으로 보는 이우걸의 시작법」이『국제언어문학』(2023년 겨울호)에 게재됨.
2024	• 동아일보 신춘문예(고은산), 부산일보 신춘문예(이혜숙) 심사위원이 됨.

- 경남일보에 신년시 발표.
- 『시와 함께』에 시조 계간 평 발표.
- 외솔학술세미나에서 「외솔 시조에 나타나는 자기 확신과 현실 인식」 발표.
- 노산문학상(정경화) 심사위원장이 됨.
- 시선집 『비누』(창연출판사) 출간.
- 서울 혜화동 '예술가의 집'에서 대표시선집 『사인행』(문학저널) 출간 기념 세미나(12월 13일) 개최.
- 『서정과 현실』 41, 42호를 펴냄.
- '시조튜브'에 출연하여 10회에 걸쳐 시조 창작 특강을 함.

이우걸 시조 연구 서지

서종택,「이우걸의 시세계—넓고 깊은 장애를 향한 새로운 감각」, 이우걸,『지금은 누군가 와서』, 학문사, 1977.
김현,「상황의식과 관념의 대응」,『현대시학』, 1980. 6.
오규원,「하나의 질문」, 윤금초 외,『네 사람의 얼굴』, 문학과지성사, 1983.
유재영,「의인화 또는 역설의 기능」,『현대문학』, 1987. 9.
윤재근,「이우걸의 詩와 事物 그리고 形象과 苦解」, 이우걸,『저녁이미지』, 동학사, 1988.
김제현,「70년대의 시조 양상」,『시조문학론』, 예전사, 1992.
김종,「색팽이의 의지로 기립한 언어」,『겨레시조』, 1992. 가을.
유재영,「동지로서의 이우걸」,『현대문학』, 1993. 1.
박철희,「현길언과 이우걸의 실천적 노력」,『문학사상』, 1994. 2.
이근배 외,「한국 정형시를 생각한다」,『현대시』, 1995. 7.
조남현,「匠人精神과 生哲學의 相乘」, 이우걸,『사전을 뒤적이며』, 동학사, 1996.
박철희,「현대시조의 가능성」,『현대문학』, 1996. 10.
장경렬,「시조, 또는 '적요의 공간'에 언어로 놓은 '수'」,『미로에서 길찾기』, 문학과 지성사, 1997.
김양헌,「어둠을 뚫고 빛나는 절제의 힘」,『현대시』, 1997. 2.
신경림,「간결한 구도, 그 쌈박한 매력」,『열린시조』, 1997. 여름.
이지엽,「섬세한 서정성과 시대 정신」,『열린시조』, 1997. 여름.
장석주,「말들의 뿌리」,『열린시조』, 1997. 여름.
이재창,「긴장과 절제, 지향성의 시학」,『아름다운 고뇌』, 시와사람사, 1999.

장경렬,「단형시조의 깊이와 아름다움」,『열린시조』, 1999. 봄.
황인원,「시조의 대중화를 위하여」,『열린시조』, 1999. 봄.
이승훈,「시조와 현대적 상상력」, 이우걸,『그대 보내려고 강가에 나온 날은』, 태학사, 2000.
김흥섭,「절망의 그늘에서 꿈꾸며 말걸기」,『시조시학』, 2000. 하반기.
이종문,「피비린내 나지 않는 처연하고도 아름다운 사회시」,『개화』, 2001. 10.
이상옥,「이우걸 시조의 현대성」,『시와 생명』, 2001. 겨울.
조남현,「장인 정신과 생 철학의 상승」,『문학사상』, 2001. 12.
유성호,「불침번으로서의 비평」,『시조시학』, 2002. 상반기.
정과리,「거울 3」,『주간조선』, 2002. 1. 24.
김춘식,「삶과 비애와 독한 회의」, 이우걸,『맹인』, 고요아침, 2003.
유성호,「전통적 형식과 현대적 감각의 활발한 교섭」,『열린시조』, 2003. 봄.
이지엽,「쓸쓸한 자존 혹은 세계와의 불화—2003년 시조」,『유심』, 2003. 가을·겨울 통권.
구모룡,「생활 세계 속의 긴장된 자유—이우걸의『맹인』」,『현대시』, 2003. 12(구모룡,『시의 옹호』, 천년의시작, 2006에 재수록)
유성호,「완미한 정형 속에 담아낸 시적 비의」,『'작가'가 선정한 오늘의 시』, 작가. 2004.
이정환,「2004 시조 총평—불멸不滅에의 제의祭儀」,『유심』, 2004. 겨울.
엄경희,「인고적 정신이 일궈낸 화해의 무늬」, 이우걸,『지상의 밤』, 시선사, 2004(엄경희,『저녁과 아침 사이에 시가 있었다』, 새움, 2005 재수록)
조남현,「절창으로 가는 길」,『서정과 현실』, 2005. 하반기.
유성호,「풍경의 발견과 해석」,『문학사상』, 2005. 9.
유성호 편저,『이우걸의 시조미학』, 작가, 2006.
정미숙,「탐미적 성찰의 흰 그늘」,『시조시학』, 2006. 상반기.
강호인,「현대시조, 그 지평 위로 우뚝 치솟는 큰산」,『나래시조』, 2006. 겨울.
성선경,「본이 되는 시, 본이 되는 시인」,『시조월드』, 2008. 상반기.
염창권,「흉터의 날들에 관한 기록」,『현대시학』, 2008. 여름.
장경렬,「"무수한 고통을 건너" 피어난 "접시꽃" 앞에서」, 이우걸,『나를 운반해온 시간의 발자국이여』, 천년의시작, 2009.
손영희, 「이우걸 시조연구」, 고려대학교 대학원 석사학위논문, 2009.
엄경희, 「쓸쓸하고 정갈한 존재의 시간」, 『현대시학』, 2009. 4.
이상옥, 「쾌도난마의 시법―이우걸 시집 『나를 운반해온 시간의 발자국이여』」, 『유심』, 2009. 5·6.
박민영, 「균열의 시학」, 『시안』, 2009. 여름.
유성호, 「시간의 선명한 얼굴」, 『시작』, 2009. 여름.(유성호, 『정격과 역진의 정형미학』, 작가, 2014 재수록)
구모룡, 「상처를 치유하는 생의 형식」, 『시조시학』, 2009. 가을.
손영희, 「우리시대 작가를 찾아서」, 『시선』, 2009. 가을.
염창권, 「근원적 고독에서 피워 올린 성찰의 꽃」, 『유심』, 2010. 1·2.
엄경희, 「일상성과 근대적 개체의 자의식」, 『전통시학의 근대적 변용과 미적 경향』, 인터북스, 2011.
이건청, 「사람에게 유익한 가치를 전해주는 시」, 『유심』, 2011. 1·2.
정수자, 「오늘의 밤 그리고 서정」, 『유심』, 2011. 3·4.
정과리, 「자유의 모험으로서의 현대시조」, 윤금초 외, 『네 사람의 노래』, 문학과지성사, 2012.
조동화, 「이우걸 시인의 '꽃'」, 『시조21』, 2012. 상반기.
엄경희, 「우리 시 전통의 견인차」, 『서정과 현실』, 2012. 3.
윤금초 외, 「현대시조 四家詩人 四色談論」, 『현대시학』, 2012. 4.
이경철, 「자유시를 압도하는 4인4색의 시조」, 『유심』, 2012. 5·6.
박성민, 「우리 시조의 정신적 모험과 성취」, 『시조시학』, 2012. 6.
정수자, 「역사적 감각과 현실 인싱의 미적 통섭」, 『화중련』, 2012. 하반기.
이연승, 「고통의 심연을 건너 사랑의 시학으로」, 『시조시학』, 2012. 가을.
장성진, 「이우걸 시조의 전통성과 현대성」, 『밀양문예』 11집, 2012. 11.
엄경희, 「이우걸 시조에 내포된 모더니티의 일면」, 『한국언어문화』 제49집, 한국언어문화학회, 2012. 12.
박정선, 「이순耳順이 다다른 곳」, 이우걸, 『주민등록증』, 고요아침, 2013.
엄경희 엮음, 『이우걸 시조 연구』, 태학사, 2013.

홍성란, 「치렁치렁한 멋, 허한 맛」, 『유심』, 2013. 3.
공광규, 「안정되고 유려한 시력으로 엮은 인생 발자국 — 이우걸 『나를 운반해 온 시간의 발자국이여』」, 『나래시조』, 2013. 가을.
정용국, 「소중한 적敵을 모신 사리탑 — 이우걸 『나를 운반해온 간의 발자국이여』」, 『나래시조』, 2013. 가을.
이숭원, 「현대적 표현 미학의 빛나는 성취」, 『현대시학』, 2013. 11.
이경철, 「사가시인四家詩人의 사색담론四色談論」, 『현대시학』, 2014. 4.
염창권, 「고독한 존재자의 방」, 『유심』, 2014. 9.
우은진, 「현대시조, 알레고리적 읽기」, 『한국시조시학』, 제3호, 2014. 10.
박진임, 「꼬리를 문 뱀과 텍스트의 공간 — 이우걸 시인의 시세계」, 『나래시조』, 2014. 겨울.
황치복, 「현대시조의 은유와 상징, 그 가능성과 한계」, 한국시조시학회, 2014. 제4호, 2014.12.
장경렬 「시인이 스스로 찾은 '시조의 길'을 따라」, 이우걸, 『아직도 거기 있다』, 서정시학, 2015.
신상조, 「담백한 언어, 긴 울림」, 『열린시학』, 2015. 봄.
오종문, 「가계부로 읽는 젊은 날의 초상」, 『시조로 읽는 삶의 풍경들』, 이미지북, 2015.
염창권, 「길 위에서 만나는 존재자의 슬픔」, 『시조시학』, 2015. 가을.
이태정, 「이우걸 '이명 2'—저물어가는 삶의 쓸쓸한 뒷모습」, 『유심』, 2015. 10.
유성호, 「이우걸의 시조 세계」, 『이우걸대표작품선집』, 도서출판 경남, 2016.
유성호, 「예술적 자의식으로서의 시쓰기 — 이우걸 시조의 위의威儀」, 『시와표현』, 2016. 9.
엄경희, 「근대성에 대한 이지적 통찰 — 이우걸 시인의 시조세계」, 『월간문학』, 2016. 12.
박서영, 「우연한 마주침에서 진정한 마주침으로」, 계간 『쿨투라』, 2016. 겨울.
우은진, 「이우걸 시조에 나타난 현실 인식과 존재론적 성찰」, 『시조학論叢』, 제46집 2017.1.
유순덕, 「이우걸 시조에 대한 고찰」, 『시조학論叢』, 제46집 2017.1.

이경철, 「이우걸 단시조의 극서정성極敍情性 시론試論 — 단시조집 『아직도 거기 있다』를 중심으로」, 『한국시조시학』, 2017. 제6호.
김민서, 「이우걸 시어의 상징성 의미 연구 —『지금은 누군가 와서』를 중심으로」, 『한국시조시학』, 2017. 제6호.
이순희, 「이우걸 시조의 알레고리적 의미 세계 연구」, 『한국시조시학』, 2017. 제6호.
고은희, 「한국어 교육을 위한 현대시조 문학 — 이우걸의 시조를 중심으로」, 『한국시조시학』, 2017. 제6호.
우은진, 「우리의 일상성에 대한 존재론적 성찰, 이우걸 시조」, 『시와표현』, 2017. 10.
이건청, 「현대시의 시정신, 그리고 현대시조의 정제미」, 박정선 편, 『이우걸 시조 세계』, 태학사. 2018.
김진희, 「희망을 꿈꾸는 위무慰撫의 시학」, 박정선 편, 『이우걸 시조 세계』, 태학사. 2018.
박정선, 「계승과 혁신의 변증법」, 박정선 편, 『이우걸 시조 세계』, 태학사. 2018.
박정선 편, 『이우걸 시조 세계』, 태학사, 2018.
김경복, 「존재의 심연과 영혼의 집 — 이우걸 시의 의미」, 『모자』, 시인동네, 2018.
이승하, 「이우걸의 시조 세계는 어떻게 형성되었는가? —『이우걸 시조 세계』를 읽고」, 『열린시학』, 2018. 가을호.
신상조, 「이우걸의 시조 세계 —『이우걸 시조 세계』(태학사)를 중심으로」, 『문학선』, 2018. 가을호.
김남규, 「존재 저편으로, 대답하기 위해 질문하는 시인 — 시집 서평_이우걸 시집 『모자』(시인동네, 2018)」『시인동네』, 2018. 12.
백애송, 「섬세한 언어의 결 — 이우걸 시집 『모자』(시인동네)」, 『시조시학』, 2019. 여름호.
장성진, 「네 사람의 시조, 모색과 진화」, 우포시조문학관 세미나 및 특강, 2019. 9.
곽효환, 「손뼉을 치다 보면 허공에도 길이 생긴다 — 이우걸 근작시 작품론」, 『공정한시인의사회』, 2019. 10.

곽효환, 「이우걸 시조에 나타난 자연自然 연구」, 『한국시학연구』, 2021. 66호.
홍성란, 「다른 꽃 다른 향기, 서정과 현실의 리듬 의식」, 『2022 유심작품상 수상문집』, 인북스. 2022.
정과리, 「소리의 음양 원리, 소멸에서 생성을 낳다 ― 이우걸 『이명』 해설」, 『이명』, 천년의시작, 2023.
정미숙, 「물 위에서 노래하다 ― 이우걸 『이명』(천년의 시작, 2023)」, 『시작』, 2023. 여름호.
유종인, 「자연의 본색을 인생에 견주는 시인들 ― 이우걸 시조집 『이명』」, 『시와반시』, 2023. 여름호
이정환, 「생태학적 상상력과 시조미학」, 우포시조문학관 세미나 및 특강. 2023. 6.
정미숙, 「이우걸, 감각의 현상학」, 우포시조문학관 세미나 및 특강, 2023. 9.
박진임, 「이우걸의 「휴대폰」」, 『시로 부터의 초대』, 문학수첩. 2023.
이형우, 「편장자구법(篇章字句法)으로 보는 이우걸의 시작법 ― 시집 『이명』에 나타나는 체질적 지향성」, 『國際言語問學』, 2023.12. 56호.
손진은, 「'너머'와 '그늘'을 바라보는 균형 잡힌 시선과 '이명'의 시학 ― 이우걸 시집 『이명』을 중심으로」, 우포시조문학관 세미나 및 특강, 2024. 9.
이정환, 「四人 四色의 문학적 성과와 시조의 미래」, 『4인행』, 문학저널, 2024.
손진은, 「'길'의 미학 ― 이우걸의 작품을 중심으로」, 『서정과현실』, 2025. 상반기호.
이숭원, 「현대시조의 전범」, 『이우걸 시조 전집』(개정증보판), 태학사. 2025.

필자 소개(수록순)

유성호
연세대학교 국어국문학과 및 동 대학원을 졸업했다(문학박사). 『서울신문』 신춘문예 문학평론 부문에 당선되어 문학평론가로 활동 중이며, 현재 한양대학교 국어국문학과 교수로 재직 중이다. 저서로 『정격과 역진의 정형 미학』, 『서정의 건축술』, 『단정한 기억』 등이 있다. 대산문학상, 대한민국예술원상 등을 수상했다.

김경복
부산대학교 국어국문학과 및 동 대학원을 졸업했다(문학박사). 1991년 『부산일보』 신춘문예 및 같은 해 계간지 『문학과 비평』을 통해 평론 신인으로 등단했다. 현재 경남대학교 국어교육과 교수로 재직 중이며, 계간 시전문지 『신생』의 편집주간으로 있다. 저서로 『풍경의 시학』, 『한국 아나키즘시와 생태학적 유토피아』, 『서정의 귀환』, 『생태시와 넋의 언어』, 『시의 운명과 혼의 형식』, 『한국 현대시의 구조와 의식지평』, 『시와 비평의 촉기』, 『연민의 시학』, 『공존을 위한 시적 행동』 등이 있다.

이승하
중앙대학교 문예창작학과 및 동 대학원을 졸업했다(문학박사). 1984년 『중앙일보』 신춘문예 시 부문에 당선, 1989년 『경향신문』 신춘문예 소설 부문에 당선되었고, 현재 중앙대학교 문예창작학과 명예교수로 있다. 시집으로 『우리들의 유토피아』, 『욥의 슬픔을 아시나요』, 『사람 사막』, 평론집으로 『향일성의 시조 시학』, 『한국 시조문학의 미래를 위하여』, 평전으로 『마지막 선비 최익현』, 『최초의 신부 김대건』, 『진정한 자유인 공초 우상순』 등이 있다. 지훈상, 인산시조평론상, 편운상, 유심작품상, 황순원문학연구상 등을 수상했다.

신상조
계명대학교 대학원 문예창작학과를 졸업했다(문학석사). 『중앙일보』 신춘문예 문학평론 부문에 당선되어 문학평론가로 활동 중이며, 현재 계명대학교 문예창작과 강사로 있다. 저서로 『붉은 화행』, 『시 읽는 청소부』가 있다.

김남규
고려대학교를 졸업했다(문학박사). 2008년 『조선일보』 신춘문예 시조 부문에 당선되었다. 시집으로 『나의 소년에게』, 현대시조 입문서로 『오늘부터 쓰시조』, 평론집으로 『리듬은 존재 저편으로』 등이 있다. 가람시조문학상 신인상 등을 수상했다.

백애송
2016년 『시와 시학』 평론 부문에 당선되어 문학평론가로 활동 중이며, 현재 목포대학교에서 글쓰기 강의를 하고 있다. 저서로 『마음과 마음이 주고받는 말』, 『트렌드 포에트리, 틈의계보학』, 『이성부 시에 나타난 공간 인식』이 있다.

장성진
경북대학교 국어교육과와 동 대학원 국어국문학과를 졸업했다(문학박사). 창원대학교에서 고전시가와 한문학을 강의했으며, 현재 창원대학교 명예교수로 있다. 시조문학의 흐름에 대한 글과 평론을 쓰고 있다. 저서로 『옛시로 읽는 경남』 등과 몇 권의 한적 번역서가 있다.

곽효환
건국대학교 국어국문학과, 고려대학교 대학원 국어국문학과를 졸업했다(문학박사). 1996년 『세계일보』에 「벽화 속의 고양이 3」을, 2002년 『시평』에 「수락산」 외 5편을 발표하며 작품활동을 시작했고, 대산문화재단 상무 및 한국문학

번역원 원장을 역임했다. 시집으로 『인디오 여인』, 『지도에 없는 집』, 『슬픔의 뼈대』, 『너는』, 『소리 없이 울다 간 사람』, 저서로 『한국 근대시의 북방의식』, 시 해설서로 『너는 내게 너무 깊이 들어왔다』, 편저서로 『구보 박태원의 시와 시론』 등이 있다. 애지문학상, 편운문학상, 유심작품상, 김달진문학상, 영랑시문학상 등을 수상했다.

홍성란

성균관대학교 대학원 국어국문학과를 졸업했다(문학박사). 1989년 경복궁 근정전 '중앙시조백일장' 장원으로 당선되어 작품 활동을 시작했다. 『유심』 상임편집위원, 성균관대학교 강사를 역임했다. 시집으로 『황진이 별곡』, 『바람 불어 그리운 날』, 『춤』, 『매혹』, 시선집으로 『백여덟 송이 애기메꽃』, '한국대표명시선 100'으로 『애인 있어요』, 프랑스어 시조선집으로 『향낭』, 학술서로 『시조시학의 현대적 탐구』가 있다. 유심작품상, 중앙시조대상, 대한민국문화예술상(문학 부문), 이호우 이영도시조문학상 등을 수상했다.

정과리

서울대학교 불어불문학과 및 동 대학원을 졸업했다(문학박사). 1979년 『동아일보』 신춘문예 문학평론 부문에 당선되어 문학평론가로 활동 중이며, 충남대학교 불어불문학과 교수, 연세대학교 국어국문학과 교수를 역임하고 현재 연세대학교 명예교수로 있다. 계간 『문학과사회』 편집동인으로 활동했고, 현재 동인문학상 종신 심사위원, 삼성호암상 위원으로 있다. 『문학, 존재의 변증법』(1985)에서 『한국 근대시의 묘상 연구』(2023)에 이르기까지, 한국문학, 한국문화, 디지털 문명, 프랑스 중세 문학 등에 관한 다수의 저서가 있다.

정미숙

부산외국어대학교와 부산대학교 대학원 국어국문학과를 졸업했다(문학박사). 2004년 『부산일보』 신춘문예 문학평론 부문에 당선되어 문학평론가로 활동 중이며, 현재 국립한국해양대학교 학술연구교수로 국제해양문제연구소에 재직하고 있다. 저서로 『집요한 자유』, 『한국여성소설연구입문』, 『한강, 소년이 온다 깊게 읽기』(공저) 등이 있다. 대한민국학술원 연구비 수혜로 정동(affect) 연구를 지속하고 있다.

유종인

『문예중앙』에 시, 『농민신문』과 『동아일보』 신춘문예에 시조, 『조선일보』 신춘문예에 미술평론으로 각각 당선되어 현재 전업작가로 활동 중이다. 시집으로 『그대를 바라는 일이 언덕이 되었다』, 시조집으로 『용오름』, 미술서로 『조선의 그림과 마음의 앙상블』 등이 있다. 지훈문학상, 송순문학상 등을 수상했다.

박진임

오리건주립대학교 비교문학과에서 박사학위를 받은 후 시카고대학교 박사 후 과정 연구원, 스탠퍼드대학교 풀브라이트 강의 교수, 남가주대학교 객원교수를 역임하고, 현재 평택대학교 국제지역학부 미국학 전공 교수로 재직 중이다. 2004년 『문학사상』을 통해 평론계에 등단했다. 저서로 『Narrative of the Vietnam War by Korean and American Writers』, 『비교문학과 텍스트의 국적』, 『두겹의 언어』, 『세이렌의 항해』, 『탄성의 시학』, 『시로부터의 초대』, 편저로 『꽃 그 달변의 유혹: 박재두 시전집』, 『말 그 눈부신 빛깔: 박재두 산문전집』 등이 있다.

이형우

한양대학교 대학원을 졸업했다(문학박사). 1991년 『현대시』를 통해 등단했고, 성결대학교 교수를 역임했다. 현재 시인, 문학평론가, 한국시인협회 이사, 인문포럼 '노는' 대표, 인문답사연구소 소장으로 활동 중이다. 저서로 『창세기부터』, 『착각』, 『체질시학』, 『체질과 욕망』, 『체질과 언어』 등이 있다. 김동명학술상을 수상했다.

손진은

경북대학교 국어국문학과 및 동 대학원을 졸업했다(문학박사). 『동아일보』 신춘문예 시 부문, 『매일신문』 신춘문예 문학평론 부문에 각각 당선된 후 시인·문학평론가로 활동 중이며, 경주대학교 문예창작과 교수를 거쳐 현재 대구교육대학교 대학원 문예창작과 교수로 재직 중이다. 시집으로 『두 힘이 숲을 설레게 한다』, 저서로 『서정주 시의 시간과 미학』, 『현대시의 미적인식과 형상화 방식』 등이 있다. 금복문화상, 시와경계문학상 등을 수상했다.

이정환
대구교육대학교와 한국교원대학교 대학원 국어교육학과를 졸업했다(교육학박사). 1981년 『중앙일보』 신춘문예 시조 부문에 당선된 후 시조시인으로 활동 중이며, 오늘의시조시인회의 의장, 한국시조시인협회 이사장을 역임하고, 현재 정음시조문학상 운영위원장을 맡고 있다. 시조 전집으로 『서서 천년을 흐를지라도』, 시조 이론서로 『현대시조론』, 『현대시조교육론』, 산문집으로 『내 노래보다 먼저 산을 넘은 그대』 등이 있다. 중앙시조대상, 이호우시조문학상, 가람시조문학상 등을 수상했다.

이숭원
서울대학교 국어교육과 및 동 대학원을 졸업했다(문학박사). 『한국문학』 신인상 문학평론으로 등단한 후 문학평론가로 활동 중이며, 현재 서울여자대학교 명예교수, 대한민국예술원 종신회원이다. 저서로 『동주 시, 백 편』, 『백석 시, 백 편』, 『미당과의 만남』, 『김종삼의 시를 찾아서』 등이 있다. 김환태평론문학상, 한국가톨릭문학상, 김달진문학상 등을 수상했다.